Kenkyu Sosho No.631

研究双書

現代アフリカの土地と権力

武内進一：編

IDE-JETRO アジア経済研究所

研究双書　No. 631

武内進一 編

『現代アフリカの土地と権力』

Gendai Afurika no Tochi to Kenryoku

（Land and Power in Africa: Understanding Drastic Rural Changes in the Age of Land Reform）

Edited by

Shinichi TAKEUCHI

Contents

Introduction　Land Reform and Rural Changes in Recent Africa　　（Shinichi TAKEUCHI）

Chapter 1　Customary Land Tenure and Large-Scale Land Acquisitions in Sierra Leone: What Would Be Changed or Would Not Be Changed by Land Reform（Takehiko OCHIAI）

Chapter 2　National Land Policy and Chief's Land Administration in Customary Land in Zambia　　（Shuichi OYAMA）

Chapter 3　State Territorialization in Rural Ethiopia: A Case of Land Tenure System in Amhara Region　　（Yuka KODAMA）

Chapter 4　Land Tenure Reform in South Africa: Traditional Leadership, CLaRA, and 'Living' Customary Law　　（Chizuko SATO）

Chapter 5　Design of Current Land Policy in Tanzania: A Compromise between the Secure "Customary" Land Right and the National Land Use Plan　　（Jun IKENO）

Chapter 6　Implementation of Land Law and Political Dynamics in Mozambique　　（Akiyo AMINAKA）

Chapter 7　Do Land Law Reforms Deter Further Political Violence in Kenya? : Elections, National Land Commission, and "Historical Land Injustices"　　（Miwa TSUDA）

Chapter 8　Land Reform and Rural Changes: Comparison between Rwanda, Burundi, and Western DR Congo　　（Shinichi TAKEUCHI）

Conclusion　Understanding the Relationship between Land Reform and Drastic Rural Changes in Recent Africa　　（Shinichi TAKEUCHI）

〔Kenkyu Sosho（IDE Research Series）No. 631〕
Published by the Institute of Developing Economies, JETRO, 2017
3-2-2, Wakaba, Mihama-ku, Chiba-shi, Chiba 261-8545, Japan

ま え が き

　本書は，2015/16年度にアジア経済研究所で実施された「冷戦後アフリカの土地政策」研究会の成果である。この研究会は，冷戦終結後にアフリカ諸国で土地法改革が相次いだことを受けて，その意味や農村社会への影響を検討するという問題意識のもとに開始された。ただし，この研究会は，個人的にここ数年取り組んできたアフリカの土地問題に関する研究のとりまとめという側面ももっている。私は，JICA 研究所に出向していた2011年頃から土地問題について勉強する機会を得て，以来研究プロジェクトを連続して実施してきた。JICA 研究所での研究成果は Takeuchi（2014）に，アジア経済研究所に戻ってから立ち上げた研究会の成果は武内（2015）として刊行された。本書は，これらに続く仕事である。

　3つの研究成果はいずれも，政策（外部介入）が社会にいかなる影響を与えるのかという問題意識を基礎にしている。それは，どのような政策をとるべきなのかという問いと裏腹の関係にある。どうするべきかを考えるためにどうなっているのかを勉強することは当然だが，それとともにこれまでに実施した外部介入の経験について評価する必要がある。上記の問題意識はその点にかかわる。

　Takeuchi（2014）では，武力紛争が終結した後になぜ土地紛争が頻発するのか，それを収拾，抑止するための政策をどう評価するかを考えようとした。多くの共同研究者を得て，アジア，アフリカ，ヨーロッパ，ラテンアメリカの8カ国の事例を検討した。この研究プロジェクトを通じて，土地紛争の争点はその権利関係（所有権）にあり，土地所有権には国家・社会関係が反映されることが理解できた。マクロレベルの武力紛争がミクロレベルの土地紛争を誘発するのは，政治秩序が崩れ，国家・社会関係が混乱することによ

って，土地所有権が不安定化するからである。この研究会は大変有意義だったが，同時に自分がいかにアフリカを知らないかということも気づかされた。土地問題を勉強するには，各国の政治や社会，そして関連する政策や法律に関する理解が不可欠だ。この研究会を通じて，自分はアフリカ研究者を名乗っているにもかかわらず，そうした知識がまったく乏しいと痛感させられた。

　そこで，2012年に出向を終えてアジア経済研究所に戻った機会に，アフリカに対象地域を絞り，腰を据えて土地問題に取り組もうと考えた。幸い，アジア経済研究所では，自由な発想で研究会を組織し，2年という期間を使ってじっくり物事を考えることができる。まずは，アフリカ各国の土地政策の歴史から勉強しようと考えた。自分1人でできることは限られているので，アフリカ各国の状況に知見が深い地域研究者に参加してもらった。その成果が，武内（2015）である。この研究会を通じてわかったことは，土地に対する政策介入が資源管理と領域統治——別の言葉を使えば，開発と支配——という2つの側面をもつことだ。アフリカ各国の土地政策を1世紀あまりのタイムスパンで辿ると，2つの関心がせめぎあいながら併存してきたことがわかる。土地政策はふつう資源管理（開発）の側面から分析されるが，領域統治（支配）という視点からみることも忘れてはならない。この視角は，本書の分析でも踏襲されている。

　2つの研究会は自分にとって苦しくも実りの多いものだったが，なお勉強すべき課題が残っていると感じていた。2000年代末から世界的な関心を集めるに至った大規模な土地取引や囲い込みがそれである。アフリカの幾つかの国で，途方もない規模の土地が取引され，占拠されている。その主体として外国民間企業がやり玉に挙げられることが多いが，よく観察すると事態はそれほど単純ではなく，アフリカ人自身も土地囲い込みの主体となっている。一体なぜこうしたことが起きるのか，考えねばならないと思った。同じ時期，耕作者の土地権利強化をめざしてアフリカ各国で土地法改革が実施され，ドナーはそれを積極的に支援してきた。耕作者の土地権利強化をめざす土地改革が実施される一方で大規模な土地囲い込みが進行するという現象を，どう

考えればよいのだろうか。

　この問いに答えるには，政策の分析とともに，アフリカにおける農村変容の実態とメカニズムを理解する必要がある。これらすべてを１人で行うのは難しいが，共同研究会の枠組みを使えばある程度のことがわかるかもしれない。そう考えて「冷戦後アフリカの土地政策」研究会を組織することにした。２年間の研究会を終えて，不十分ながらある程度の答えを本書に書き込むことができたと感じている。詳細は終章に譲るが，権威に基づいて土地所有権を分配する体制が変わらない——あるいは強化される——なかで，グローバルな，またアフリカ社会内部の要因から土地に対する需要が顕著に高まったことが，大規模な土地囲い込み頻発の背景にある。

　このメカニズムを本書がどこまで説得的に説明することができたかは，読者の判断を待つしかないが，編者としては，とにかく本書を世に問う必要を感じている。それは，アフリカで起こっている農村変容が極めて劇的であり，それに対する認識と理解を深めるとともに，対策について広く議論することが喫緊の課題だと思うからである。本書の分析が不十分で批判を浴びたとしても，そうした批判を含めてアフリカ農村に目を向けることが必要だ。今日のアフリカ農村では，所有地の細分化が進んで生存維持農業さえ難しくなっている地域がある一方で，広大な土地がごく安価で外国民間資本や国民の一部に移転されている地域もある。いずれもこのままの状態が持続可能だとは思えず，緊急かつ真剣に対応を検討する必要がある。本書の刊行によって，そうした現状を知らしめ，議論を喚起することができればと考えている。

*

　繰り返しになるが，本書は共同研究会の成果であり，共同研究会での議論をふまえて執筆されたものである。共同研究会のメンバー（委員，オブザーバー）のなかには前回から連続してお付き合いいただいた方々もおり，２年から４年にわたって議論を続けてきた。気心の知れたメンバー間で忌憚のな

iv

い意見交換を続けられたからこそ，何とか成果をまとめることができた。その意味で，共同研究会のメンバーには深く御礼申し上げたい。加えて，講師として知見を提供してくださった島田周平（名古屋外国語大学），佐川徹（慶応義塾大学），目黒紀夫（広島市立大学）の各氏，そして今回の研究会でも手弁当で参加くださり，毎回貴重な知見を披瀝してくださったアジ研の大先輩の吉田昌夫さんに心からの感謝を申し上げたい。

*

　本書の原稿を提出した後，2017年4月より，私は東京外国語大学に設置された現代アフリカ地域研究センターに異動した。幸い，提出原稿はアジア経済研究所の査読をとおり，出版の運びとなった。ここ数年来考えてきたことを書籍の形にする目途が立ったことを嬉しく思っている。クロスアポイントメントによりアジア経済研究所の勤務も継続するが，そこでの仕事に一区切りついた感は抱いている。といっても，やはりこれからも土地をめぐる問題にこだわってアフリカを考えていくのだろう。勉強をするほどに，土地をめぐる問題は奥が深いと感じている。

2017年6月

編　者

＜文献＞
武内進一編 2015.『アフリカ土地政策史』アジア経済研究所.
Shinichi Takeuchi ed. 2014. *Confronting Land and Property Problems for Peace*, Oxon: Routledge.

目　　次

まえがき

序　章　アフリカにおける土地政策の新展開と農村変容
　　　　……………………………………………………… 武内進一 … 3
　はじめに――土地改革の時代における急激な農村変容―― ……………… 3
　第1節　1990年代以降のアフリカにおける土地改革 …………………… 5
　第2節　土地改革の要因 ……………………………………………………… 9
　第3節　アフリカ農村変容の今日的特徴 ………………………………… 15
　第4節　土地政策の影響を理解するための枠組み ……………………… 21
　第5節　各章の紹介 ………………………………………………………… 25

第1章　シエラレオネにおける慣習的土地保有と大規模土地取得
　　　　――土地改革で何が変わり, 何が変わらないか――
　　　　………………………………………………………… 落合雄彦 … 35
　はじめに …………………………………………………………………… 35
　第1節　プロヴィンスにおける慣習的土地保有 ………………………… 38
　第2節　農業開発を目的とした大規模土地取得 ………………………… 46
　第3節　動き始めた土地改革 ……………………………………………… 57
　おわりに …………………………………………………………………… 64

第2章　ザンビアの土地政策と慣習地におけるチーフの土地行政
　　　　………………………………………………………… 大山修一 … 71
　はじめに …………………………………………………………………… 71
　第1節　ザンビアの土地制度 ……………………………………………… 73

第2節　ベンバ王国の社会組織と農業，土地 ……………………… 76

第3節　1995年土地法とチーフL領の慣習地 …………………… 80

第4節　新しいチーフが進める土地行政の刷新 ………………… 83

第5節　土地割当書の取得に対する村人の新たな動き ………… 92

第6節　土地割当書の取得者と周辺住民との軋轢 ……………… 96

第7節　チーフによる土地所有証明書の剥奪と慣習地への切り替え …… 98

おわりに ……………………………………………………………… 102

第3章　農村部を領域化する国家
　　　　——エチオピア・アムハラ州農村社会の土地制度の事例——
　　　　………………………………………………… 児玉由佳 … 107

はじめに ……………………………………………………………… 107

第1節　EPRDF政権の農業・土地政策 ………………………… 110

第2節　アムハラ州における土地不足と土地制度の変遷 ……… 113

第3節　EPRDF政権下の土地法概観
　　　　——国家による土地管理制度の確立—— ……………… 115

第4節　村落レベルでの土地管理の実態 ………………………… 119

おわりに ……………………………………………………………… 130

第4章　南アフリカにおける慣習的土地保有権改革をめぐる
　　　　争点と課題 ……………………………… 佐藤千鶴子 … 139

はじめに ……………………………………………………………… 139

第1節　民主化後の南アフリカにおける伝統的指導者の復権 … 142

第2節　土地保有権改革政策とCLaRA違憲訴訟 ……………… 146

第3節　土地配分と管理をめぐる「生きた」慣習法
　　　　——旧クワズールー農村の事例から—— ……………… 155

おわりに ……………………………………………………………… 162

目　　次　vii

第5章　現代タンザニア土地政策の構図
——「慣習的」土地権と国土利用計画—— ………… 池野　旬 … 173

課題の設定 ……………………………………………………………… 173
第1節　慣習的な土地権認定のレトリック ………………………… 176
第2節　国土利用の構想 ……………………………………………… 184
結語にかえて …………………………………………………………… 195

第6章　モザンビークにおける土地法の運用と政治力学
…………………………………………………… 網中昭世 … 201

はじめに ………………………………………………………………… 201
第1節　土地資源の管理と再集権化 ………………………………… 203
第2節　土地制度改革をめぐる国際的潮流とモザンビーク ……… 208
第3節　ナンプラ州モナポ郡の今日的状況 ………………………… 212
むすびにかえて ………………………………………………………… 222

第7章　土地関連法制度改革を通じた紛争抑止の試みとその限界
——ケニアの事例から—— ……………………… 津田みわ … 231

はじめに ………………………………………………………………… 231
第1節　ケニアの土地政策と紛争：KANU政権（1960年代〜2002年） … 233
第2節　KANU政権の終焉と土地問題：
　　　　NARC＝キバキ政権（2002〜2007年） ……………………… 236
第3節　連立政権成立と新たな土地政策：
　　　　キバキ＝オディンガ政権（2008〜2013年） ………………… 239
第4節　変容する「歴史的土地不正」への取り組み：
　　　　ケニヤッタ＝ルト政権（2013年〜） ………………………… 244
おわりに ………………………………………………………………… 252

第8章　土地政策と農村変容
　　　──ルワンダ，ブルンジ，コンゴ民主共和国西部──
　　　………………………………………………………… 武内進一 … 259
　はじめに …………………………………………………………… 259
　第1節　近年の土地改革 ………………………………………… 262
　第2節　政権の性格 ……………………………………………… 269
　第3節　近年の農村変容の特徴 ………………………………… 275
　まとめと結論 ……………………………………………………… 282

終　章　近年のアフリカにおける土地改革と農村変容を
　　　どうとらえるか…………………………………… 武内進一 … 293
　はじめに …………………………………………………………… 293
　第1節　各章が明らかにしたこと ……………………………… 294
　第2節　1990年代以降の土地法改革をどう評価するか ……… 302
　第3節　政策的含意と課題 ……………………………………… 306

索　引 ………………………………………………………………… 311

現代アフリカの土地と権力

序　章

アフリカにおける土地政策の新展開と農村変容

武　内　進　一

はじめに──土地改革の時代における急激な農村変容──

　近年アフリカ各地で大規模な土地収奪や土地紛争の激化が報告され，世界的関心を集めるようになった。2008年にマダガスカルで起きた土地取引の事例はよく知られている。世界的に食料価格が高騰したこの年，韓国企業が同国で130万ヘクタールもの土地賃借契約を結んだことが明るみに出たのである。この土地取引は「ランドグラブ」だと内外から批判を浴び[1]，翌2009年には同国の政権崩壊につながった。近年アフリカでは数万ヘクタール規模の土地取引が相次ぎ，小農の土地利用が深刻な制約を受けるのではないかとの懸念が膨らんでいる。2002年に勃発したコートジボワールの内戦や，2007年末の大統領選挙後ケニア全土に広がった暴力事件など，大規模な紛争や暴力の背景に土地問題の存在が指摘されることも少なくない。「ランドグラブ」や土地紛争の実態や意味については議論が続いているが[2]，これらは相互に独立した現象というより，近年のアフリカで進みつつある急激な農村変容の一部である。大規模な土地取得の主体は多国籍企業に限らず，アフリカ人の都市住民や農村居住者が広大な土地を囲い込む動きもみられるし，土地紛争の対立軸は「外国企業対アフリカ人農民」だけではない。世界の耳目を集めているのは，近年のアフリカ──とくにその農村部──で進行する，土地の所有，利用，移転などをめぐる巨大で急速な変化の一部にすぎない。

4

　こうした急激な変化は，アフリカの多くの国々で土地改革（land reform）が実施された時期と重なっている。近年，とくに1990年代に入って以降，多くのアフリカ諸国が新たな土地政策や土地法を制定した。土地改革の背景はさまざまだが，政策変化の方向性には一定の共通性がみられる。総じて，耕作者の土地権利安定化を目標に掲げて，慣習的な土地所有権を正式に認め，個人や集団の所有権を明確化する方向で法制度改革が実施された。もちろん，一定の共通性がみられるといっても具体的な政策の中味は各国ごとに異なるし，社会的インパクトにも大きなちがいがある。ただ，考えなければならないのは，耕作者の土地権利安定化を掲げてアフリカ諸国が土地改革に取り組んだまさにその時期に，土地の所有，利用，移転などをめぐる急激な変化が生じ，農民の土地権利が深刻に懸念される事態に至ったことである。この間の土地改革と土地問題顕在化の関係を，どう理解すればよいのだろうか。

　本書の基本的な問題意識は，アフリカで土地をめぐる激しい変化が起きている昨今の状況をふまえて，1990年代以降土地に対する政策的介入がなぜ実施され，それが農村変容にどのような影響を与えたのかを知ること，そしてそれによって今後に向けた含意を得ることである。ただし，土地に対する政策的介入の影響といっても，特定の政策をインパクト評価のような形で量的に測定することを意図してはいない。本書のねらいはまずもって，近年のアフリカ各国における土地改革の内容と要因，そしてそれが急激な農村変容にどう関係しているのか（あるいは，していないのか）を事例研究によって明らかにすることにある。アフリカ諸国で土地をめぐる急激な社会変化と土地改革が同じ時期に生じたからといって，直ちに両者に何らかの関係があるとはいえない。重要なのは，事例研究の積み重ねをふまえて，どのような条件下で政策が強い影響力をもつのか，そして政策介入がどのようなメカニズムで土地をめぐる農村の変化に影響を与えるのかを検討することだ。それによってはじめて，今日のアフリカで進行する急激な変化のメカニズムを理解し，それへの政策的対応を考えることができるだろう。

　事例研究でとりあげるのは，エチオピア，ケニア，コンゴ民主共和国（以

下，コンゴ），ザンビア，シエラレオネ，タンザニア，南アフリカ（以下，南ア），モザンビーク，ブルンジ，ルワンダの10カ国である。そのなかには，政策が大きな社会的影響を与えた事例もあれば，影響が不明確な事例もあり，そして1990年代以降に土地改革がなされていない事例も含まれている。10カ国の事例はそれぞれに意味がある。政策の影響が大きければ，事例研究を通じてその理由を具体的に検討することの重要性は言を俟たない。政策の影響が曖昧であっても，どのような経緯でいかなる土地改革がなされたかという政策／法律の分析は意味があるし，なぜ政策が効果を発揮しなかったのかを考えることも重要である。そして，この時期に土地改革がなされなかった事例は，政策に変化があった場合との比較材料として大切である。本書では，まず序章でアフリカ全体の概観を示し，その後事例研究をふまえたうえで，終章で事例から得られる含意をまとめて検討する。

　この序章においては，1990年代以降のアフリカ各国の土地改革について一覧した後，その要因について国内的要因，国際的要因の双方から検討する。国際的要因に関しては，ドナーが推進した政策の思想的背景を政策文書に基づいて探り，それがリベラル・デモクラシーの想定に立脚していることを示す。つぎに，データベースや先行研究に基づいて近年のアフリカにおける農村変容の特徴を検討する。これまでにない急激な変化の一方で，従来との連続性があることが示される。最後に，近年の土地改革とこの急激な農村変容の関係を考えるための枠組みを提示する。

第1節　1990年代以降のアフリカにおける土地改革

　開発における土地制度や土地改革の重要性は改めて指摘するまでもない。伝統的農業に大きく依存する発展途上国においては，国民の圧倒的多数にとって土地は生産手段であり，資産であり，生存の糧となる極めて重要な財である。したがって，その所有構造は地主・小作関係などの形で社会関係を

規定する。土地はまた，人々の精神的よりどころやアイデンティティの象徴
となることもある。総じていえば，土地は通常の財を越えた政治的，社会的
性格を帯びており，その所有や利用についての制度的枠組みは社会の根幹に
かかわる重要な意味をもつ。土地所有権の所在が主として個人にあるのか，
国家にあるのか，それとも慣習的な共同体にあるのかによって，社会のあり
方は大きく異なる。近代国家において，土地制度や土地所有権の性格には国
家・社会関係が反映されるのである（Takeuchi 2014）。

　土地改革とは，土地制度のあり方を政策的に変える試みである[3]。それは
経済的な目的にとどまらず，社会的，政治的な目的をもつ。土地制度に国
家・社会関係が反映される以上，それを変えれば国家・社会関係に影響する
ことが当然予想されるからである。第2次世界大戦後の日本では，土地所有
の不平等を是正し農業生産性を高めるとともに，自立的な農家世帯を育成し
て共産主義の浸透を防ぐことを目的に，土地改革が実施された。これは，地
主から土地を没収し小作農に農地を提供する再配分政策であった。土地再配
分政策は，日本以外にも韓国や台湾などアジア諸国で実施されたし，近年ま
で土地改革の主たる政策手段であった。

　サハラ以南アフリカの国々にとっても土地は重要な課題であり，独立以降
さまざまな政策が講じられてきた（Bruce 1988）。特筆されるのは，1990年代
以降多くの国々が土地改革に着手したこと，そしてその内容にかなりの共通
性がみられたことである。

　表序-1に，1990年代以降に制定された主要な土地政策や土地法を示す。こ
の表に示すのは政策や法律の主要な変化だけだが，この時期に多くの国で新
たな土地法や土地政策が導入されたことがわかる。1990年代のアフリカで実
施された土地改革では，ほとんどの国で先述したアジア諸国とはちがう手法
がとられた。すなわち，再配分よりも法制度を通じた土地改革が実施された
のである。表序-1において土地再配分を前提とした法律は，南アの土地権利
返還法とジンバブウェの土地収用法くらいであり，それ以外は土地にかかわ
る法制度だけの改革であった。

この法制度改革で焦点となったのは，いわゆる慣習的保有（customary tenure）のもとにある土地に対する権利であった。多くのアフリカ諸国では，農村の大部分が慣習的土地保有のもとにおかれてきた。慣習的土地保有とは，伝統的権威やローカルコミュニティが慣習法に基づいて土地の利用，保有，分配等にかかわる権限をもつ仕組みである。

　それは単なる伝統的な仕組みではない。この制度にはもちろん植民地化以前の土地保有の仕組みに由来する要素もあるが，重要なのはそれが植民地支配のもとで再編されたことである（Chanock 1991; 武内 2015a）。植民地当局は，ヨーロッパ人が所有する土地と区別してアフリカ人が居住，利用する領域を設定し，そこを慣習的土地保有制度下にあると規定した。すなわち，その領域は基本的にアフリカ人の「慣習法」に従って統治されると定めたわけである。慣習的土地保有は公式な国家法の枠外におかれ，そこでは個人の土地所有権は認められず，家族や伝統的権威が土地配分権を有するとされた。

　独立後のアフリカ諸国においても，この土地制度は実質的にほとんど変わらず残存した。慣習地（customary land）は，多くの国で農村のほぼ全域，したがって国土の大部分を占め，そこで人口の過半を占める人々が農業や牧畜などを生業として生活した。その領域の土地所有権は国家に帰属するとされ，また伝統的権威や拡大家族も土地への権利を主張し得たため，実際に土地を利用する人々の権利は不明確なままだった。1990年代に入るころから，この慣習地に対する権利を利用者（とくに耕作者）に即して明確化し，安定化を図るべきだとの主張が強まり，法制度改革の中心的課題となった。

8

表序-1　1990年代以降のアフリカ主要国における土地政策，土地法の変化

国　名	1990年代以降の主要な土地政策，土地法
アンゴラ	土地法（Lei de Terras de Angola, 2004年）
ウガンダ	土地法（Land Act 1998, 1998年） 国土利用政策（National Land Use Policy, 2007年） ウガンダ国家土地政策（The Uganda National Land Policy, 2013年）
エチオピア	連邦農村土地管理布告（Federal Rural Land Administration Proclamation, 1997年） エチオピア連邦民主共和国農村土地管理・使用布告（Federal Democratic Republic of Ethiopia Rural Land Administration and Use Proclamation, 2005年）
ガーナ	ガーナ土地政策（Ghana Land Policy, 1999年） 土地法案審議中（2016年）
ガボン	ガボン共和国の土地所有体制を定める2012年2月13日付 No.5/2012オルドナンスの批准に関する2012年8月13日付 No.3/2012法（Loi n° 3/2012 du 13 août 2012 portant ratification de l'ordonnance n° 5/2012 du 13 février 2012 fixant le régime de la propriété foncière en République gabonaise）
カメルーン	土地権利取得条件に関する1976年4月27日付 No.76/165デクレの条項について変更，補完する2005年12月16日付デクレ（Décret n° 2005/481 du 16 décembre 2005 modifiant et complétant certaines dispositions du décret n° 76/165 du 27 avril 1976 fixant les conditions d'obtention du titre foncier, 2005年）
ケニア	国家土地政策（National Land Policy, 2009年）
コートジボワール	農村部の土地に関する1998年12月23日付 No.98-750法（Loi n° 98-750 du 23 décembre 1998 relative au domaine foncier rural, 1998年） 2004年8月14日，2013年8月23日改正
ザンビア	土地法（Land Act, 1995年） 国家土地政策（National Land Policy）審議中（2016年）
シエラレオネ	国家土地政策（National Land Policy, 2015年）
ジンバブウェ	土地収用法（Land Acquisition Act, 1992年）
セネガル	農林牧畜業基本法（Loi d'orientation agro-sylvo-pastorale, 2004年） 土地不動産体制に関する2011年3月30日付 No.2011-07法（Loi n° 2011-07 du 30 mars 2011 portant régime de la propriété foncière）
タンザニア	国家土地政策（National Land Policy, 1995年） 土地法（Land Act, 1999年） 村落土地法（Village Land Act, 1999年） 国土利用枠組計画2013～2033年（National Land Use Framework Plan 2013-2033, 2013年）
ナミビア	農業（商業）用土地改革法（Agricultural (Commercial) Land Reform Act, 1995年） 共有地改革法（Communal Land Reform Act, 2002年） 国家土地保有法（National Land Tenure Policy, 2005年）
ベナン	2013年8月14日付土地法（Loi No.2013-01 du 14 août 2013 portant code foncier et domanial en République du Bénin）
ブルキナファソ	農業土地再編に関する No. 014/96/ADP 法（Loi n° 014/96/ADP portant réorganisation agraire et foncière au Burkina Faso, 1996年） 農村土地制度に関する No.034-2009法（Loi No.034-2009/an portant régime foncier rural, 2009年）
ブルンジ	土地政策文書（Lettre de politique foncière, 2009年） 土地法改訂に関する8月9日付 No.1/13法（Loi No. 1/13 du 9 août portant révision du code foncier du Burundi, 2011年）

ボツワナ	ボツワナ国家土地政策（Botswana National Land Policy, 2002年）
マラウイ	マラウイ国家土地政策（Malawi National Land Policy, 2002年） マラウイ土地改革プログラム実施戦略（Malawi Land Reform Programme implementation strategy, 2003〜2007年） 土地法案審議中（2016年）
南アフリカ	土地権利返還法（Restitution of Land Rights Act 22 of 1994, 1994年） 土地政策白書（White Paper on South African Land Policy, 1997年） 共有地権利法（Communal Land Rights Act 11 of 2004, 2004年）
南スーダン	土地法（The Land Act, 2009年）
モザンビーク	国家土地政策（Política Nacional de Terras, 1995年） 1997年土地法（Lei de Terras, Lei no.19/97）
リベリア	土地委員会法（Land Commission Act, 2009年） 土地権利政策（Land Rights Policy, 2013年） 土地権利法案（Land Rights Bill）審議中（2016年）
ルワンダ	国家土地政策（National Land Policy, 2004年） 土地利用・管理に関する基本法（Organic Law No. 08/2005 of 14/07/2005 Determining the Use and Management of Land in Rwanda, 2005年）

（出所）　筆者作成。

第2節　土地改革の要因

1．国内的要因

　1990年代以降のアフリカでは多くの国で似たような土地改革が実施されたのだが，その背景に何があるのだろうか。まずもって指摘すべきは，アフリカ諸国にとって土地はつねに重要な政策課題であったし，さらにいくつかの国ではそれ以前の土地政策の失敗が明らかで，転換の必要性に迫られていたことである。たとえば1970年代のアフリカでは，タンザニアやモザンビークなど社会主義的な政策を掲げる政権のもとで集村化や集団農場化が進められたが，その成果は芳しいものではなく，1980年代にはすでに見直しが議論されていた（池野 2015; 網中 2016）。

　1990年代以降のアフリカで同時多発的に似たような土地改革が実施された要因として重要なのは，この時期に起こった政治経済上の政策転換の影響である。1980年代から1990年代前半は，劇的な政治経済的転換がアフリカで起

こった時期である。1980年代にはアフリカ各国で構造調整政策が導入され，経済自由化が推進されるようになった。また，1990年代初頭には，一党制を採用していた国々が雪崩を打って複数政党制への転換を果たした。同じ時期に南アがアパルトヘイト体制の廃絶に踏み切ったことも，極めて重大な体制転換であった。構造調整政策は経済政策全般の見直しを迫り，複数政党制の導入やアパルトヘイト体制の廃絶も社会のあり方全般を根本的に変える契機をはらんでいた。こうした大きな政策転換のなかで，土地政策見直しの機運が高まったのである。この時期以前，アフリカの多くの国では，国家が土地の所有や移転を強く統制していた。土地所有権は国家に帰属し，土地の売買が禁じられ，個人の権利は曖昧にしか規定されないことが一般的だった（武内編 2015）。政治経済の枠組みが全般的に自由化に向かうなか，市場化政策の前提として，また民主化政策における市民権の強化という文脈でも，土地に対する（とくに個人レベルでの）所有権の明確化が要請されたのである。

　この動きは，1990年代以降の政治変動のなかで加速する。ザンビアでは複数政党制導入の結果，独立以来政権を掌握してきた「統一国民独立党」（United National Independence Party: UNIP）が1991年の選挙で「複数政党制民主主義運動」（Movement for Multiparty Democracy: MMD）に敗れて下野した。UNIP の社会主義的な政策を是正し，私的所有権を強化すること，その一環として土地の私的権利を認めて市場化政策を導入することは，MMD の選挙公約であった（Brown 2005, 84）。選挙に勝利した MMD は，公約に従って1995年に新たな土地法を導入した（大山 2015b; 本書第 2 章）。

　土地改革の要因として，この時期にアフリカで頻発した武力紛争の影響も重要である。土地所有には国家・社会関係が反映されるが，それはすなわち政治権力の性格がそこに影響することを意味する。政治権力を掌握した集団は，彼らに有利な土地所有構造を創出しようとする。1990年代のアフリカにおける紛争のほとんどが内戦だが，紛争に伴う政権交代や収拾のための交渉の結果として土地改革が行われた。ルワンダでは，1990年代前半の内戦でルワンダ愛国戦線（Rwandan Patriotic Front: RPF）が政権を奪取し，その後積極

的に土地改革を実施した（武内 2015b; 本書第 8 章）。2007年末から翌年初めにかけて選挙後暴力がケニア全土を揺るがしたが、その収拾に際して土地問題の扱いは焦点の 1 つとなった。結果として、新憲法には土地に関する条項が盛り込まれ、その他多くの土地関連法が制定された（津田 2015; 本書第 7 章）。

　武力紛争と土地改革の関係は必ずしも一方向ではない。武力紛争の結果として土地改革がなされることがある一方、土地改革が武力紛争を誘発することもある。その例としてコートジボワールが挙げられる。初代大統領ウフェ＝ボワニ（Felix Houphouet-Boigny）の死後、第 2 代大統領に就任したベディエ（Henri Konan Bédié）は1998年に新たな土地法を制定し、そこに移民や外国人の土地所有を排除する条項を盛り込んだ。1998年土地法は、従来の農業・農村政策を反転させるものであった。コートジボワールは南部のコーヒー、ココア生産地帯に同国北部や周辺諸国から膨大な移民労働者を導入し、彼らに土地を与えることで生産を持続的に拡大させてきたが、この土地法はそうしたメカニズムを不可能にしたからである。この土地政策は、移民流入に対する南部の潜在的な不満を背景としてはいたが、より直接的にはベディエ政権による北部出身大統領候補者（Alassane Dramane Ouattara——ワタラ）の排除を意図して導入された。それは北部人の憤激と社会的緊張の激化を引き起こし、2002年の内戦勃発へとつながることとなる（佐藤 2015）。

2．国際社会による土地改革の推進とその思想

　アフリカ各国は国内的な要因から土地改革への取り組みを開始したが、改革の方向性は国際社会で強い影響力をもつドナーの思想と論理によって方向づけられた。1990年代アフリカの土地改革を考える際、国際的要因は極めて重要である。そもそも1980年代から1990年代にアフリカ諸国が選択した劇的な政策変化（政治的、経済的自由化）には、国際社会（とくに西側諸国）からの圧力が強く作用している。構造調整政策は輸入代替工業化政策の失敗と債務危機の結果として国際金融機関の主導で導入されたものだし、複数政党制

導入にしても冷戦終結に伴う援助政策の変化（民主化を援助のコンディショナ
リティにする動き）と不可分である（Bratton and van de Walle 1997; 武内 2005）。
1990年代以降アフリカ諸国が土地改革に取り組み始めた背景には政治経済の
自由化があるのだが，その自由化は国際的な圧力のもとで進められたわけで
ある。

　市場経済化と民主化の潮流のなかで，アフリカ諸国は土地改革に踏み出し，
ドナーや国際金融機関はそれを熱心に支援した。単に支援しただけでなく，
改革に彼らの思想を注入した。土地問題に対処するというアフリカ諸国の意
図は，ときにドナーのロジックと混淆し，その体裁をまとった（Manji 2006,
22）。

　ドナーはどのような論理で土地改革を推進したのだろうか。そこには2つ
の論理が看取される。第1に，土地改革を通じて耕作者の権利を明確化し，
安定させる，それによって土地に対する投資を増加させ，農業生産性を高め
るという論理である。この論理は，たとえば英国のブレア政権が2004年に創
設した「アフリカ委員会」報告書において，明確に読みとれる。同報告書で
は，アフリカの貧困削減と経済成長のために投資の促進が必要だとの文脈で，
農業振興の方策として土地所有権改革の必要性が訴えられた（Commission
for Africa 2005, 46）。土地所有権明確化の方策として登記が前提とされ，地理
情報システムやコンピュータを利用してそれを安価で実施することが推奨さ
れた（Commission for Africa 2005, 231）。土地所有権が明確になれば，農民個々
人にとっても，外部の投資家にとっても，投資へのインセンティブが高まる。
さらに，土地を担保にして資金を借入できるため，農村金融市場の活性化に
つながる（Commission for Africa 2005, 223）。こうしたメカニズムを想定して，
土地所有権の明確化が農業生産力拡大，そして経済成長全般の要として位置
づけられたのである。土地に対する私的所有権を確立し，市場を通じた経済
成長を図るという教科書どおりの政策といえよう。この論理を強力に主張し
たデ・ソトの著作（de Soto 2000）がドナーに広く受容され，大きな政治的影
響力をもったことはよく知られている[4]。

序章　アフリカにおける土地政策の新展開と農村変容　13

　土地改革を推進するもうひとつの論理は，それによって土地紛争を減らすとともに，ガバナンスを改善するというものだ。この論理は，2003年に世界銀行（以下，世銀）が発表した土地改革に関する政策文書から読みとることができる。世銀は国際開発の分野において一貫して土地改革の熱心な推進主体であり，1975年と2003年に発表した政策文書はそれぞれの時代で大きな影響力をもった（World Bank 1975; Deininger 2003――以下，それぞれ「1975年文書」，「2003年文書」と称する）。2つの文書はいずれも土地所有権の明確化や安定化，また過度に不平等な土地所有構造の是正の必要性を謳う点で共通するが，相違点も少なくない。その1つは，土地権利の安定というときの具体的内容である。1975年文書では，土地権利安定の方策として私的所有権の確立がほとんど絶対的に重要視されていた。一方，2003年文書は，慣習的保有下にあっても耕作者の権利はかなり安定的だと認めている。こうした土地は伝統的権威のもとで長年にわたり管理され，実効的な紛争解決メカニズムを備えている。したがって，その権利や紛争解決メカニズムを国家が公式に承認し，運用に協力すれば，安価で効率的な土地管理が可能であり，個々人が安定的な土地権利を獲得できる。これが2003年文書の主張である。慣習地における土地管理に積極的な価値を見い出し，慣習地の権利を公的に承認する意義を強調するのは，それまでの土地登記政策の反省やリスクに関する研究の進展によるものといえる。（Deininger and Binswanger 2001; 雨宮 2006）。

　私的所有権の確立に固執せず，土地権利の安定を重視する考え方は，権利の安定性を確保する制度的枠組み（ガバナンス）の重視につながる。1975年文書は私的所有権の確立を特権的に重視した。しかし，慣習的保有下の土地であっても，その権利が正当なものであるとの認識が人々に共有され，それを持続的に管理する仕組みがあれば，耕作者の土地権利は安定するはずである。こうした考え方に基づいて，2003年文書では土地ガバナンスの重要性が強調された。政府（中央，地方），伝統的権威，住民などステークホルダーのあいだで土地権利の管理の仕組みが合意され，それら権利が正当なものだとの認識が共有されれば，そうした土地ガバナンスは権利の安定化に貢献する。

14

私的所有権の確立に固執せず，土地権利の安定という上位目標との関係で実現可能な政策をとるべきだという2003年文書の立場は，1975年文書のそれと比べてずっとニュアンスに富んでいる。

　加えて，そうした土地ガバナンスのあり方は，統治のあり方全般にポジティブな効果をもたらすと主張された。人口の多数を占める農村住民の資産（土地）を効率的かつ公正に管理・利用するメカニズムが構築できれば，土地権利が安定して農業生産性が高まるだけでなく，貧困層のエンパワメントやジェンダー平等，そして地方分権化政策や紛争後の平和構築にも貢献するという考え方である。ここで土地制度改革は，グッド・ガバナンスに寄与する施策として位置づけられた。土地改革を通じてガバナンスを改善する（あるいは，土地権利の安定化のためにはグッド・ガバナンスが必要だ）という考え方は，近年世銀の研究者によって繰り返し主張されている（Deininger and Feder 2009; Deininger, Selod and Burns 2012）。土地に対する権利は，それが社会的に正当と認められなければ安定化しない。したがって，慣習的権利を国家が認める意義は，社会的に正当と認められてきた権利を国家が承認すれば，社会の側も国家を正当だと認めるようになり，結果として国家・社会関係の安定化につながるところにある。ここには，2000年代半ば以降開発援助の中心課題となった「国家建設」政策と共通の論理があるし[5]，基本的には冷戦終結後世界で主流の規範であるリベラル・デモクラシーに基づく発想といえる。1980年代以降の市場経済化，1990年代以降の民主化，地方分権化，そして平和構築といった一連のグローバルな政策介入の課題と同じく，土地改革もまたリベラル・デモクラシーの思想潮流のなかで進められたのである。

3．小括

　アフリカにおける近年の土地改革には各国固有の背景がある。1980年代までに介入主義的な土地政策を実施していた国々や，紛争や経済的理由による人口移動などのために土地の希少性が顕在化していた国々では土地改革の必

要性が高まっていたし，冷戦終結前後に多くの国々で体制転換が生じたことで土地改革の機運が盛り上がった。一方で，近年の土地改革には，国際的な要因が大きく影響している。冷戦終結という国際環境の変化はアフリカ諸国の体制転換を引き起こすことで土地改革を促したし，その国際環境の変化を契機として世界的に広まったリベラル・デモクラシーの価値規範——とりわけ，市場経済化やグッド・ガバナンス——は土地政策の内容に強く影響した。この時期のアフリカにおける土地改革が似通っているのは，ドナーの支援を通じてその方向性が規定されたからである。

　市場経済化やグッド・ガバナンスのイデオロギーに支えられた新たな土地政策は，アフリカ諸国でどのように実践に移され，いかなる結果をもたらしただろうか。それが，本書の各章の中心的課題となる。終章でもう一度この点に立ち戻ることにしよう。

第3節　アフリカ農村変容の今日的特徴

　アフリカの農村は著しい変化を遂げてきた。それは特段，今日に始まった話ではない。しかし，近年の変化はとりわけ土地にかかわる点で著しい。本節では，その特徴を本書の射程にかかわる範囲で4点に整理しておきたい。

　第1に，大規模な土地取引が急増していることである。ランドマトリクス（Land Matrix Global Observatory）のデータから作成した表序-2は，アフリカ各国における土地取引の規模を示している[6]。交渉中の，あるいは契約が結ばれた土地取引としてデータベースに記載された982案件を合算したものだが，その面積は国によっては全可耕地面積を上回り，国土総面積との比較でも相当な規模に達している。アフリカ全体でみると，全可耕地の4分の1にあたる規模の土地が取引の対象となり，13%分がすでに契約済ということになる。土地利用のおもな目的は，バイオ燃料を含む農産物生産，畜産，木材伐採である[7]。取引の規模と件数からわかるように，個々の契約は数万ヘクタール

程度の巨大なものである。これらの取引がいつなされたか1つひとつ確認してはいないが，その多くは2000年代以降に交渉が開始されたものと考えてよい。アフリカ大陸の土地が猛スピードで取引の対象となっているといえよう。

　ランドマトリクスが自ら認めるように，そのデータの正確性には限界がある。さまざまな報道や研究に依存してデータを構築しているから，メディアや研究機関がとりあげる巨大な土地取引しかカバーできないし，取引は日々進行するからデータベースに掲載されるまでにタイムラグが生じる。ランドマトリクスのデータと現実との乖離はつねに発生すると考えねばならない。加えて近年指摘されているのは，アフリカ人都市居住者による農業投資の活発化で，都市中産階級が農村に土地を購入して農業に従事するケースが増えている。農場のうち5〜100ヘクタールの中規模層がガーナでは総農地面積の38％，ザンビアでは52％を占めるとの説もある[8]。こうした都市居住者の土地取引は，ランドマトリクスのデータベースにはほぼ反映されない。難点はあるものの，現時点でアフリカにおける土地取引の規模を俯瞰的に比較できるデータとして，ランドマトリクスは非常に有益である。さまざまな統計上の制約をふまえたうえでなお，アフリカの農村部に外部からの投資が急速に流入し，広大な土地が取引の対象になっているといってよい。

　第2に，土地の私有化と商品化が，ローカルなイニシアティブによっても進行している。第1の特徴として挙げた大規模な土地取引は，多国籍企業や都市住民など農村の外部者のイニシアティブで進行し，かつ2008年の世界食糧危機の前後から目立ってきた現象である。しかし，土地の私有化と商品化は農村内部の誘因によっても進んでおり，かつもっと前から顕在化している。Woodhouse（2003）は，ケニア，ボツワナ，マリ，南アの事例研究に基づいてこの点を指摘し，政策介入の結果ではなくローカルコミュニティの主導で，土地に対するさまざまな投資を通じて個人的権利を確立しようとする動きが強まりつつあると論じた（Woodhouse 2003, 1711）。

　ケニアのように1950年代から私的所有権確立政策がとられた国では，こうした動きは従来から活発であった。マサイランドでは牧畜を持続的に行うこ

表序-2　アフリカにおける土地取引の規模

	件数	交渉された規模(A)(1,000ha)	契約規模(B)(1,000ha)	可耕地面積(C)(1,000ha)	人口密度(人/km²)	A/C(%)	B/C(%)	国土面積(D)(1,000ha)	A/D(%)	B/D(%)
アルジェリア	1	31	0	7,496	17	0%	0%	238,174	0%	0%
アンゴラ	27	541	186	4,900	20	11%	4%	124,670	0%	0%
ウガンダ	26	1,158	193	6,900	195	17%	3%	20,052	6%	1%
エジプト	10	180	164	2,738	92	7%	6%	99,545	0%	0%
エチオピア	118	3,881	1,411	15,119	99	26%	9%	100,000	4%	1%
ガーナ	54	3,087	969	4,700	120	66%	21%	22,754	14%	4%
ガボン	6	1,325	894	325	7	408%	275%	25,767	5%	3%
ガンビア	2	230	30	440	197	52%	7%	1,012	23%	3%
ギニア	8	2,639	210	3,100	51	85%	7%	24,572	11%	1%
ギニアビサウ	1	1	1	300	66	0%	0%	2,812	0%	0%
ケニア	26	962	317	5,800	81	17%	5%	56,914	2%	1%
コートジボワール	12	689	174	2,900	71	24%	6%	31,800	2%	1%
コンゴ共和国	8	2,618	2,148	550	14	476%	391%	34,150	8%	6%
コンゴ民主共和国	65	11,912	11,589	7,100	34	168%	163%	226,705	5%	5%
サントメ・プリンシペ	1	5	5	9	198	57%	57%	96	5%	5%
ザンビア	46	1,880	617	3,700	22	51%	17%	74,339	3%	1%
シエラレオネ	33	2,253	1,087	1,584	89	142%	69%	7,218	31%	15%
ジンバブウェ	9	589	413	4,000	40	15%	10%	38,685	2%	1%
スーダン	36	4,905	713	17,220	22	28%	4%	186,148	3%	0%
スワジランド	4	55	40	175	75	31%	23%	1,720	3%	2%
セネガル	31	902	310	3,250	79	28%	10%	19,253	5%	2%
タンザニア	67	1,521	357	13,500	60	11%	3%	88,580	2%	0%
中央アフリカ	2	14	14	1,800	8	1%	1%	62,298	0%	0%
チュニジア	2	19	3	2,853	71	1%	0%	15,536	0%	0%
ナイジェリア	57	1,818	840	34,000	200	5%	2%	91,077	2%	1%
ナミビア	15	117	30	800	3	15%	4%	82,329	0%	0%
ニジェール	4	35	31	15,900	16	0%	0%	126,670	0%	0%
ブルキナファソ	3	402	203	6,200	32	6%	3%	56,673	1%	0%
ベナン	9	360	250	2,700	96	13%	9%	11,276	3%	2%
ボツワナ	1	40	25	272	8	15%	9%	27,360	0%	0%
マダガスカル	47	3,584	607	3,500	42	102%	17%	58,180	6%	1%
マラウイ	13	315	142	3,800	183	8%	4%	9,428	3%	2%
マリ	28	1,330	446	6,411	14	21%	7%	122,019	1%	0%
南アフリカ	14	394	281	12,500	45	3%	2%	121,309	0%	0%
南スーダン	22	4,220	2,703	28,533	19	15%	9%	64,433	7%	4%
モーリシャス	2	4	4	75	622	5%	5%	203	2%	2%
モーリタニア	3	18	5	450	4	4%	1%	103,070	0%	0%
モザンビーク	134	4,704	2,699	5,650	36	83%	48%	78,638	6%	3%
モロッコ	7	720	704	8,045	77	9%	9%	44,630	2%	2%
リビア	1	40	0	1,720	4	2%	0%	175,954	0%	0%
リベリア	20	2,104	1,921	500	47	421%	384%	9,632	22%	20%
ルワンダ	7	118	26	1,183	471	10%	2%	2,467	5%	1%
計	982	61,717	32,764	242,697		25%	13%	2,688,148	2%	1%

（出所）　Land Matrix Global Observatory から筆者作成。

（注）　1）Land Matrix Global Observatory（http://landmatrix.org/en/）2017年2月19日時点。
　　　　2）可耕地面積と国土面積に関するデータは World Development Indicators から作成。2013年の値を利用した。
　　　　3）人口密度は World Development Indicators の2015年の総人口データから計算した。
　　　　4）モザンビークに関するデータのうち No.2373は「交渉された規模」（intended size）が不明で「契約規模」（contract size）のみデータが記載されていたため，それを「交渉された規模」データに代入した。
　　　　5）スーダンと南スーダンの国土面積は，Central Intelligence Agency, The World Factbook に拠った。(https://www.cia.gov/library/publications/resources/the-world-factbook/　2016年12月1日閲覧)。

とを意図してまとまった土地を集団に割り当てるランチング・システムが1960年代以降導入されたが，その後それを個人の所有地へと再分割する動きが強まった。土地不足の認識が強まるなかで，自分の所有地を確保しようと再分割の要求が高まったといわれる（Campbell 1993; 目黒 2014）。タンザニアにおいても，1999年村落土地法制定以前の段階で，土地権利を主張するために自分の土地の周りに植林する行動が広がっているとの報告があり，ウジャマー政策による土地収用を避けるための植林行動と分析されている（安 1999）。同じくタンザニアの別の地域では季節湿地が急速に開墾され，私有地化する現象が進んでいる（山本 2013）。こうした共有地の私有地化，すなわち「土地囲い込み」（enclosure）とも呼ぶべき行動が農村内部から広がる背景には，人口増をはじめとする農村社会の内在的変容と，それに伴う土地に対する利用圧力の増大がある。アフリカ農村では，土地所有のあり方が自律的に変化しつつあったところに，土地法制度改革と土地取引の波がやって来たといえるだろう。

　第3の特徴として，人口移動（移民，難民）が土地所有権をめぐる緊張の重要な原因となっていることが挙げられる。従来，アフリカは土地人口比が低く，土地に対して労働が稀少な地域だと考えられ（Herbst 2000），農村間で移住を促す政策がしばしばとられてきた。移民だけでなく，紛争によって流出した難民が長期化し，農村の人口構成に大きな影響を与える場合もある。移動を通じた人口構成の変化が，土地の権利をめぐる緊張の激化を招く事例が目立っている。

　先述したコートジボワールの例は，代表例の1つである。この国は独立後，南部で生産されるコーヒー，ココアの輸出を通じて高い経済成長を遂げてきたが，それを可能にしたのは，近隣諸国や北部地域から移民を呼び込み，豊富な労働力で生産地を外延的に拡大させるメカニズムであった。移民労働者は，一定期間賃金労働者として働けば地主から土地権利を与えられ，自らの畑を造成することが可能であった。このインセンティブ構造のもとで多数の移民が南部に流入したのだが，土地制約とナショナルレベルでの政治権力闘

争を背景として，移民の土地所有権を制限し，彼らを排斥する動きを生ぜしめた（佐藤 2015）。

　コンゴ東部のキヴ地方でも，人口移動に端を発する土地問題が深刻な問題となっている。植民地期，この地域では白人入植者がコーヒー栽培を行っていたが，プランテーション労働者が不足し，その対策として1930年代以降，キヴに比べて人口稠密な近接地域のルワンダから移住が進められた。その後，植民地期末期にルワンダで政治混乱があり，大量の難民がキヴに流入した。移民・難民としてやってきたルワンダ人の数は，フンデ（Hunde）やニャンガ（Nyanga）など土着のコンゴ人を大きく上回った。後者は前者に土地を奪われたという不満を抱き，モブツ政権末期の政治不安を背景として２つのグループ間に暴力が頻発するようになる。この地域はコンゴ内戦の発火点となり，ルワンダ系住民をめぐる緊張関係は現在も解決されていない（武内 2002）。

　後から移住してきた集団が，もともと住んでいた集団と従属的関係を結んで土地の利用権を得ることは，アフリカでしばしば観察される社会実践であった。こうした関係は，土地が余剰であるうちは特段緊張をはらむものではないし，従属的関係といってもアジアの地主小作関係とちがって象徴的な贈り物をする程度であることが多い。しかし，余剰地が枯渇したり，２つの集団にかかわる政治権力闘争が起きたりするといったきっかけで，両者の緊張が急速に高まることがある。その際，もともと住んでいたと認識する集団の側が，土着民（autochthones），「土地の子」（sons of the soil）といった言い方で自分たちと外来の「よそ者」（strangers）を区別し，後者を排除する動きが近年アフリカで頻繁に観察されている（Geschiere and Nyamnjoh 2000; Dunn 2009）[9]。こうした「帰属の政治」（politics of belonging）においては，ここが誰の土地なのか，ここで優先されるべき権利をもつのは誰なのか，といったロジックが人々を分類するメルクマールとなり，したがって土地所有権をめぐって社会的緊張の原因になりやすい。

　第４に，伝統的権威の社会的影響力が依然として強いことである。大規模

な土地取引が実施され，土地の私有化や商品化が進行しているとはいえ，アフリカ農村社会が西欧的な市民社会へと単線的に変化しているわけではない。そこではなお伝統的権威が土地権利の承認や土地の配分に強い影響力をもっており，彼らが主導して大規模な土地取引を行うこともある（大山 2015a）。伝統的権威にはヘッドマン，チーフ，パラマウントチーフなどさまざまな呼称があり，権能の大きさや範囲は異なるが，その制度を辿ると植民地期支配のなかで認可され，再編された点で共通している。伝統的権威はほとんどの場合植民地化以前からの長い歴史をもち[10]，それゆえ人々に大きな影響力をもつのだが，植民地期の間接統治下で国家の統治の一部として制度化された経緯がある。今日議論の対象となっている伝統的権威は，基本的にそこで制度化されたものを直接の起源としている。植民地当局と親密な関係をもったこともあって，独立後，とくに左派政権のもとで敵対的な政策がとられたが[11]，1990年代以降そうした政策は見直されつつある。

　近年の傾向として目立つのは，伝統的権威の役割や権限を再評価する動きである。たとえば，ウガンダは1995年憲法で「伝統的または文化的指導者の組織」の存在を公認した[12]。政治的役割は認められないものの，これによって，ブガンダ，ニョロ，トロ，テソ，アチョリといったかつての王国やエスニック集団を単位とする組織が設立され，活発に活動するようになった。また，アパルトヘイト廃絶後の1996年に制定された南ア憲法では，「伝統的指導者」（traditional leaders）の「制度，ステータス，役割が，慣習法に従ってただし憲法に従属して」認められることとなり，裁判所が依拠する法源として慣習法が明記された[13]。同憲法において「伝統的指導者」の役割は，「ローカルコミュニティにかかわるローカルレベルの制度」として定められると規定されている[14]。この文脈で伝統的権威は土地に対して強い影響力を行使してきたのだが，ザンビアのように伝統的権威の土地配分権を公式に認める国も現れた。同国で1995年に制定された土地法は，伝統的権威が認可すれば外国人を含む投資家が慣習地の土地所有証明書を取得することを可能とするもので，同法によってチーフの土地裁量権は大きく高まった[15]。

近年のこうした動きの背景には，さまざまな要因がある。政権にとっての支持獲得策という側面があるし，冷戦終結と東側陣営の崩壊によって伝統的権威を封建制の残滓（ざんし）とみて攻撃する左派的な見解が失速したことも影響していよう。ウガンダの場合はムセヴェニ政権の成立過程が背景にあり[16]，南アのケースはアパルトヘイト体制の廃止後新たに国家の一部となった旧ホームランド地域をどのように統合するかという問題への回答といえる。旧ホームランド地域ではアパルトヘイト期に事実上の間接統治政策がとられ，伝統的権威を通じた統治が実施されてきた。その統合にあたって，意思決定の民主化や女性の権利への配慮などガバナンスの質を高めるための改革を行いつつも，従来の統治システムを大きく変えないやり方が選択されたわけである。

アフリカ全体にかかわる要因として重要なのは，1990年代以降民主化政策の一環として導入された地方分権化や市場経済化の影響である。こうした政策は，英米をはじめとするドナーによって熱心に推奨されてきた。上述したザンビアの新土地法は市場経済化を進める政策的意図のもとで導入されたものであり，南アでは地方分権化政策のなかでチーフの地位が再定義された（Bruce and Knox 2009）。これらの政策が伝統的権威の地位や役割の強化を直接の目的としていたわけではないし，結果としてつねにその役割が強化されたわけでもない[17]。それでも，冷戦終結という時代的文脈のなかで伝統的権威の位置づけが再検討されたこと，現在もなお多くのアフリカ農村社会で彼らが重要な影響力を保持していることは事実として指摘できよう。

第4節　土地政策の影響を理解するための枠組み

1990年代以降，土地権利の安定化を掲げて，多くのアフリカ諸国が土地改革に取り組んだ。しかし，前節で整理した近年のアフリカ農村の全般的特徴をみれば，土地改革によって土地利用者の権利が安定したとは言い難い。この時期にアフリカで起こったことは，農業部門への投資活発化であり，大規

模土地取引や「囲い込み」の進行であった。それはそのまま農民からの土地収奪を意味するわけではないが，現実に大規模土地取引によって従来利用していた土地を奪われる事例が多数報告されている。慣習的保有地のなかでも畑や屋敷地として利用されていない場所が収奪の危険に晒されており（Alden Wily 2008），したがって，牧畜民や焼畑農耕民のように，特定の土地の利用を必ずしも前提としない人々の生活が脅かされる危険性が高い（佐川 2016）。

　土地法制度改革を支援してきたドナーからすれば，こうした状況は想定から乖離したものであろう。もちろん，アフリカ諸国の土地法制度改革をドナーが支援し，その内容に関与したからといって，農村変容の結果をすべてドナーの責任に帰すことはできない。ある法制度を決めることと，それを執行することのあいだには大きなちがいがあるし（Manji 2001），そもそも法制度改革がいかなる影響を現実に与えたのかを判断するには慎重な検討が必要である。それでも，1990年代以降の土地法制度改革と同じ時期の急速な農村変容とがどのように関係しているのか（いないのか）は，真剣に考えるべき事柄である。

　この点は本書全体の課題とし終章で再度とりあげるが，ここでは2つの事象の関係を考えるための枠組みを示しておきたい。それは3つの視点から構成される。第1にブーンのいう「権威ベースの所有権体制」（authority-based property regime）との関係（Boone 2014），第2に土地改革を遂行する政権の性格，第3に当該農村社会の構造である。以下，それぞれ説明を加えておこう。

　2014年に刊行されたブーンの著作は，土地所有権と土地紛争の類型化を通じてアフリカ政治の基層的構造を把握しようとするもので，その論点は多岐にわたる。議論のなかで彼女は，生産要素を分配する仕組みとして，「市場に基づく所有権体制」（market-based property regime）と「権威に基づく所有権体制」という2つの理念型を提示している（Boone 2014, 21）。土地，労働，資本の生産要素が競争的市場と価格機構を通じて分配されるのが前者，政治的権威を通じて非市場的に配分されるのが後者である。これらは理念型であ

るから，現実にはつねに 2 つの要素が混じるし，その混じり方も生産要素ごとに異なることが想定される。ブーンの議論は，アフリカの土地に関しては，所有権体制が依然として「権威に基づく」ものにとどまっており，政府や伝統的権威がその配分に強い権限をもっているというものだ。私的所有のもとにある土地は，白人入植地が多い南部アフリカを除いて，ほとんどが国土のわずかな割合にすぎない（Boone 2014, 23）。

　重要なのは，近年の土地制度改革を経た後も，基本的にこの特徴が大きく変化していない事実である。近年の法制度改革のなかで，慣習的保有下にある土地がシステマティックな登記事業の対象となったり，その私的所有権への転換を促す法律が制定されたりした。しかし，それは直ちに私的所有制度に基づく社会が成立したことを意味しない。広く土地登記事業を実施し，多くの住民が土地権利証書を得たルワンダやエチオピアにおいても，土地所有権は依然として国家にあると規定され，人々が有するのは利用権にすぎない（武内 2015b; 児玉 2015）。両国がいずれも権威主義的政治体制のもとにあることを考えれば，人々がどの程度自由な所有権／財産権を有するのか定かではない。土地改革を経た後であっても，アフリカでは依然として国家や伝統的権威が土地配分に強い影響力をもっており，その意味で総じて「権威に基づく所有権体制」にあるといってよい。こうした状況下で，個人の権利明確化を謳う法律が導入されたとき，どのような結果を招来するかを考える必要がある。

　第 2 の点，すなわち政権の性格とは，簡単にいえば，政権がどの程度の政策執行能力をもつか，そして土地改革が政権にとってどの程度死活的かにかかわる。土地改革は論争的なテーマであり，国内各層のあいだで意見の対立が生まれやすい。強い政策執行能力がなければ，ラジカルな土地改革の執行は難しい。また，もし土地改革の遂行が政権の生き残りにとって死活的に重要なら政権はその執行に向けて本気で努力するだろうし，それが政権の生存にとってそれほど重要でないならドナーの支援を受けてもおざなりの努力しか払わないだろう。政権がどのような集団から支えられているかを分析すれ

ば政策執行能力について大よその予想ができるし，土地改革に至る政治過程をみれば政権にとっての「本気度」を知ることができる。土地改革の実効性を考える際に，政権の性格とそこに至る政治過程を分析に組み込もうということである。

　第8章で詳しく述べるように，1994年に内戦に勝利しルワンダの政権を握った「ルワンダ愛国戦線」（Rwandan Patriotic Front: RPF）は，積極的に土地改革を行った。RPFの主たる支持基盤は少数派のエスニック集団トゥチであり，かつその中核はRPFの指導者を含めて帰還難民であった。政権を握ったRPFが最初に実施した土地改革は，国内居住者のフトゥ農民に対して所有地の半分を帰還難民に与えるよう命じることだった。このラジカルな土地再配分政策によって，トゥチ帰還難民の生活は安定した。内戦に軍事的勝利を収めたRPFには国内に抵抗勢力がおらず，強い政策執行能力を備えていた。さらに，土地改革の実施主体となる末端行政機構はトゥチの帰還難民やジェノサイド・サバイバーで固められており，RPF政権にとってこの土地改革は自らの支持基盤強化のために決定的に重要であった。こうした政治権力構造，そして政権にとってのインセンティブ構造のもとで，ラジカルな土地政策が推進されたのである。

　第3の点，すなわち当該農村社会の構造とは，生産要素の賦存状況や伝統的権威の影響力などにかかわる。今日のアフリカ農村で大規模な土地取引の対象となっているのは，ほとんどの場合，農地や宅地として利用されていない慣習地である（Alden Wily 2008）。したがって，単純にいえば，人口密度が高く，土地不足が顕在化している地域では，大規模な土地取引は起こりにくい。本書の事例では，エチオピア高地やルワンダ，ブルンジがそれにあたる。土地政策と農村変容の関係を考えるうえで，当該地域における生産要素の賦存状況は基本情報である。

　また，土地政策の影響は伝統的権威の有無やその性格によって大きく異なる可能性がある。ブーンは，「権威に基づく所有権体制」を「ネオカスタマリー型土地保有」（neo-customary land tenure）と「国家主導型土地保有」（statist land tenure）とに下位区分している（Boone 2014, chap. 2）。前者は，土地の配分に伝統的権威が強い権限をもつ土地保有のあり方である。「ネオカスタマリー」という表現は，慣習と呼ばれる制度や規範が単なる伝統ではなく，植民地期に再編されたものであることを示している。後者は，国家主導で開発された入植地など，国家が土地配分の権限を直接掌握する土地保有のあり方を意味する。政策が社会に及ぼす影響は，伝統的権威が介在するか，それとも国家が直接に政策を実施するのかによってちがってくる。ブーンが2つの下位区分を行ったのは土地紛争の類型を説明するためだったが，この区分——とくに伝統的権威の権限——への着目は土地政策と農村社会変容の関係を考えるうえでも重要である。

　以上を整理すると，本書の視角は，「権威に基づく所有権体制」のもとでの国家と社会の関係，相互作用に着目して，土地をめぐる政策と農村変容の関係性をとらえる試みだと言い換えることができる。研究対象国によって土地政策の中味が異なり，著者によって視点が異なるため，分析手法は章ごとにちがいがあるものの，本書に所収された各論文はこの問題意識を共有して執筆されたことを強調しておきたい。

第5節　各章の紹介

　最後に各章の内容を簡単に紹介しておこう。各章は基本的に一国単位の事例研究だが，その含意は多様であり，比較の論点は多岐にわたる。終章で再度論点の整理をすることとし，ここでは各章の簡単な要約にとどめる。

　第1章は，シエラレオネを事例として，大規模土地取引と慣習的土地保有がいかなる形で連関しているかを考察した落合雄彦の論考である。内戦終結後のシエラレオネでは，積極的な外資導入政策がとられ，それによって広大な土地が民間企業の手にわたった。必ずしも企業が不正な手段で土地を奪ったわけではなく，インフォームド・コンセントや土地所有者の権利保護に細

心の注意を払った企業も少なくない。しかし，そうした企業でさえ，農民の同意が十分でないとして，事後に厳しい批判を浴びた。落合は，シエラレオネにおける慣習的土地保有の仕組みこそ，こうした事態をもたらす構造的要因だと指摘する。伝統的権威が土地配分に強い権限をもつことで，農民のあずかり知らぬところで大規模な土地取引，あるいは「ランドグラブ」が生じやすくなるのである。

　第1章が示す「ランドグラブ」の構図を，大山修一は第2章で具体的なデータに基づいて示す。ここでは，私的な土地利用が急速に広がるザンビア農村の姿が描かれる。ザンビアでは，1995年に成立した土地法を契機としてチーフの土地配分権が強まった。北西部農村で長年調査を続けてきた大山は，緻密なフィールドワークに基づいて，歴代の伝統的権威（チーフ）のもとで村の慣習地がどのように変化したかを明らかにする。村落内外からの旺盛な需要によって私的な土地利用が急速に広がり，そのなかで土地に関する伝統的権威の権限が重みを増している。チーフは慣習地の帰趨<ruby>帰趨<rt>きすう</rt></ruby>に大きな影響力を行使し，いわば村のゲートキーパーとして機能している。

　第3章で児玉由佳が描くのは，シエラレオネやザンビアと比べ，著しく人口稠密なエチオピア高地（アムハラ州）における土地管理の実態である。内戦を経て1991年に政権を獲得したエチオピア人民革命民主戦線（EPRDF）政権は，新たな土地法を制定するとともに，土地登記を急速に進めた。エチオピアの事例が示すのは，行政による土地管理を強化するために登記が実施されたことである。EPRDF政権下では，土地細分化を防ぐために最低所有面積が定められ，相続人不在の土地を行政が接収し再配分する制度が導入された。児玉のフィールドワークも，行政による厳密な土地管理の実態を浮かび上がらせる。ここでは，土地不足のもとでいかに農民の生存を維持するかという観点から行政が政策介入を実施しているのであり，土地登記もその文脈で理解する必要がある。

　続く2つの章では，慣習地に対する政策とその陥穽<ruby>陥穽<rt>かんせい</rt></ruby>を考える。佐藤千鶴子による第4章は，南アの事例である。アパルトヘイト廃絶後の南アでは，旧

ホームランド地域の統合が政治的課題となった。アパルトヘイト体制下において同地域ではパラマウントチーフを頂点とする統治と，その政治秩序に即した土地保有が制度化された。新生南アの誕生とともに同地域の統合が要請されたとき，そこで人々が現実に保有している権利を強化すべく，「共有地権利法」（CLaRA）が制定された。しかし，CLaRA は土地統治の権限を事実上アパルトヘイト期に制度化された「部族」（Tribe）に与える内容だったため，より小規模な集団の不安を招き，憲法裁判所によって憲法違反と判断された。佐藤は自身のフィールドワークに基づき，土地権利の運用において実際に重要なのは「部族」よりもずっと小さな集団であることを示す。耕作者の土地権利を実質的に強めるためには，土地保有の実態に即して，より小さな集団への権限付与を検討する必要があろう。

　池野旬による第5章は，タンザニアの慣習地に対する政策を検討する。1999年に制定された村落土地法は，慣習地における個人や集団の権利を認め，権利証書の発行も認める内容をもつ。そのため，タンザニアは，慣習的権利を尊重しつつ土地改革を進めた国として国際的に高い評価を得ている。池野はこうした評価に疑問を呈し，「慣習」の意味を問う。1999年村落土地法で重要なのは，「村落」に土地管理の権限が付与されていることである。「村落」が土地管理を担うから「慣習」に基づくと理解されがちだが，この「村落」は1970年代以降ウジャマー政策で大きく改変されたものである。この政策は，一見すると土地管理の分権化にみえるが，中央政府の指揮命令系統の地方への貫徹を目的とするという見方も可能である。実際，池野の調査地では慣習地の急速な私有地化が進んでおり，それは政府の投資促進政策と整合的な農村変容であるという意味で分析を裏書きしている。

　第6章で網中昭世が扱うモザンビークは，幾つかの点でタンザニアに似ている。独立以降1980年代まで社会主義的政策がとられ，集村化などラジカルな政策介入が農村に対して実施された。また，その過程で伝統的権威の権限が弱められた。一方，大きく異なる点もある。内戦の経験の有無はその最たるものだが，近年の政治体制でいえば，革命党（CCM）による安定した一党

優位が続くタンザニアに対して，モザンビークでは政権与党のモザンビーク民族解放戦線（FRELIMO）が優位を維持しているとはいえ，内戦当事者が転じた2つの政党が対抗を続けている。網中は，フィールド調査に依拠して，中央の政党対立がローカルな土地紛争に影響するさまを描き出す。ここでも，政治権力のあり方が土地権利を強く規定している。

　第7章で津田みわが分析するケニアの事例もまた，中央の政党対立が土地政策に与えた影響をめぐるものである。2007年末の大統領選挙をきっかけに全国に広がった暴力事件の背景として土地をめぐる「歴史的不正」の存在があること，そして暴力再発を抑止するためにその是正が必要であることは，ケニア社会に一般的な合意がある。しかし，是正すべき「歴史的不正」とは何かという点になると，合意はたちまち消散する。植民地当局によるアフリカ人の土地権利剥奪なのか，独立後の移民政策なのか。責任の所在をどこに求めるかという主張は政治的立場を反映し，妥協は困難である。選挙後暴力を収拾する過程で成立した権力分有政権は，土地をめぐる「歴史的不正」の是正を高らかに謳い，一連の土地制度改革に着手した。しかし，その課題は政治家間の綱引きのなかで，はかばかしい進捗が得られないまま棚上げにされつつある。中央の政治家にとって，土地問題という政策課題は，生計をそれに依存する農村の住民ほど喫緊ではない。政治家の関心は，ローカルな土地政策より中央の権力闘争へ向かいがちである。

　第8章では，武内進一がルワンダ，ブルンジ，コンゴを土地政策と農村変容の観点から比較する。3カ国のうち，ルワンダとブルンジは人口稠密な農業国という点で，ブルンジとコンゴは内戦後に権力分有政権が成立した点で共通する。内戦に勝利した元ゲリラが政権を掌握したルワンダでは，その支持基盤に有利な土地政策が執行され，農村に甚大なインパクトをもたらした。それに対して権力分有政権が成立したブルンジとコンゴでは，実効的な土地政策がとられなかった。一方，2つの人口稠密国において大規模な土地取引が限定的にしか起こらなかったのに対して，相対的に人口希薄なコンゴでは村落住民による自発的な土地囲い込みが現出している。政治権力のあり方，

農村の生産要素賦存状況と社会構造が組み合わさって，土地政策の内容と実効性，そして農村変容の方向性や程度が決まるといえよう。

＜謝辞＞

　本章執筆のための調査研究活動は，次の科研費補助金事業の助成を受けて実施された。記して感謝する。課題番号：16KT0046，25101004，16H06318，15KT0137。

〔注〕————————————————

⑴　「ランドグラブ」の定義として，以前の研究会成果では「ティラナ宣言」の定義に依拠した（武内 2015a, 22）。この定義はさしあたり妥当だと考えるが，本書ではこの用語をカッコ付けにして慎重に用いたい。本書第 1 章のシエラレオネの事例が示すように，企業と農民のあいだに存在する圧倒的な「パワーの差」や土地という財をめぐる認識ギャップ，その背後にある土地保有制度のために，アフリカにおいて企業と農民の双方が長期にわたり納得する形で大規模な土地取引を行うことは極めて困難である。現状では，いかに企業が FPIC 原則などに心を砕いても，取引が後になって批判される危険性は消えない。「ランドグラブ」はそれ自身価値判断を含んだ用語なので，カッコ付けすることが妥当と判断した。

⑵　大規模な土地取引や小農からの土地収奪は，2008年の食料価格高騰前後から世界的な注目を集めるようになった。この問題をめぐる議論は枚挙に暇がない。オックスファム，オークランド・インスティチュート（The Oakland Institute），環境・発展国際研究所（International Institute for Environment and Development: IIED）などの NGO やシンクタンク，また世界銀行をはじめとする政策実施機関から多くのレポートが刊行され，*Journal of Peasant Studies* などの学術誌で何度も特集が組まれた。近年では，大規模な農業投資といっても多様であり，小農の生活の場を奪う危険性がある一方で雇用を生み出し経済発展の契機となる可能性もあるため，それがいかなる影響を与えるかより厳密な方法で検証すべきだとの認識が広がっている（Edelman, Oya and Borras Jr. 2013, 1517）。土地紛争についても近年深刻化が指摘されており，武力紛争の性格変化という文脈で論じられることもあるが（Straus 2012），なお個別の事例研究を深める余地がある。総じて，研究はなお緒に就いたばかりという印象が強い。

⑶　土地改革という用語は土地再配分政策を想起させやすいが，以下に述べるように，ここでは土地に関する法制度改革も含めて用いている。

⑷ 2002年，クリントン前米大統領は英労働党向けの演説でデ・ソトの議論を紹介し，称賛している（Manji 2006, 2）。

⑸ 「国家建設」（state-building）という言葉は2000年代半ば以降，経済開発協力機構・開発委員会（OECD-DAC）など開発援助機関が脆弱国家支援の枠組みで盛んに用いるようになった（OECD 2008）。統治が脆弱で紛争が起こりやすいのは国家・社会関係が不安定なためであり，国家の社会に対するサービス提供能力を高め，社会が国家を正当なものとみなす状態をつくる必要があるとの思想に基づいて，支援がなされる（武内 2011）。

⑹ ランドマトリクスは世界中の土地取引をモニタリングする目的で2013年に公開され，市民社会や援助機関の協働により運営されている。

⑺ 可耕地面積を上回る規模の土地取引がなされた国が幾つかあるが，その多くは森林を抱えている。可耕地面積に森林は含まれないから，熱帯林の伐採を目的とした土地取引が多ければ，可耕地面積を上回ることもあり得る。

⑻ *The Economist*（2016）。この記事はミシガン州立大学のジェーン（Thomas Jayne）らが実施した研究に基づいている。

⑼ これはアフリカだけでなく，近年の紛争の世界的特徴をなしている（Fearon and Laitin 2011）。ゲシエールらはアフリカでみられる排外主義的な動きをフランスの極右政党「国民戦線」（Front National）と比較し，両者の思想の連続性を指摘している（Geschiere and Nyamnjoh 2000）。

⑽ 植民地化以前のアフリカにはチーフをもたない「無頭制」社会も存在したが，そうした集権的政治制度をもたない社会にも植民地当局によってチーフが導入された。ナイジェリア南東部のイボ社会の事例について，松本（2016）を参照。

⑾ タンザニアは独立直後の1963年にチーフ制を廃止し，モザンビークも独立後にチーフの特権を剥奪した。ただし，これによって直ちに伝統的権威がその影響力を失ったわけではなく，末端行政機構には多数残存した。彼らを完全に排除すればローカルな行政は麻痺するため，多くが地方公務員として採用されたのである（Miller 1968）。

⑿ Constitution of the Republic of Uganda, 1995. Art.246.

⒀ Constitution of the Republic of South Africa, 1996. 第211条第1項，第3項。アパルトヘイト体制下の南アでは，旧ホームランド地域は憲法の適用範囲外にあり，慣習法が統治の根幹であった。それに比較すれば1996年憲法の規定は，旧ホームランド地域の統治規範を憲法のもとにおくことを前提としており，1996年南ア憲法が極めて民主的，先進的な内容であることを考えれば，単なる伝統的権威の再評価とはいえない。ただし，新生南アが伝統的権威に敵対的態度をとらず，統治の一端を担わせる選択をしたことは重要な意味をもっている。

⑭　Constitution of the Republic of South Africa, 1996.　第212条第 1 項。

⑮　Republic of Zambia, The Lands Act, Act No.29 of 1995, No.20 of 1996.（大山 2015a; 2015b; 本書第 2 章）も参照。

⑯　ウガンダで最大・最強だったブガンダ王国に対して，植民地当局は特権的地位を認めていたが，1966年オボテ政権はブガンダをはじめとする伝統的王国の廃止に踏み切った。ガンダ人王党派勢力はその後一貫してブガンダ王国の地位復活を要求していたが，1986年にムセヴェニ率いる国民抵抗軍（National Resistance Army: NRA）がゲリラ戦を制して政権を掌握したことで状況が大きく変化した。NRA は内戦時にガンダ人勢力の支援を受けており，政権獲得後ムセヴェニは彼らの主張に配慮せざるを得なかったからである（中林 2006, 55-57）。

⑰　たとえば，ブルキナファソでは，コンパオレ（B. Compaoré）政権のもとで伝統的権威に対する従来の抑圧的政策が是正された。1990年代初めから地方分権化政策が実施されたが，伝統的権威への影響はさまざまだった。分権化政策の結果，地方自治体コミューンの権限が強化されたが，チーフのなかにはコミューンを基盤として強い政治力を獲得した者が現れた一方，逆に権限を奪われた者もいた。コミューンはチーフのそれまでの統治領域と必ずしも重ならないため，コミューンの強化によって権限を奪われる者もでたのである（Englebert and Sangaré 2014, 62）。

〔参考文献〕

＜日本語文献＞

網中昭世　2016.「モザンビークにおける土地政策の変遷」武内進一編『冷戦後アフリカの土地政策——中間成果報告』調査研究報告書　アジア経済研究所　69-95.

雨宮洋美　2006.「アフリカの土地問題をタンザニア『1999年村土地法』から考える」（中）『国際商事法務』34(3) 345-351.

池野旬　2015.「タンザニアにおける土地政策の変遷——慣習的な土地権に着目して——」武内進一編『アフリカ土地政策史』アジア経済研究所　121-145.

大山修一　2015a.「慣習地の庇護者か，権力の濫用者か—ザンビア1995年土地法の土地配分におけるチーフの役割」『アジア・アフリカ地域研究』14(2) 3 月　244-267.

―――　2015b.「ザンビアの領土形成と土地政策の変遷」武内進一編『アフリカ土地政策史』アジア経済研究所　63-88.

児玉由佳　2015.「エチオピアにおける土地政策の変遷からみる国家社会関係」武

内進一編『アフリカ土地政策史』アジア経済研究所　225-254.

佐川徹　2016.「フロンティアの潜在力—エチオピアにおける土地収奪へのローカルレンジの対応」遠藤貢編『武力紛争を越える—せめぎ合う制度と戦略のなかで』京都大学学術出版会　119-149.

佐藤章　2015.「コートジボワール農村部に適用される土地政策の変遷——植民地創設から今日まで——」武内進一編『アフリカ土地政策史』アジア経済研究所　147-170.

武内進一　2002.「内戦の越境，レイシズムの拡散——ルワンダ，コンゴの紛争とツチ」加納弘勝・小倉充夫編『国際社会7 変貌する「第三世界」と国際社会』東京大学出版会　81-108.

——— 2005.「冷戦後アフリカにおける政治変動—政治的自由化と紛争」『国際政治』140　3月　90-107.

——— 2011.「国家の破綻」藤原帰一・大芝亮・山田哲也編『平和構築・入門』有斐閣　21-42.

——— 2015a.「アフリカにおける土地と国家——その歴史的概観——」武内進一編『アフリカ土地政策史』アジア経済研究所　3-29.

——— 2015b.「コンゴ民主共和国，ルワンダ，ブルンジの土地政策史」武内進一編『アフリカ土地政策史』アジア経済研究所　171-196.

武内進一編　2015.『アフリカ土地政策史』アジア経済研究所.

津田みわ　2015.「ケニアにおける土地政策——植民地期から2012年の土地関連新法制定まで——」武内進一編『アフリカ土地政策史』アジア経済研究所　31-61.

中林伸浩　2006.「ブソガ『王国』の復活とサブナショナリズム(2)」『金沢大学文学部論集 行動科学・哲学編』26　3月　51-77.

松本尚之　2016.「グローバル化のなかの伝統的権威者—ナイジェリア・イボ社会における国際移民と首長位」松田素二・平野（野元）美佐編『紛争をおさめる文化—不完全性とブリコラージュの実践』京都大学学術出版会　31-55.

目黒紀夫　2014.「野生動物保全が取り組まれる土地における紛争と権威の所在—ケニア南部のマサイランドにおける所有形態の異なる複数事例の比較」『アジア・アフリカ地域研究』14(2)　3月　210-243.

安洋巳　1999.「土地囲い込みとしての植林行動—タンザニア中央部集村の事例」『アフリカ研究』54　12月　35-53.

山本佳奈　2013.『残された小さな森—タンザニア 季節湿地をめぐる住民の対立』昭和堂.

＜外国語文献＞

Alden Wily, Liz. 2008. "Custom and Commonage in Africa Rethinking the Orthodoxies."

序章　アフリカにおける土地政策の新展開と農村変容　33

Land Use Policy 25(1) January: 43-52.

Boone, Catherine. 2007. "Property and Constitutional Order: Land Tenure Reform and the Future of the African State." *African Affairs* 106(425) October: 557-586.

—— 2014. *Property and Political Order in Africa: Land Rights and the Structure of Politics*. Cambridge: Cambridge University Press.

Bratton, Michael and Nicolas van de Walle. 1997. *Democratic Experiments in Africa: Regime Transitions in Comparative Perspective*. Cambridge: Cambridge University Press.

Brown, Taylor. 2005. "Contestation, Confusion and Corruption: Market-based Land Reform in Zambia." In *Competing Jurisdictions: Settling Land Claims in Africa*, edited by S. Evers, M. Spierenburg and H. Wels. Leiden: Brill Academic Publishers, 79-102.

Bruce, John W. 1988. "A Perspective on Indigenous Land Tenure: Systems and Land Concentration." In *Land and Society in Contemporary Africa*, edited by R.E. Downs and S. P. Reyna. Hanover: University Press of New England, 23-52.

Bruce, John W. and Anna Knox. 2009. "Structure and Stratagems: Making Decentralization of Authority over Land in Africa Cost-Effective." *World Development* 37(8) August: 1360-1369.

Campbell, David J. 1993. "Land as Ours, Land as Mine." In *Being Maasai: Ethnicity and Identity in East Africa*, edited by T. Spear and R. Waller. London: James Currey, 258-272.

Chanock, Martin. 1991. "Paradigms, Policies and Property: A Review of the Customary Law of Land Tenure." In *Law in Colonial Africa*, edited by K. Mann and R. Roberts. Portzmouth: Heinemann, 61-84.

Commission for Africa. 2005. *Our Common Interest: Report of the Commission for Africa*. (http://www.commissionforafrica.info/2005-report　2016.11.25 アクセス).

Deininger, Klaus. 2003. *Land Policies for Growth and Poverty Reduction*. Washington, D.C.: The World Bank.

Deininger, Klaus and Hans Binswanger. 2001. "The Evolution of the World Bank's Land Policy." In *Access to Land, Rural Poverty, and Public Action*, edited by A. de Janvry et al. Oxford: Oxford University Press, 406-440.

Deininger, Klaus and Gershon Feder. 2009. "Land Registration, Governance, and Development: Evidence and Implications for Policy." *The World Bank Research Observer* 24(2) August: 233-266.

Deininger, Klaus, Harris Selod and Anthony Burns. 2012. *The Land Governance Assessment Framework: Identifying and Monitoring Good Practice in the Land Sector*. Washington, D.C.: World Bank.

de Soto, Hernando. 2000. *The Mystery of Capital: Why Capitalism Triumphs in the West and Fails Everywhere Else*. New York: Basic Books.

Dunn, Kevin C. 2009. "'Sons of the Soil' and Contemporary State Making: Autochthony, Uncertainty and Political Violence in Africa." *Third World Quarterly* 30(1) January: 113–127.

Edelman, Marc, Carlos Oya and Saturnino M Borras Jr. 2013. "Global Land Grabs: Historical Processes, Theoretical and Methodological Implications and Current Trajectories." *Third World Quarterly* 34(9) November: 1517–1531.

Englebert, Pierre and Nestorine Sangaré. 2014. "Burkina Faso: Limited Decentralization Under Tight Oversight." In *Decentralization in Africa: The Paradox of State Strength*, edited by J.T. Dickovick and J.S. Wunsch. Boulder: Lynne Rienner Publishers, 45–68.

Fearon, James D. and David D. Laitin. 2011. "Sons of the Soil, Migrants, and Civil War." *World Development* 39(2) February: 199–211.

Geschiere, Peter and Francis B. Nyamnjoh. 2000. "Capitalism and Autochthony: The Seesaw of Mobility and Belonging." *Public Culture* 12(2) Spring: 423–452.

Herbst, Jeffrey. 2000. *State and Power in Africa: Comparative Lessons in Authority and Control*. Princeton: Princeton University Press.

Manji, Ambreena. 2001. "Land Reform in the Shadow of the State: The Implementation of New Land Laws in Sub-Saharan Africa." *Third World Quarterly* 22(3) August: 327–342.

———— 2006. *The Politics of Land Reform in Africa: From Communal Tenure to Free Markets*. London: Zed Books.

Miller, Norman. 1968. "The Political Survival of Traditional Leadership." *The Journal of Modern African Studies* 6(2) August: 183–201.

OECD (Organisation for Economic Co-operation and Development). 2008. *Concepts and Dilemmas of State Building in Fragile Situations*. Paris.

Straus, Scott. 2012. "Wars Do End! Changing Patterns of Political Violence in Sub-Saharan Africa." *African Affairs* 111(443) April: 179–201.

Takeuchi, Shinichi. 2014. "Introduction: Land and Property Problems in Peacebuilding." In *Confronting land and property problems for peace*, edited by S. Takeuchi. Oxon: Routledge, 1–28.

The Economist 2016. "City Slickers on the Farm: Africa's Real Land Grab." 23 July.

Woodhouse, Philip. 2003, "African enclosures: A default mode of development." *World Development* 31(10) October: 1705–1720.

World Bank. 1975. *Land Reform: Sector Policy Paper*. Washington, D.C.: World Bank.

第1章

シエラレオネにおける慣習的土地保有と大規模土地取得

——土地改革で何が変わり，何が変わらないか——

落合　雄彦

はじめに

　シエラレオネにおいて，今後の土地改革の基本方針となる土地政策を策定することが閣議決定されたのは，2009年12月のことであった。以来，国有地の管理や土地行政を所管する土地国土計画環境省（Ministry of Lands, Country Planning and the Environment——以下，MLCPE または土地省と略す）を中心に土地政策の原案作成が進められ，6年近くもの歳月をかけてようやく2015年11月に「国家土地政策」（National Land Policy）が正式に閣議承認されるに至った。この国家土地政策は，シエラレオネの土地問題の現状と土地改革の方向性について論じた，かなり大部かつ包括的な政策文書であり，そこではとくに，慣習的な権利を含むすべての正当な土地利用者の権利の尊重や保護が強く謳われている（MLCPE 2015, 12）。今後は，国家土地政策の10カ年実施計画に従って，シエラレオネにとって独立以来初となる本格的な土地改革が漸進的に展開されていく見込みである（MLCPE 2016）。

　他方，そうした土地政策をめぐる議論の進展とほぼ同時期にシエラレオネで並行して生じてきたのが，農業開発を目的としたおもに外国企業による大規模土地取得の急増にほかならない。精確な統計資料はないものの，ある民

間団体の報告書によれば，2009年から2012年までのわずか4年間に，シエラレオネ全土の農耕適地540万ヘクタールの実に21.4％に相当する115万4777ヘクタールもの広大な土地が，大規模農業開発のために外国企業によって賃借されてしまったか，近い将来に賃借されかねない状況におかれるようになった，と推計されている（Baxter 2013, 14）。そして，こうした大規模土地取得をめぐっては，やはり他の多くのアフリカ諸国の場合と同様にシエラレオネでも，農村部に暮らす人々の土地権利を侵害し，その生活水準の向上に資するよりもむしろ貧困や格差を拡大させているとの批判の声が，研究者やNGO などから数多く寄せられるようになっている（Ardenti 2011; Baxter 2011; Welthungerhilfe 2012; Mousseau 2012; ActionAid 2013; Baxter 2013; Fielding et al. 2015; Menzel 2015; Yengoh, Armah and Steen 2015; Millar 2015; 2016; Yengoh and Armah 2015; 2016; SiLNoRF 2016）。

　このようにシエラレオネでは，2000年代後半以降，土地利用者の権利の強化や保護を謳う土地改革の議論が進展する一方，人々の土地権利，なかでも農村部に暮らす人々の慣習的な土地権利が外国企業の大規模土地取得によってしばしば脅かされてきた。

　土地利用者の権利の安定化・強化を図ろうとする政府の土地政策の策定や実施が，その不安定化・弱体化につながりかねない外国企業による大規模土地取得とほぼ並行して展開される現象は，しかし，けっしてシエラレオネに限ったものではない。武内進一が指摘するとおり，「1990年代以降，アフリカ諸国の多くが，土地利用者の権利を強化する方向で土地改革を実施」してきたものの，「皮肉なことに，土地に対する個人の権利を強化する政策が多くの国々で導入されている近年のアフリカにおいて，人々が土地を失う現象，いわゆるランドグラブが進行」してきたからである（武内 2015b, 259-260）。そして，このように土地利用者の権利強化を謳う政策や法制度改革が進行するなかで，人々から土地を奪うランドグラブが同時並行的に進行するという，今日のアフリカの皮肉な現実をよりよく理解するためには，「国家建設」（statebuilding）という観点からの考察が肝要となる，と武内は説く。

武内（2015a; 2015b）によれば，植民地時代から今日に至るまで，国家による統治が社会に十分に浸透せず，政治秩序確立の課題が未解決のままであるアフリカ諸国では，たとえドナーの要請で土地利用者の権利強化を促す土地政策が導入・推進されても，土地利用者に対して真に強力な私的所有権が付与されることはほとんどない。というのも，これまでアフリカの国家は，土地への権限や影響力の行使を通じて社会を統治しようとしてきたのであって，土地利用者への強力な私的所有権の付与は，そうした土地を通じた社会統治という政治秩序確立のための重要な仕組みを自ら率先して棄損してしまうことを意味し，国家としてはそれを容易に選択し得ないからである。この結果，アフリカでは，土地利用者の権利強化を図る政策が実施されても，それが強い私的所有権の確立や付与にまではなかなか至らず，国家やその権威に裏打ちされた伝統的指導者などが人々の土地権利をさまざまな形で制約する状況が温存されることになる，という。そして，そうした権威的な土地保有制度のなかで，政府や伝統的指導者といった権威側の支持をとり付けた外国企業によって人々の土地が奪われるランドグラブが生じやすくなっている，と武内はみる。

　本章は，アフリカの国家，社会，そして土地という三者の関係性をめぐるこうした武内の「見立て」——すなわち，アフリカの国家は，政治秩序確立のために土地を介して社会を統治しようとしてきたのであり，多くの国々がいまもなお，そうした政治秩序の未確立という国家建設上の課題を抱え，そのための1つの方策として権威的な土地保有制度を堅持していることが，近年のアフリカにおけるランドグラブの一因となっている，という理解の枠組み——をシエラレオネに適用し，慣習的土地保有，大規模土地取得，そして土地改革という，同国の土地をめぐる3つの相を相互に連関づけながら考察しようとする試みにほかならない。より具体的にいえば，本章では，シエラレオネの慣習的土地保有とは一体いかなるものであり，そこでは近年，外国企業による大規模土地取得が具体的にどのような形で生じてきたのか，そして，今後進展が見込まれる土地改革はそうした慣習的土地保有や大規模土地

取得のあり方の何を変え，あるいは何を変えないのか，といった諸点につい
て検討する。

　本章は以下，おもに3つの部分から構成される。第1節では，シエラレオ
ネの土地保有制度の二元性に言及したうえで，とくに農村部の慣習的な土地
保有制度について概観する。続く第2節では，そうした慣習的土地保有下の
シエラレオネ農村部で近年急増する，外国企業による大規模土地取得の現状
を整理するとともに，大規模土地取得が慣習的土地保有制度のなかで生じや
すくなっている仕組みを具体的に検討する。そして，第3節では，国家土地
政策の成立経緯や骨子を概観したうえで，同政策に基づいて今後展開される
見込みの土地改革の行方について展望する。

第1節　プロヴィンスにおける慣習的土地保有

1．土地保有をめぐる制度的二元性

　シエラレオネという国は，行政区分でいえば，首都フリータウンおよびそ
の周辺部からなる西部地域（Western Area）と，それ以外のプロヴィンス
（Provinces）に大別される。そして，前者の西部地域がさらに2つの県（dis-
trict）に分けられるのに対して，後者のプロヴィンスは北部州（Northern
Province），南部州（Southern Province），東部州（Eastern Province）にいった
ん区分され，それら3州のもとに12の県がおかれている（図1-1参照）。プロ
ヴィンスにある12県には，チーフダム（chiefdom）という行政単位が149区設
定されており，各チーフダムは複数のセクション（section）という区域にさ
らに分けられ，そのなかにタウン（town），ヴィレッジ（village），コミュニ
ティ（community）がある（落合 2015, 91-94）。

　そして，シエラレオネの土地保有制度は，いわば首都圏に相当する西部地
域と，それ以外のおもに農村部からなるプロヴィンスとでは，歴史的に大き

図1-1　シエラレオネの行政区分

(出所)　筆者作成。

く異なってきたのであり，そうした西部地域とプロヴィンスのあいだにみられる制度的な異質性あるいは二元性こそが，同国の土地保有をめぐる1つの大きな特徴となっている。

西部地域は，1787年にイギリスから黒人貧民らが入植してきたことを契機に成立した「シエラレオネ植民地」（Colony of Sierra Leone）をその史的起源とする。同植民地では，総督や植民地政府によってさまざまな条令が定められたり，宗主国イギリスで有効な法令がほぼそのままの形で適用されたりし

40

た。シエラレオネでは今日，慣習・慣行を除く同国で有効な成文・不文法全体のことを「一般法」（general law）と総称することがあるが，シエラレオネ植民地とそれを起源とする独立後の西部地域では，そうした一般法を法源としながら，自由土地保有権（freehold）や土地リース権（leasehold）といった，イギリスの不動産法制に準じた土地権利が認められてきた（落合 2015, 89）。

　これに対してプロヴィンスは，1896年にイギリスがシエラレオネ植民地の後背地に成立を宣言した「シエラレオネ保護領」（Protectorate of Sierra Leone）を前身とする地域である。そこでは，植民地時代から独立後の今日に至るまで，「慣習法」（customary law）が土地に関する一次的な法源とされ，伝統的指導者が土地の利用や取引に対して大きな影響力をもつ慣習的土地保有制度が維持されてきた（落合 2015, 89）。

　本節のおもな関心は，シエラレオネにおける慣習的土地保有制度の考察にあるため，西部地域のイギリス的な土地保有制度については，ここではこれ以上詳述しない[1]。そして以下，プロヴィンスの慣習的土地保有について詳細に検討するにあたってまず言及しておきたいのが，チーフダムの最高意思決定機関である「チーフダム議会」（Chiefdom Council）と，その長である「パラマウント・チーフ」（Paramount Chief）である。

2．チーフダム議会とパラマウント・チーフ

　プロヴィンスにある149のチーフダムには，保護領時代に「部族統治機構」（Tribal Authority）と呼ばれ，1961年の独立以降にチーフダム議会と呼称されるようになった行政機構が1つずつ設けられている。チーフダム議会は，パラマウント・チーフに加えて，その補佐役であるスピーカー（Speaker），パラマウント・チーフが空位の際に臨時代理を務めるリージェント・チーフ（Regent Chief），各セクションの長であるセクション・チーフ（Section Chief），儀礼を司る儀礼チーフ（Ceremonial Chief），国会議員（Member of Parliament），そして，地方税（local tax）と呼ばれる人頭税の納税者20人のなかから1人

ずつ選ばれる議員（Councillor）などによって構成される。チーフダム議会は，チーフダムにおける最高機関ではあるものの，数百人規模になってしまうため，パラマウント・チーフの選挙や緊急の事態などを除けば実際にはほとんど招集されず，通常のチーフダム業務は，パラマウント・チーフを議長とする数十人規模のチーフダム委員会（Chiefdom Committee）が担っている。

　プロヴィンスの慣習的土地保有を考えるうえでチーフダム議会に言及する必要があるのは，同議会がチーフダムにあるすべての土地を名目上「所有」しているからである。プロヴィンスの土地について定めた数少ない成文法の1つであるプロヴィンス土地法（Provinces Land Act）によれば，「プロヴィンスのすべての土地は，当該の原住民コミュニティのために，そしてそれを代表して土地を保有（hold）するところのチーフダム議会に帰属する」（前文）と規定されている。

　しかしながら，チーフダム議会自体がチーフダムの土地を実際に所有しているわけではない。また，ほとんど招集されることのないチーフダム議会が土地の実際の管理や利用に関して重要な役割を果たしてきたというわけでもない。チーフダム議会の重要性というのはあくまでも名目的なものであって，これまでプロヴィンスの慣習的な土地管理・運用に関して実際に大きな発言権と影響力をもってきたのは，同議会の長であり，チーフダムの土地の「管理者」（custodian）とみなされてきたパラマウント・チーフにほかならない。

　シエラレオネの2009年チーフ制法（Chieftaincy Act, 2009）によれば，パラマウント・チーフとは，「通常の管轄範囲内において，ほかのいかなるチーフにも従属しないチーフ」（第1条）のことをいう。パラマウント・チーフは，原則として終身であるが，大統領によって解任されることもある（第19条）。死亡や解任によってパラマウント・チーフの地位に空席が生じると，1年以内にチーフダム議会が選挙を実施し，新しいパラマウント・チーフを選出する（第2条）。各チーフダムには，パラマウント・チーフを輩出することができる家系（ruling house）が複数存在し，パラマウント・チーフの選挙にあたっては，そうした家系の出身者だけが立候補することを許される（第8条）

（落合 2015, 95）。

　各チーフダムには，パラマウント・チーフ以外にも，リージェント・チーフ，儀礼チーフ，セクション・チーフ，タウンやヴィレッジの長であるヘッドマン（Headman）といったさまざまな伝統的指導者がいるが，プロヴィンス全体に149人いるパラマウント・チーフは，そうした伝統的指導者のなかでも別格の存在である。たとえば慣習的な土地管理についていえば，パラマウント・チーフの下位にいるセクション・チーフはセクションの，また，ヘッドマンは自分のタウンやヴィレッジのそれぞれの土地をやはり慣習的に管理しているが，そうした下位の伝統的指導者はあくまでもパラマウント・チーフの代理をしているだけであり，その土地管理者としての権威の源泉は基本的にすべてパラマウント・チーフにこそ求められる。したがって，シエラレオネの慣習的土地保有における伝統的指導者の役割を考える場合，パラマウント・チーフをそれ以外の下位チーフと区別することには，それなりの妥当性がある。

　ではつぎに，チーフダム議会とパラマウント・チーフのうち後者に焦点を絞り，その慣習的な土地管理者としての具体的な役割について検討してみよう。その際，パラマウント・チーフが土地に対してもつ慣習的な管理権限を，プロヴィンスで土地を所有する人々がもつ慣習的な土地権利と対比する形で考えてみたい。

3．人々の土地所有権とパラマウント・チーフの土地管理権

　パラマウント・チーフは，慣習的にチーフダムの土地管理者とみなされてはいるものの，チーフダム議会と同様，実際の土地所有者ではない。

　プロヴィンスにおいては，慣習法上，①家族所有（family tenure），②共同体所有（communal tenure），③個人所有（individual tenure）という少なくとも3種類の土地所有形態が認められてきたのであり，そのなかで最も一般的とされるのが家族所有である（Renner-Thomas 2010, 145-158）。そして，そうし

た家族所有の土地は，多くの場合，家族，クラン，リネージといった血縁集団が無主地に先住をしたり，荒野を開墾したり，他の集団と戦闘した際の戦利品や報奨としてある領域を占有したりすることで歴史的に形成されたものであり，今日では，そのように史的に形成された家族所有地が譲渡や贈与によってほかの家族の所有地になるということもめずらしくない。また，家族所有と一口にいっても，広大な土地をもつ有力な大土地所有家族もいれば，ごく小規模な土地しかもたない零細土地所有家族もおり，プロヴィンスの土地所有家族のあいだには，ある種の階層性あるいはかなり大きな格差がみられる。

このようにプロヴィンスにおける土地は，慣習法上の共同体所有地や一般法上の政府所有地などを除けば，その大半が家族単位でいわば私的に所有されており，その意味でそれらは私有地といえる。事実，2015年に成立した国家土地政策でも，プロヴィンスの土地の大半を占める家族所有地は，慣習的土地保有下にありながらも「私有地」（private lands）というカテゴリーに分類されている（MLCPE 2015, 53）。しかし，そうしたプロヴィンスの慣習的土地保有下の私有地——いわば慣習的私有地とでも呼ぶべきもの——は，私たちが通常想定するような私有地ではない。というのも，前述のとおり，プロヴィンスのすべての土地はチーフダム議会に帰属すると名目上規定されており，とくにその長であるパラマウント・チーフには，土地管理者としての多くの慣習的な権限が付与されているからである。

いま仮に，プロヴィンスの慣習的土地保有下で土地を有する人々がもつ土地権利のことを「慣習的土地所有権」（customary land ownership），パラマウント・チーフが土地に対してもつ管理権限を「慣習的土地管理権」（customary land custodianship）とそれぞれ呼ぶとすれば，後者には，およそ以下のようなものが含まれる。

たとえば，人々が土地の売買や貸借をしたいとする。その際，そうした土地取引を正式かつ最終的に承認する権限はパラマウント・チーフにある。つまり，土地管理者であるパラマウント・チーフの承認がなければ，原則とし

てチーフダム内の土地取引は正式に成立したものとはみなされない。また，プロヴィンスにはコミュニティやヴィレッジのような村落部だけではなくタウンのような都市部（建物密集地域）もみられるが，後者では，土地を新規に取得した者が，慣習的土地保有下の土地権利を強化するために測量士に依頼して自分の土地の測量図（survey plan）を作成してもらい，それを土地省に登録するということがしばしば行われている。あるいは，自分の土地権利をさらに強化するために，そうした測量図の作成と土地省への登録だけではなく，事務弁護士に依頼して不動産権利譲渡証書（conveyance）を作成させ，それを測量図とともにフリータウンの登記官事務所（Registrar-General's Office）に登記するということもある。そうした場合，登録する測量図や証書には，当該の土地が位置するチーフダムのパラマウント・チーフの署名とスタンプが必ずなければならない。つまり，プロヴィンスの慣習的保有の土地に関していえば，パラマウント・チーフの確認を受けていない土地関連書類は真正なものとはみなされず，公的な登録申請に用いることができないのである。

　要するに，慣習的土地保有制度のなかで暮らすプロヴィンスの人々は，伝統的指導者，とくにパラマウント・チーフの最終的な承認がなければ，土地を正式に取引することも，土地関連の公的な登録をすることも原則として一切できないのであり，そうした土地取引・登録の全般を統督する権限がパラマウント・チーフの慣習的土地管理権の中核部分をなす。また，パラマウント・チーフは，人々の土地取引を認めたり，土地関連書類に署名・捺印をしたりするたびに人々から謝礼を受けとるが，そうした金品の受領も，あくまでも広義には，パラマウント・チーフが享受する慣習的土地管理権のなかに含めることができるかもしれない。

　このほか，こうした土地の取引や登録をめぐる管理権限の行使以外にも，パラマウント・チーフは，チーフダム議会に帰属する共同体所有地をしばしば自己裁量のみで譲渡や貸与したり，政府機関や企業がチーフダム内で事業を実施する際には土地提供のとりまとめを行ったり，土地権利をめぐる係争

ではその仲裁役を務めたりするなど，チーフダムの土地管理・運用の全般にわたって大きな発言権と影響力をもち，土地をめぐるさまざまな場面で重要な役割を果たしている。

このようにシエラレオネのプロヴィンスにおける慣習的土地保有では，慣習的土地所有権が人々に対して広く認められる一方，慣習的土地管理権ともいうべきかなり広範な権限がパラマウント・チーフに付与されている。そして，そうしたパラマウント・チーフの土地管理権が人々の土地所有権のうえに慣習的に覆いかぶさり，それを強く統制している結果，プロヴィンスでは，人々が自分の土地（慣習的私有地）に対してもつ裁量の幅が，欧米や日本などで通常想定されるような私有地の場合よりもかなり狭くなってしまっているのである。

これが，シエラレオネのプロヴィンスで今日みられる，パラマウント・チーフを中核とした慣習的土地保有のごく大雑把な素描である。

そして，こうした慣習的土地保有の粗描を終えるにあたって最後に指摘しておかなければならないのが，やや奇異に聞こえるかもしれないが，これまで描写してきたシエラレオネの慣習的土地保有の今日的様相は，実のところけっして慣習的なものではない，という点にほかならない。

4．近代国家の統治装置としての慣習的土地保有

アフリカの植民地化後の慣習的土地保有は今日，植民地化以前のそれとは質的にかなり異なるものと考えられている。たとえば，キャサリン・ブーンがアフリカの植民地化以前とそれ以後の慣習的な土地保有を峻別し，前者を「慣習的」（customary）と呼ぶのに対して，後者に「新慣習的」（neocustomary）という表現をあえて用いているのは，両者のあいだに相当程度の異質性あるいは懸隔が認められるからにほかならない（Boone 2014, 25）。

シエラレオネのプロヴィンスにおける今日の慣習的土地保有もまた，その例外ではない。それは，保護領化以前の伝統社会でみられた慣習的土地保有

と同一のものではないばかりか，おそらくその単なる遺制でもない。むしろプロヴィンスで今日みられる慣習的土地保有は，保護領化以後の近代国家建設の過程で新たに整備されてきた制度であり，より具体的にいえば，植民地国家と独立後の国家が権力中枢から遠く離れた周辺部——すなわち，植民地国家にとっての保護領，独立国家にとってのプロヴィンス——を，伝統的指導者を介して間接的に支配するために構築・改良してきた統治装置なのである。その意味でそれは，けっして真に慣習的なのではなくむしろ新慣習的であり，誤解を恐れずにいうならば近代的ですらあるのであって，何よりも近代国家と密接な関係にある。無論，今日のシエラレオネの慣習的土地保有が，伝統や慣習とまったく無関係だというわけでは毛頭ない。しかしそれは，近代国家の存在を大前提として存立・維持されてきた制度であり，その存在をまったく前提としていなかった保護領化以前の伝統社会における慣習的土地保有とは一線を画すものと考えるのが妥当であろう。

　本節では以上，シエラレオネのプロヴィンスにおける慣習的土地保有を概観するとともに，その近代国家との親和性について指摘した。次節では，外国企業による大規模土地取得に焦点を当て，それがプロヴィンスの慣習的土地保有のもとでいかに展開されてきたのかについて検討する。

第2節　農業開発を目的とした大規模土地取得

1．積極的な外資誘致政策の導入と大規模土地取得の急増

　これまでシエラレオネのプロヴィンスでは，鉄鉱石，ボーキサイト，ダイヤモンドといった鉱物資源の開発が盛んに行われてきたが，アブラヤシ，サトウキビ，ゴムなどを生産する大規模農業開発事業は，ほかの西アフリカ諸国と比較してそれほど活発に展開されてこなかった。その一因は，シエラレオネ政府が農業開発のための体系的な法整備や具体的な外資誘致政策の実施

に対して必ずしも積極的ではなかったことにある。

　ところが，1990年代に展開された大規模な国内武力紛争が2002年に終結して以降，そうした農業投資をめぐるシエラレオネ政府の姿勢が大きく変化する。シエラレオネ政府は2007年，外資受入れと輸出の振興を目的としたシエラレオネ投資輸出振興機構（Sierra Leone Investment and Export Promotion Agency: SLIEPA）を新設するとともに翌年からその活動を本格的に始動させ，同機構を窓口にしてとくに農業分野への外資導入を積極的に推進するようになった。具体的には，シエラレオネ政府側がアブラヤシやサトウキビといった農作物の大規模栽培に適した候補地をプロヴィンス内においてあらかじめ調査・選定しておき，それを外国企業に斡旋するとともに，外国企業が農業投資に強い関心を示した場合には，SLIEPAや農林食料安全保障省（Ministry of Agriculture, Forestry and Food Security——以下，農林省）といった諸官庁の関係者が，外国企業側と地元コミュニティ側のあいだに入って，土地リース契約に関する仲介を積極的に行うようになったのである（Renner-Thomas 2010, 290; 落合 2015, 110-111）。

　そうした農業分野への積極的な外資誘致政策は，もともとはシエラレオネ人民党（Sierra Leone People's Party: SLPP）のアフマド・テジャン・カバー（Ahmad Tejan Kabbah）政権下で始まったものであったが，その流れを加速させる重要な契機となったのが，2007年9月の全人民会議（All People's Congress: APC）政権の成立とアーネスト・バイ・コロマ（Ernest Bai Koroma）の大統領就任であった。2007年の大統領選挙に当時の野党APCから立候補して当選を果たしたコロマは，もともとは保険会社の経営者であり，大統領就任後はそのビジネスマンとしての経験と手腕をいかして，「国家をビジネスのように運営する」（"Running the country like a business concern"）をスローガンとした政権運営に乗り出した（Koroma 2009）。そして，コロマ大統領が新政権の重点課題の1つとして掲げたのが農業の生産性向上であり，その実現のために，小農の組織化や機械化を図る小農商業化プログラム（Smallholder Commercialisation Programme: SCP）とともに積極的に推進しようとしたのが，

農業分野への外資導入であった（Menzel 2015, 9）。

2009年11月にロンドンで開催された「シエラレオネ貿易投資フォーラム」（Sierra Leone Trade and Investment Forum）は，そうしたコロマ APC 政権による農業分野への外資誘致政策のまさに嚆矢となる一大イベントであった（Baxter 2011, 12）。コロマ大統領は同フォーラムの席上，「私たちの土壌は豊饒であり，私たちの土地は未耕作であり，それらは，コメ，アブラヤシ，カカオ，コーヒー，そして砂糖のための新たな投資にとって理想的な状況にあります」（Koroma 2009）と語り，シエラレオネへの農業投資を外国企業に対して積極的に呼びかけた。

そして，同フォーラムをひとつの契機として，それ以降，シエラレオネに対する外国企業による農業投資とそのための大規模土地取得が急増していく。具体的には，ナイジェリア，中国，マレーシア，アメリカ，ポルトガル，イラン，イギリス，ベルギー，インド，ドイツなどの企業がシエラレオネに対する農業直接投資に次々と名乗りをあげ，そのための土地リース契約を矢継ぎ早に結んでいったのである（Baxter 2011, 22-23）。その結果，前述のとおり，2009年から2012年までの4年間に，シエラレオネ全土の農耕適地の約2割に相当する広大な土地が，外国企業あるいはその現地法人によって賃借されてしまったか，近い将来に賃借されかねない状況におかれるようになったといわれる（Baxter 2013, 14）。

2．アダックス社のエタノール生産プロジェクトの事例

(1) 土地取得の概要

プロヴィンスで近年みられるようになった外国企業による大規模農業開発事業のなかでも，コロマ APC 政権のまさに旗艦的なプロジェクトとして位置づけられてきたのが，アダックス・アンド・オリックスグループ（Addax and Oryx Group: AOG）というスイス系企業グループのシエラレオネ現地法人アダックス・バイオエナジー社（Addax Bioenergy Sierra Leone——以下，アダッ

クス社）によるバイオ燃料生産プロジェクトである。同プロジェクトはア
ダックス社が北部州のボンバリ県（Bombali District）とトンコリリ県（Tonkolili
District）にある３つのチーフダムで定期借地をしてサトウキビの大規模栽培
を行い，その収穫物からバイオ燃料のエタノールを生産してヨーロッパ諸国
へと輸出しようとするものであった。

　アダックス社は，2008年から関係者との協議に入るとともにパイロットプ
ロジェクトを開始した。そして，2010年２月，シエラレオネ政府，AOG，ア
ダックス社の三者間で，プロジェクトの概要，土地リースの方法，政府によ
るアダックス社への優遇税制措置などについて定めた覚書が締結され，さら
に同年５月には，３つのチーフダム議会とアダックス社のあいだで，５万
2000ヘクタールの土地を50年間にわたって貸借する土地リース契約が結ばれ
た[2]。同契約では，年間地代は１ヘクタール当たり一律8.89米ドルとされ，
農林省が定めた目安に従って，そのうち50％（4.45米ドル）が土地所有者，
20％（1.78米ドル）がチーフダム議会，20％（1.78米ドル）が県レベルの地方
政府である「県議会」（District Council），そして10％（0.89米ドル）が中央政
府にそれぞれ配分されることになった（ActionAid 2013, 5; English and Sandström
2014, 14-20; SiLNoRF 2016, 9）。

⑵　適正な土地取得に向けた企業努力

　こうしたアダックス社による大規模土地取得のひとつの特徴は，同社が，
ランドグラブとの批判を受けないようにするために，土地取引の際のイン
フォームド・コンセントの成立から土地所有者の権利保護に至るまで，さま
ざまな企業努力を払った，という点にある。そして，そうした企業努力のな
かでもとくに注目されるのが，従来のプロヴィンスの土地取引にはみられな
かった同意契約（Acknowledgement Agreement）という，まったく新しい形態
の契約の導入である。

　外国企業がシエラレオネのプロヴィンスにおいて土地を取得する場合，企
業は土地を購入することはできず，原則として最長50年（ただし，21年まで

の更新可）のリースをしなければならない（プロヴィンス土地法第4条）。そしてその際，企業から支払われる地代は，土地所有者がその半分程度を受けとり，残りの半分はパラマウント・チーフ，チーフダム議会，県議会，中央政府などのあいだで分配される。こうしたシエラレオネの地代分配の仕組みは保護領時代につくられたものであり，そこには地方政府や中央政府などによる「徴税」という意味合いが含まれている。しかし，地方政府や国などが地代の半分近くをいわば「横取り」してしまい，真の土地所有者はその半分しか手にすることができないこの仕組みに対しては，かねてから批判や不満の声が強かった。

　そこでアダックス社は，シエラレオネ政府と協議のうえ，土地取引にあたって，同社とチーフダム議会のあいだの土地リース契約とは別に，同意契約という新しい形態の契約を導入し，チーフダム内の地元コミュニティとのあいだで同契約を漸進的に結んだ。この同意契約は，各土地所有者が自分たちの土地をチーフダムに貸与すること，それをアダックス社が転借して使用すること，そしてそうした借地における同社の活動に干渉しないことなどに同意する見返りに，アダックス社が1ヘクタール当たり年間3.46米ドルを土地所有者に対して追加的に支払う，という内容のものであった。この結果，土地リース契約と同意契約の分を合算すると，アダックス社が支払う実質的な年間地代は，農林省が推奨する基準である1ヘクタール当たり12.35米ドルとなり，また，これに伴って土地所有者の取り分も，土地リース契約のみの場合の50％から64％にまで上昇した（English and Sandström 2014, 18-20）。

　アダックス社がこの同意契約を導入した目的は，少なくとも2つある。1つは，同意契約の導入によって土地所有者の地代の取り分を高められること，もう1つは，同社が名目的な土地所有者であるチーフダム議会との土地リース契約とは別に，実際の土地所有者からなる地元コミュニティとのあいだで同意契約を個別に結び各土地所有者に契約書を交付することで，インフォームド・コンセントの成立をより確実なものにできること，の2点である。

　また，こうした同意契約のほかにもアダックス社は，全地球測位システム

（Global Positioning System: GPS）や地理情報システム（Geographic Information System: GIS）などの最新テクノロジーを駆使して精確な測量図を作成し，それを証書とともに登記官事務所に登記するということも行った。その結果，それまで曖昧となっていたコミュニティ間の境界や各土地権利者の所有地の精確な地積が初めて明確化され，かつ登記によってそうした土地権利が一般法的に保護される環境が整った。このようにアダックス社は，土地取引プロセスの全体を通じて，単に土地取得の適正性を担保しようとしただけではなく，土地所有者側の土地権利の強化にも少なからず貢献したといわれている（English and Sandström 2014, 20）。

　アダックス社は2010年の本格的な事業開始から数年ほどして経営に行き詰まり，2016年までにはそのエタノール生産プロジェクトは事実上破綻してしまう（SiLNoRF 2016）。しかし，そうした経営面での失敗はともかくも，アダックス社のプロジェクトでは，インフォームド・コンセントの確保や土地所有者の利益増進のために同意契約という新しい仕組みが導入されたり，測量や登記によって人々の土地権利の保護が図られたりするなど，少なくとも土地取得をめぐる対応や配慮という点では，同プロジェクトは，相当程度の企業努力が払われた，当時としてはそれなりに優れた事業であったといえよう。事実，アダックス社のプロジェクトを調査したNGO関係者のなかには，同事業を最良の農業投資プロジェクトの1つとして高く評価する者さえいたという（Swedish FAO Committee 2014, 15）。

⑶　土地取得への批判

　にもかかわらず，である。アダックス社による大規模土地取得に対しては，やはりシエラレオネの他の大規模土地取得のケースと同様，数多くの批判の声が寄せられてきた。

　たとえば，アクション・エイドという南アフリカに本部をおく国際NGOは，アダックス社のプロジェクトにおいては，「自由意思による事前の告知に基づく同意」（free, prior and informed consent: FPIC）という土地取引の基本

原則が順守されていなかったとして同社を厳しく批判する（ActionAid 2013）。

　アクション・エイドの調査報告書によれば，アダックス社はチーフダム議会との土地リース契約締結前に住民に対する事前説明会を繰り返し開催したと主張するが，同団体がその後調査したところでは，そうしたミーティングに参加したと回答した者は被調査者の66％にとどまったという。また，事前説明会は，会社や政府の関係者がプロジェクトのメリットばかりを一方的に述べるだけのものであり，そこでは十分な情報共有や双方向の対話がなされていなかった，という証言も聞かれた。さらに，土地リース契約にあたっては，パラマウント・チーフや一部の長老が署名をしただけで，アクション・エイドが調査した対象者の78％はその契約書を一切みたことがないと回答したという（ActionAid 2013, 13）。

　このほか，やはりアダックス社のプロジェクト地域を調査したギアロイド・ミラーという研究者も，彼がインタビューをした住民のなかで，同社との土地リース契約の内容を細部にわたって理解していた者は1人もおらず，契約書を読んだことがある者も皆無であり，プロジェクトに対する人々の理解はごく限定的なものでしかなかった，と批判的な報告をしている（Millar 2016, 221）。

　アダックス社は，土地取引までにかなりの準備期間を設け，関係者との協議や住民への事前説明会を慎重に重ねた。土地取得にあたって，通常の土地リース契約だけではなく，同意契約という新しい仕組みを導入することで土地所有者の地代の取り分を増やすとともに，地権者の同意をより確実なものにしようともした。同意契約に際して測量図や証書を公的機関に登録することで人々の土地権利を強化しようともした。そして，そうした努力が認められ，一部のNGOからは最良の農業開発プロジェクトのひとつであるとの高い評価を得た。

　それなのになぜ，アダックス社のプロジェクトは，その土地取得をめぐって，NGOや研究者からのちに批判されることになったのか。

　管見では，土地取得にあたってさまざまな企業努力を払ってきたとするア

ダックス社の立場と，同社のプロジェクトでは地元住民との情報共有が適切になされておらず，したがって，十分なインフォームド・コンセントがないままに土地取引が行われてしまった，というNGOや研究者による批判は，おそらく相互にそれほど矛盾しない。それは，ごくありきたりな言い方をするならば，事業推進側と事業受入側の視点のちがいとでもいうべきものであろう。

なるほど，アダックス社やシエラレオネ政府といった事業推進側の視点からみれば，同社のプロジェクトにおいては，FPIC原則の順守から土地所有者の権利保護に至るまで，さまざまな企業努力が払われ，可能なかぎり適切な措置が講じられていた，と映るかもしれない。しかし，NGOや研究者がおもに注目する地元住民という事業受入側の視点に立つと，それとはかなり異なる様相がみえてくる。つまり，アダックス社との土地取引というのは，もともと住民たちが主体的に交渉をしたものでもなければ，十分な情報提供を受けたうえで自由意思に基づく自己決定をして受け入れたものでもない。それはまず，アダックス社，シエラレオネ政府，パラマウント・チーフなどのあいだで大筋合意され，その内容が半ば既成事実化した形で住民に対して一方的に提示されてきたものにすぎない。無論，地元住民のなかには，アダックス社のプロジェクトの概要をある程度理解し，それがもたらす新たな雇用や社会サービスなどに期待してその受入れに積極的に賛成した者も多くいたであろう。しかし，アクション・エイドの報告書などにも示されているとおり，土地取引の内容を必ずしもよく理解しないままに土地リース契約や同意契約に賛同をしてしまった地権者や，地代や補償の安さなどに対して不満を抱きながらもそれを公言できず，半ば受動的あるいは消極的にプロジェクトを受け入れた土地所有者も少なからずいたにちがいない。

そして，ここで私たちが留意しておくべきなのは，こうしたアダックス社の大規模土地取得の事例にみられるような，事業推進側と事業受入側のあいだの大きな認識ギャップといった土地取引上の問題を未然に防ぐためには，何よりも企業側の努力こそが必要かつ極めて重要だが，おそらくそれだけで

は十分ではない，という点であろう。けっしてシエラレオネに限ったことで
はなかろうが，とくに同国のプロヴィンスにおける大規模土地取得をめぐっ
ては，インフォームド・コンセントに基づく適正な土地取引そのものを極め
て困難にし，事業推進側と事業受入側の認識ギャップを半ば必然的に生み出
しかねないような，企業単体の努力だけでは克服することが難しい構造的要
因ともいうべきものがあるようにみえる。

3．適正な土地取得を阻害する構造的要因

　シエラレオネのプロヴィンスにおける適正な土地取得の成立を阻害する構
造的要因のひとつは，いうまでもなく，外国企業や政府といった事業推進側
と地元住民という事業受入側のあいだに歴然としてみられる「圧倒的な社会
的能力格差」ともいうべきものであろう。アダックス社やシエラレオネ政府
は，資金力，技術力，交渉力などのさまざまな能力面で圧倒的に優越してい
るのに対して，地元住民は明らかに劣位に立つ。

　たとえば，アダックス社のプロジェクト地域などを調査したジェネシス・
タンバン・イエンゴらによると，大規模土地取引を受け入れた地域の住民の
約86％は教育を受けた経験がなく，そうした住民の教育水準の低さがFPIC
の成立を妨げる一因になっているという（Yengoh et al. 2016, 333-336）。また，
前述したミラーは，アダックス社側が土地取得にあたって導入したGPSや
GISといった最新技術は，土地リース契約や同意契約をめぐって住民の自由
選択の幅を広げたり，その土地権利を強化したりするためではなく，むしろ
そうした技術をもつ会社側がそれをもたない住民側をコントロールし従属さ
せるための「支配の新テクノロジー」（the new technology of control）として機
能した可能性がある，と分析する（Millar 2016）。

　もともとインフォームド・コンセントは，対等な関係性よりもむしろさま
ざまな能力差がある関係性のなかでこそ機能することが求められる原則であ
ろう。しかし，シエラレオネのプロヴィンスにおける大規模土地取得をめ

ぐっては，企業や政府といった事業推進側が，モノ，カネ，情報，技術など
の諸面であまりにも“パワフル”であるのに対して，地元住民という事業受
入側は，圧倒的に“パワレス”なのである。そして，そうした極端な能力差
が存在する社会環境のなかでは，たとえ事業推進側がかなりの程度の努力を
したとしても，真のインフォームド・コンセントを成立させることは容易で
はなく，また，企業や政府があくまでも善意で持ち込んだ技術であっても，
それは人々の意思や判断を束縛する抑圧的なツールとして機能しかねない。

　しかし，シエラレオネのプロヴィンスにおいて適正な土地取引を妨げてい
るのは，事業推進側と事業受入側のあいだにみられる，資金力や技術力など
をめぐる単なる能力差だけではない。前節で詳述した慣習的土地保有のあり
方もまた，紛れもなく，その構造的な一因であるにちがいない。

　前述のとおり，シエラレオネのプロヴィンスでは，慣習的土地保有制度の
もと，パラマウント・チーフの土地管理権が人々の土地所有権のうえに覆い
かぶさり，それを強く統制している。このため，人々はパラマウント・チー
フの承認がなければ土地を取引することも，土地関連書類を公的に登録する
ことも一切できない。しかし，プロヴィンスにおける大規模土地取得を考え
るうえでとくに問題となるのは，パラマウント・チーフの慣習的土地管理権
が単に「人々が望む土地取引」に影響を及ぼし，それを制約するだけではな
く，「人々が望まない土地取引」をも生ぜしめてしまう危険性をはらんでい
る，という点にある。プロヴィンスで暮らす人々は，自分たちが望む土地取
引に対してパラマウント・チーフの統制を受けるだけではなく，パラマウン
ト・チーフによる介入や関与の仕方次第では，自分たちがまったく望まない
土地取引さえも強制されかねないのであり，そこに，プロヴィンスにおいて
不適切な大規模土地取得が生じてしまうひとつの「温床」がある。

　事業を推進する企業側が，大規模土地取得にあたって，事業を受け入れる
地元住民側の適切な同意を得るために最大限の努力をすること自体は肝要で
あり，その重要性は強調してもしすぎることはない。しかし，アダックス社
の事例にみられるとおり，シエラレオネの慣習的土地保有制度のもとでは，

おそらくそうした企業単体の努力だけでは，人々は自分の土地に対して自由意思に基づいた判断をすることができるようにはならず，したがって，インフォームド・コンセントを欠いた不適切な大規模土地取得を未然に防止することもできそうにない。それどころか，プロヴィンスで今日みられる慣習的土地保有のあり方を温存するかぎり，アダックス社の事例で詳述したような同意契約を含むさまざまな企業努力は，土地取得にあたって人々のインフォームド・コンセントを成立させるためではなく，かえって，それを欠いた不適切な大規模土地取得を不可視化し隠ぺいしてしまう「煙幕」として機能しかねない。というのも，企業側が，土地所有者のインフォームド・コンセントを得たり，その利益を増進させたりするために努力すればするほど，そうしたさまざまな企業努力をしたという口実ばかりが一方的に蓄積あるいは精緻化されかねず，その結果，適正な土地取引のために十分な企業努力をしたと主張する事業推進側と，それが不十分であったと感じる事業受入側のあいだの認識ギャップが縮小するどころか，逆に拡大しかねないからである。

　とすれば，プロヴィンスにおいて適正な土地取得を成立させるためには，慣習的土地保有の制度や運用のあり方そのものがやはり見直される必要がある。そしてその際に重要となるのは，人々の土地所有権を含む慣習的な土地権利を単に強化するだけではなく，そのうえに覆いかぶさっているパラマウント・チーフの慣習的土地管理権の見直しにも着手し，とくにその乱用防止策を講じることであろう。

　本節では以上，プロヴィンスの慣習的土地保有のなかで近年みられるようになった，外国企業による大規模土地取得について論じた。次節では，2015年に成立した国家土地政策を概観するとともに，それに基づいて今後展開されるであろう土地改革について検討する。

第3節　動き始めた土地改革

1．国家土地政策の概要

シエラレオネでは，2002年に武力紛争の終結が正式に宣言されて以降，土地省が中心となり，国連開発計画（United Nations Development Programme: UNDP）などの協力を受けながら，土地制度全般の見直し作業が進められるようになった。そして，2005年にいったん，カバーSLPP政権下で国家土地政策という政策文書が作成されている。しかし，この2005年土地政策は多様なステークホルダーからの意見聴取がなされないままに，おもに政府内部のみで策定されたものであり，また，実用志向の政策文書というよりも理論的にすぎるペーパーであったため，その後同政策が実施に移されることはなかった（MLCPE 2015, 3-4）[3]。

しかし，2007年にコロマAPC政権が誕生すると，土地問題に関する新しい政策文書の策定を模索する動きが始まる。そして，2009年9月，シエラレオネの主要な土地問題に関する検討範囲を絞り込むためのスコーピング・ミッション報告書（Moyo and Foray 2009）が発表され，これを受けて同年12月，新たな国家土地政策を策定することが閣議決定された。その後，土地省が事務局となり，議会，政府，大学，NGOなどの関係者からなる運営委員会（Steering Committee）と，専門家などからなる5つの専門ワーキンググループ（Technical Working Group）が組織され，土地政策立案のための作業が進められた。その過程で，土地問題や土地改革に関する意見を広く社会から聴取するために，プロヴィンスにある149すべてのチーフダムの住民やチーフなどから6000件近くのアンケート調査票を回収してそれらを検討するとともに（MLCPE 2015, 4），土地政策原案への意見を聴くための公聴会が各地で開催された。そして，そうした一連の意見聴取・検討作業をへて2015年11月に閣議決定されたのが，今後の土地改革のガイドラインとなる現行の国家土地政

策である。

　国家土地政策では冒頭，シエラレオネの土地をめぐる現状が単に混沌とし
ているだけではなく急速に不安定化しつつあるとの強い懸念が表明され，そ
の克服のために，社会のニーズに応え，責任ある投資を促進し，国家発展の
基礎となるような，より明確で効果的かつ公正な土地保有制度を構築するこ
との必要性が謳われている（MLCPE 2015, 1）。そして，①憲法改正に関連す
る問題，②土地保有枠組み，③土地への平等なアクセスの促進，④土地権利
管理および制度的枠組み，⑤土地利用計画と土地開発規制，⑥特別な措置が
必要な土地問題，⑦土地政策実施枠組み，という7つのテーマに分けて，個
別具体的な課題が検討されるとともに，それへの政策的な対応方針が示され
ている。

　このようにシエラレオネの国家土地政策は，同国の土地問題全般について
論じた包括的な政策文書であり，必ずしも慣習的土地保有や大規模土地取得
が抱える問題に特化して編まれたペーパーではない。しかし本節では，国家
土地政策のなかから慣習的土地保有と大規模土地取得に関連すると思われる
部分のみを抽出し，それらを国家による政策的対応として位置づけて，以下，
若干の考察を加える。

　まず慣習的土地保有に関していえば，国家土地政策は，西部地域の一般法
的な土地保有とプロヴィンスの慣習的土地保有という，シエラレオネの二元
的な土地保有制度の調和を図るとともに，慣習的土地保有を含むすべての正
当な土地利用者の土地権利を保護することをめざす，としている（MLCPE
2015, 12）。そして，そのためにいくつかの具体的な政策方針が示されている
が，なかでも本章との関係でとくに重要と思われるのが，次の2点である

　第1は，測量および登記をめぐる制度改革である。シエラレオネには現在，
測量法（Survey Act）という法律があり，同法に基づいて測量士による用地
測量が行われている。そして，作成された測量図は，必要に応じて土地省の
測量土地局長（Director of Surveys and Lands）に提出され，その承認を受けた
うえで同省に登録される（第15条）。他方，シエラレオネには，一般登記法

（General Registration Act）と，証書登記法（Registration of Instruments Act）という法律に基づいた一般登記制度があり，同制度のもとで，登記官事務所に申請のあった順番に土地関連証書をファイリングしていく，証書登記（deeds registration）が行われている。そして，一般法を法源とする西部地域では，土地証書の登記が法的に義務づけられており，そうした土地登記には測量図の添付が求められるため，必然的に用地測量についても広範に行われてきた。これに対して，慣習的土地保有を中心とするプロヴィンスでは，測量と登記は原則として任意であって，それらが実際に行われてきた地域は，建物が密集する都市部やプロヴィンス土地法に基づく土地リース契約地域などにほぼ限定されてきた。

　こうした現状にかんがみて，国家土地政策では，土地利用者の土地権利強化・安定化のために，測量と登記という土地権利管理制度のあり方全般を見直すという方針が示されている。具体的には，現行の土地証書登記制度とは別に，土地権利自体を登記する土地権利登記（title registration）のための制度を新たに導入すること，そうした新制の土地登記制度を測量制度と統合的に管理運営すること，そして，事実上の強制的な測量および登記の対象地域を従来の西部地域からプロヴィンスにまで拡大することなどが提案されている（MLCPE 2015, 81-89）。

　国家土地政策のなかで慣習的土地保有との関連で重要と思われる第2の点は，土地委員会制度の導入である。国家土地政策では，中央・県・チーフダム・ヴィレッジという4つのレベルに土地権利管理を担う新しい委員会組織を設置するという方針が示されている。まず中央に設置されるのが国家土地委員会（National Land Commission）であり，同委員会は，これまで土地省が所管してきた国有地／政府所有地の管理や前述した新しい土地登記制度の導入・運営といった業務を担うことが想定されている。県レベルに設けられる県土地委員会（District Land Commission）は，土地登記事業を含めて国家土地委員会の県支部としての機能を果たすとされる。これに対して，チーフダムとヴィレッジのレベルにそれぞれ設置されるのが，チーフダム土地委員会

（Chiefdom Land Committee）とヴィレッジエリア土地委員会（Village Area Land Committee）であり，両委員会はおもに土地所有者のなかから選出された委員で構成されるという。両者のうち慣習的土地保有においてとくに重要な役割を果たすと予想されるのがチーフダム土地委員会であり，同委員会は，これまで名目的にはチーフダム議会に帰属し，実質的にはパラマウント・チーフによって管理されていた共同体所有地の所有権をもち，その管理・運営全般の責任を担う。また，チーフダム土地委員会には，チーフダム内のすべての土地取引を審査・承認する機能が付与されるという。その下位におかれるヴィレッジエリア土地委員会は，チーフダム土地委員会に準じた役割を村落レベルで果たすものとされている（MLCPE 2015, 71-73）。

他方，大規模土地取得に関しては，国家土地政策では，外国企業のような非シエラレオネ市民がプロヴィンスで獲得できる土地権利を現行と同じ50年までの土地リース権とする一方，1つの事業で取得できる面積を原則として最大5000ヘクタールに制限するという政策方針が示されている。しかし，その一方で，国内外からの投資を促進するために，あらかじめ大規模土地取得のための候補地をプールしておく「土地銀行」（Land Bank）をプロヴィンスの各地に設置し，それをコミュニティ主導で運営することが提案されている（MLCPE 2015, 66）。

2．考察

国家土地政策に関して前項で指摘したのは，①測量・登記制度の見直し，②土地委員会制度の導入，③外国企業による土地取得の制限と土地銀行の設置，という3つの点である。以下，それら3点をこれまでの本章の議論と関連づけながらごく簡潔に考察する。

まず，測量・登記制度の見直しという第1の点は，これまでの本章の議論に照らし合わせれば，プロヴィンスに暮らす人々の慣習的土地所有権と深くかかわる事項といえる。前述のとおり，慣習的土地保有下にあるプロヴィン

スでは，登記は原則として任意であり，測量が行われている地域も限定的である。もし仮に，国家土地政策に基づく今後の土地改革プロセスのなかで，現行の証書登記制度に代わって新しく権利登記制度が整備され，その強制的な登記対象地域が西部地域からプロヴィンスにまで拡大されるならば，これまで脆弱といわれてきた，プロヴィンスの人々の慣習的土地所有権が多少なりとも強化あるいは安定化されることを期待できよう。

　無論，土地登記（土地権利の公式化）は万能ではない。たとえば西部地域では，植民地時代から土地証書登記が義務づけられてきたが，不正確あるいは不正な測量，行政のずさんな情報管理，不平等な情報アクセス，司法の能力欠如，そして内戦を契機とした大量の人口流入といった諸要因のために，同地域の土地権利状況は安定化するどころか，今日，著しく混乱かつ不安定化しており，プロヴィンスよりもはるかに多くの土地係争を抱えている。したがって，土地権利の公式化（登記）がその強化に直接的につながるというわけでは必ずしもないが，ごく一般論としていうならば，情報への広範かつ平等なアクセスや権利執行における行政・司法の効率性と公正性といった土地ガバナンスの諸条件が担保されるならば（武内 2016, 9），適切な土地登記とその前提となる精確な用地測量がプロヴィンスに暮らす人々の土地権利の安定化に貢献する可能性は十分にある。つまり，今後の土地改革のなかで，測量や登記といった公的な土地権利管理制度がプロヴィンスに本格的に導入・整備され，あくまでも適切な土地ガバナンスのもとで運用されるならば，人々の慣習的土地所有権のあり方は変わる（強化される）ことになるかもしれない。

　他方，そうした測量・登記制度の見直しがプロヴィンスの人々の慣習的土地所有権に影響を与える改革であるとすれば，土地委員会制度の導入という第2の点はパラマウント・チーフの慣習的土地管理権に影響を及ぼす改革といえる。前述のとおり，これまでプロヴィンスの慣習的土地保有では，チーフダム議会とパラマウント・チーフが名目的あるいは実質的に重要な役割を果たしてきたが，国家土地政策では，そうした従来の慣習的な土地管理のあ

り方を改め，土地所有者によっておもに構成される民主的な土地管理のための委員会をチーフダムとヴィレッジのレベルにそれぞれ設けるとしている。しかし，こうしたプロヴィンスにおける住民参加型の民主的な土地委員会，とくにチーフダム土地委員会の設置が，従来のパラマウント・チーフの慣習的土地管理権を強く制限したり，その権力乱用を抑制したりすることに果たしてつながるのかどうかという点については，少なくとも現時点では，筆者はかなり懐疑的である。その理由は3つある。

　第1に，国家土地政策では，チーフダム土地委員会の議長はパラマウント・チーフが務めるものとされており（MLCPE 2015, 73），パラマウント・チーフは今後とも同委員会の議長として土地の管理・運用に大きな影響を及ぼす可能性があるからである。第2に，国家土地政策では，チーフダム土地委員会はおもに土地所有者からなるとされているが，有力な土地所有家族のメンバーは，自分自身が伝統的指導者であったり，あるいはその親類や知人であることが多く，そうした伝統的指導者やそれに近い人々で構成される土地委員会がパラマウント・チーフの意見に強く反対をしたり，その権力乱用を監視したりする機能を果たすのは容易ではない，と考えられるからである。そして第3に，国家土地政策では，チーフダム土地委員会がチーフダム議会に代わって共同体所有地を管理するとともに，チーフダム内の土地取引全般の審査・承認をするとされているが，パラマウント・チーフの土地管理者としての役割自体を見直すことへの直接的な言及が一切みられないからである。つまり，少なくとも筆者の眼には，国家土地政策が設置を提案しているチーフダム土地委員会という民主的な住民参加型の土地管理組織とは，チーフダムの名目的な土地所有者であるチーフダム議会の役割を代替するものではあっても，実質的な土地管理者であるパラマウント・チーフのそれに大きな変更を迫るようなものではないようにみえる。つまり，チーフダム土地委員会の設置は，チーフダム議会のような名目的な存在をめぐる，いわば形式レベルの「改革」にとどまってしまう可能性がかなり高いのである。

　最後に，外国企業による土地取得の制限と土地銀行の設置という第3の点

に関していえば，それは，これまでの本章の大規模土地取得をめぐる議論と深く関係する。国家土地政策は，大規模土地取得が可能な面積を将来的には5000ヘクタールに制限するという方針を示している。しかし，それはあくまでも原則であり，場合によっては5000ヘクタール以上の土地取得も可能とされている。また，外国企業による土地リース期間についても，国家土地政策では，50年間という現行水準が維持されており，その短縮は提案されていない。さらに，同政策は，大規模土地取得向けの候補地をあらかじめ登録しておく土地銀行を各地に設置し，それをコミュニティ主導で運営するように提案している。こうした諸提案を勘案すると，国家土地政策は，大規模土地取得自体の規制に対しては総じて消極的である，と結論づけてほぼ間違いなかろう。国家土地政策では「責任ある投資」（responsible investment）という文言への言及が随所にみられるが（e.g. MLCPE 2015, 1, 6, 7, 12, 19, 65, 66, 92, 114），そのことからも明らかなように，同政策は，外国企業による大規模土地取得自体を強く制限しようとはしておらず，あくまでもそれが責任ある投資のもとで実施されるような改革を指向しているといえる。そして，そうした責任ある投資を謳い，大規模土地取得自体を必ずしも制限しようとはしない国家土地政策の改革の方向性は，これまで農業分野への外資導入と外国企業による大規模土地取得を積極的に推進してきたシエラレオネ政府の立場や基本路線とも明らかに合致する。つまり，国家土地政策とそれに基づいて今後実施が見込まれる土地改革においては，外国企業による大規模土地取得が顕著に規制されるということはおそらくなく，むしろそれは農業生産性の向上や経済開発に資する責任ある投資という形で引き続き奨励されていくものと推察されるのである。

おわりに

シエラレオネでは独立以来，本格的な土地改革が実施されたことはなく，西部地域におけるイギリス的な土地保有制度とプロヴィンスにおける慣習的土地保有制度という，植民地期に成立した二元的な土地保有制度が，今日に至るまでほぼそのままの形で温存されてきた。そのシエラレオネにおいていま，1990年代以降にほかの多くのアフリカ諸国でとり組まれてきたような土地改革に向けた機運がようやく熟しつつある。

しかし，シエラレオネでは，2015年11月に国家土地政策が閣議決定こそされたものの，本章の執筆時点（2017年5月）においては，同政策に基づく土地改革はまだなんら本格的に着手されていない。また，国家土地政策の実施計画では，2016年から2026年までの10年間を土地改革のための当面の実施期間と定め，同期間内に必要な予算を6966万米ドルと試算しているが（MLCPE 2016, 13-14），その財源確保のめどもまったく立っていない。つまり，シエラレオネの土地改革は，国家土地政策の成立によってその端緒を開いたとはいえ，いまだなんらの成果も生み出してはおらず，その行方は依然として不透明といわざるを得ないのである。

したがって，シエラレオネの土地改革によって何が具体的に変わり，何が変わらないのかを現時点で問うこと自体が，実のところ早計といえる。しかし，それでもあえて，シエラレオネの今後想定され得る土地改革によって，慣習的土地保有と大規模土地取得の何が変わり，何が変わらないのかを，あくまでも国家土地政策という限定的な情報源のみに基づいて問うとすれば，すでに前節で考察したとおり，少なくとも以下の3つの点を指摘できる，というのが本章の結論にほかならない。

第1に，今後の土地改革では，プロヴィンスの人々の慣習的土地所有権のあり方が変わる可能性がある。国家土地政策には，測量や登記といった現行の土地権利管理制度を改革したうえでそれをプロヴィンスにも普及させると

いう政策方針が明確に示されており，そのための提案が数多くなされている。もし，そうした改革が適切に実施されれば，プロヴィンスの人々の慣習的な土地所有権が従来よりも強化あるいは安定化される可能性は十分にある。しかし，次の点とも関係するが，それが強力な私的所有権にまでなることはおそらくない。

　第2に，パラマウント・チーフの慣習的土地管理権については，それほど大きく変化しない，あるいは，変化するかどうかが現時点では極めて不透明である。たしかに国家土地政策では，住民参加型の民主的な土地委員会をチーフダムやヴィレッジのレベルに新設し，そうした組織に慣習的な土地管理を委ねるという政策方針が示されてはいる。しかし，とくにチーフダム土地委員会の長にはパラマウント・チーフが就任するとされ，また，同委員会のほかのメンバーはパラマウント・チーフに近い大規模土地所有者によって占められてしまう可能性がある。さらには，国家土地政策では，チーフダム土地委員会の設置に関する言及こそみられるものの，パラマウント・チーフの慣習的土地管理権の制限に関する明確な記述は，伝統的指導者からの反発を回避するためか，一切みられない。こうした諸点を勘案すると，今後の土地改革のなかで，パラマウント・チーフの慣習的土地管理権のあり方が大きく変化するとは，少なくとも現時点ではやや考え難い。

　このように国家土地政策は，人々の慣習的土地所有権の変化（強化・安定化）に関する改革については多くの紙幅を割き，それなりに積極的であるようにみえるが，パラマウント・チーフの慣習的土地管理権の変化（制限）に関しては明確かつ直接的な記述がなく，その見直しにはやや消極的あるいはかなり慎重であるように感じられる。そして，もし，今後の土地改革のなかで，プロヴィンスにおける土地利用者の権利強化が図られながらも，その度合いが限定的な範囲にとどまり，かつ，パラマウント・チーフの慣習的土地管理のあり方については，実質的にそれほど大きな変化がみられないとすれば，そのことは，伝統的指導者を中核とする慣習的土地保有の仕組みが，シエラレオネではいまなお国家の統治装置としてそれなりに有効に機能してお

り，そのために国家がそれを容易に棄損できずにいるということの一証左であるかもしれない。

　第3に，大規模土地取得に関しては，今後，規制が若干強化されながらも，引き続き農業生産性向上や経済開発のための重要なオプションの1つとして政策的に振興されていくものと考えられる。

　そして，こうした土地改革がもたらすかもしれない変化／不変化に関する3つの点——すなわち，土地改革が実施されれば，①プロヴィンスの人々の慣習的土地所有権は測量・登記制度の普及によって強化されるかもしれないが，②そのうえに覆いかぶさるパラマウント・チーフの慣習的土地管理権やその行使のあり方についてはそれほど見直されず，かつ，③大規模土地取得についても引き続き奨励されていく可能性がある，という3つの点——を勘案すれば，プロヴィンスにおける大規模土地取得が，パラマウント・チーフを中心とする慣習的土地保有制度のもと，今後とも土地利用者のインフォームド・コンセントを欠いた形で展開されてしまう危険性は，やはり容易に払拭できそうにない。

　これが，シエラレオネの今後の土地改革で，慣習的土地保有と大規模土地取得をめぐる何が変わり，何が変わらないか，という問いへの，現時点での筆者なりの答えである。その真偽の判断については，後世の読者の手に委ねるほかない。

〔注〕————————————

⑴　西部地域の土地保有制度の詳細については，落合（2015）を参照されたい。

⑵　その後，アダックス社は，プロジェクトに使用しない土地をチーフダム議会側に返却したため，2014年2月時点で地代などの支払い対象となっていた用地は2万8643ヘクタールであり，そのうち実際にプロジェクトのために使用されていた土地は約1万4300ヘクタールであった（ActionAid 2013, 5; English and Sandström 2014, 14-20; SiLNoRF 2016, 9）。

⑶　2005年の旧国家土地政策の概要については，たとえばUnruh and Turray（2006, 26-30）を参照されたい。

〔参考文献〕

＜日本語文献＞
落合雄彦　2015.「シエラレオネにおける土地政策の分枝国家的な展開」武内進一
　　編『アフリカ土地政策史』アジア経済研究所　89-120.
武内進一　2015a.「アフリカにおける土地と国家――その歴史的概観――」武内進
　　一編『アフリカ土地政策史』アジア経済研究所　3-29.
―――2015b.「アフリカの国家建設と土地政策」武内進一編『アフリカ土地政策
　　史』アジア経済研究所　255-269.
―――2016.「冷戦後アフリカにおける土地政策の変化――その要因と方向性につ
　　いての試論――」武内進一編『冷戦後アフリカの土地政策――中間成果報
　　告――』調査研究報告書　アジア経済研究所　1-24（http://www.ide.go.jp/）.
武内進一編　2015.『アフリカ土地政策史』アジア経済研究所.

＜外国語文献＞
ActionAid. 2013. *Broken Promises: The Impacts of Addax Bioenergy in Sierra Leone on Hunger and Livelihoods*.（https://www.actionaid.org.uk/）.
Ardenti, Yvan Maillard. 2011. *Land Grabbing: The Dark Side of 'Sustainable' Investments: Concerns of Bread for All on the Addax Bioenergy Project in Sierra Leone*. Bread for all（https://fian.nl/）.
Baxter, Joan. 2011. *Understanding Land Investment Deals in Africa: Country Report: Sierra Leone*. Oakland: The Oakland Institute.（https://www.oaklandinstitute. org/）.
――― 2013. *Who is Benefitting? The Social and Economic Impact of Three Large-scale Land Investments in Sierra Leone: A Cost-benefit Analysis*.（http://www. christianaid.org.uk/）.
Boone, Catherine. 2014. *Property and Political Order in Africa: Land Rights and the Structure of Politics*. New York: Cambridge University Press.
English, Clive and Jörgen Sandström. 2014. *Implementing a Large Land Based Investment in Sierra Leone: Land Grab or Real Development-An Investors Perspective*. Paper prepared for presentation at the 2014 World Bank Conference on Land and Property（March 24-27）.（http://www.oicrf.org/）.
Fielding, Matthew, Marion Davis, Nina Weitz, Ival Cummings-John, Amanda Hickey, Francis X. Johnson, Jacqueline Senyagwa, Lidia Martinez and Miaojie Sun. 2015. *Agricultural Investment and Rural Transformation: A Case Study of the Makeni*

Bioenergy Project in Sierra Leone. Stockholm: Stockholm Environment Institute. (https://www.sei-international.org/).

Koroma, Ernest Bai. 2009. *Statement by H.E. President Koroma at the Sierra Leone Conference*. Statement at Trade and Investment Forum held in London in November. (http://www.sierra-leone.org/).

Menzel, Anne. 2015. *Foreign Investment, Large-Scale Land Deals, and Uncertain 'Development' in Sierra Leone: Impacts, Conflicts, and Security Concerns*. CCS Working Papers 18. (https://www.uni-marburg.de/).

Millar, Gearoid. 2015. "'We Have No Voice for That' : Land Rights, Power, and Gender in Rural Sierra Leone." *Journal of Human Rights* 14(4): 445–462.

――― 2016. "Knowledge and Control in the Contemporary Land Rush: Making Local Land Legible and Corporate Power Applicable in Rural Sierra Leone." *Journal of Agrarian Change* 16(2) April: 206–224.

MLCPE (Ministry of Lands, Country Planning and the Environment, the Government of Sierra Leone). 2015. *Draft National Land Policy of Sierra Leone*. Version 6, Freetown: MLCPE. (http://www.sl.undp.org/).

――― 2016. *Draft National Land Policy Reform Program Implementation Plan 2016-2026*. GCP/GLO/347/GER-SIL, Freetown: MLCPE.

Mousseau, Frederic. 2012. *Understanding Land Investment Deals in Africa: Socfin Investment in Sierra Leone*. Oakland: The Oakland Institute. (http://www.oaklandinstitute.org/).

Moyo, Sam and K. Mohamed Foray. 2009. *Scoping Mission Report: Key Land Tenure Issues and Reform Processes for Sierra Leone*. (http://leonenet.info/).

Renner-Thomas, Ade. 2010. *Land Tenure in Sierra Leone: The Law, Dualism and the Making of a Land Policy*. Keynes: AuthorHouse.

SiLNoRF (Sierra Leone Network on the Right to Food). 2016. *Final Monitoring Report on the Operations and the Scale Down of Addax Bioenergy in Makeni, Sierra Leone (Period July 2014–June 2016)*. (https://brotfueralle.ch/).

Swedish FAO Committee, Ministry of Rural Affairs. 2014. *Responsible Agricultural Investments in Developing Countries: How to Make Principles and Guidelines Effective*. Swedish FAO Committee Publication Series 9. (http://www.regeringen.se/).

Unruh, Jon D. and Harry Turray. 2006. *Land Tenure, Food Security and Investment in Postwar Sierra Leone*. The Food and Agriculture Organization of the United Nations. (http://www.fao.org/3/a-ah243e.pdf).

Welthungerhilfe. 2012. *Increasing Pressure for Land: Implications for Rural Livelihoods and Development Actors, A Case Study in Sierra Leone*.

〈http://www.welthungerhilfe.de/〉.

Yengoh, Genesis Tambang and Frederick Ato Armah. 2015. "Effects of Large-Scale Acquisition on Food Insecurity in Sierra Leone." *Sustainability* 7 : 9505-9539.

—— 2016. "Land Access Constraints for Communities Affected by Large-Scale Land Acquisition in Southern Sierra Leone." *GeoJournal* 81 (1) February: 103-122.

Yengoh, Genesis Tambang, Frederick Ato Armah and Karin Steen. 2015. "Women's Bigger Burden: Disparities in Outcomes of Large Scale Land Acquisition in Sierra Leone." *Gender Issues* 32 (4) December: 221-244.

Yengoh, Genesis Tambang, Karin Steen, Frederick Ato Armah and Barry Ness. 2016. "Factors of Vulnerability: How Large-Scale Land Acquisitions Take Advantage of Local and National Weakness in Sierra Leone." *Land Use Policy* 50 January: 328-340.

第 2 章

ザンビアの土地政策と
慣習地におけるチーフの土地行政

大 山 修 一

はじめに

　ザンビアでは1995年土地法（Land Act）の施行により，慣習地（customary land）における土地所有権，つまり，土地所有証明書（title deed）の取得が明文化された。この土地所有証明書の取得手続きには，その地域に居住する住人であれ，外部者であれ，土地取得希望者はチーフや村長などの伝統的リーダー（traditional leader）の承認をとることが必要となった。1995年土地法のもとで，ザンビア人富裕者や外国企業などが伝統的リーダーの承認を得て土地省から土地所有証明書を取得し，慣習地の土地を所有することが可能となった。慣習地における企業・個人による経済活動が活発化し，土地のもつ経済価値が注目されている。

　Ault and Rutman（1993）は，20世紀以降の東アフリカや南部アフリカの慣習地における土地所有権の変遷を俯瞰している。土地が豊富にあり，しかも土地に経済的価値がないときには，個人は法律や各民族の慣習を意識することなく，共同保有を基本とする慣習地を自由に利用することが許され，土地使用権は無償であった。しかし，土地が稀少となり，法律が個人の土地使用権を認めるようになると，慣習地における土地使用権は個人に帰属する傾向が強まり，地域によってはチーフや村長など伝統的リーダーの関与が喪失す

ることもある。

　ザンビアでは慣習地の土地が私有化されることによって，土地に対する
チーフの権限が縮小するという議論があり，チーフをはじめとする伝統的
リーダーは1995年土地法の施行に対して反対した経緯がある（Brown 2005）。
チーフたちは1995年土地法の施行により，自らの権限が縮小することを危惧
していたが，その予想に反して施行後には土地に対するチーフの権限が強化
されている。チーフは土地所有証明書の交付にあたって土地取得希望者に対
して承認するだけではなく，自らが土地権利の付与や土地配分を行うように
なったのである。

　愛国戦線（Patriot Front）のサタ大統領は2012年12月に，農村部の地域開発
を推進するのはチーフをはじめとする伝統的リーダーの役割であると強調し
ている（Times of Zambia 2012a; 2012b）。現在のザンビア政治において地方開
発は伝統的リーダーを中核として進められており，伝統的リーダーが進める
地域開発は土地所有権の付与や土地配分の問題と密接に結び付く。たとえば，
北部州カサマ県の人口稠密地域ではベンバ王国のチーフが主導し，住民の
土地不足を解消するために１世帯当たり３ヘクタールの土地を分割し，強制
的に土地を割り当てている。また，新聞報道によると，同じカサマ県ではベ
ンバのチーフが外国企業に対して100ヘクタールの土地を提供し，その土地
に石油精製基地や電力発電所，ショッピングモールの建設が計画されており，
2000人の雇用を創出できる見通しだという（Zambia Daily Mail 2016）。チーフ
は大規模な開発プロジェクトの招致を歓迎し，広大な土地を提供しているの
である。チーフは外国人や外国企業を含む外部者に土地所有証明書の取得を
認め，地域の経済開発を進める権限をもつようになったのである（大山
2009; 2015a; Oyama, 2016）。

　Kajoba（2004）は，ザンビア政府とチーフが密に連携し，領内に居住する
住民と外部の投資者の双方の土地権利を認め，チーフが持続的な社会開発に
積極的に参画することの重要性を主張しているが，実際には土地をめぐる住
民と外部の投資者双方の利害を調整するのは難しい。チーフが国家政策や土

地法の改正に伴って，外部者に対する土地所有権の付与を積極的に進めれば，領内の人々の土地を奪い，生活水準を引き下げ，土地をめぐる争議を引き起こす危険性がある（大山 2015b）。

本章ではザンビアにおける土地政策の変遷を概観したうえで，ザンビア北部ベンバ王国のチーフＬ領における歴代チーフの土地権利の付与と，それに伴う社会の混乱を記述する。そして新しいチーフの着任を機に，チーフとその土地委員会が，歴代のチーフによって引き起こされた土地権利の付与に伴う社会混乱にいかに対処しているのかを分析し，チーフが新しい土地権利証書を独自につくったり，国家の交付する土地所有証明書を無効にしたりするという，土地行政をめぐるチーフの自律性を考察する。筆者は1993年から，ザンビア北部のベンバ王国領で現地調査を継続している。中央集権的な首長制度をもつベンバ王国の伝統的リーダーと土地行政の関係を分析することは，ザンビアにおける今後の地方開発や農村の社会変容，住民の暮らしを考えていくうえで重要である。本章では現地調査の結果に基づいて，伝統的リーダーの権限を強めた土地法がザンビアの農村社会に何をもたらしたのかを明らかにする。

第1節　ザンビアの土地制度

1995年土地法のもとで現在，ザンビアのすべての土地は国家の所有であるが，各民族の慣習や規範によって規定される慣習地とともに，土地所有証明書に規定される私有地が存在する。まず，先行研究（Roberts 1976; Mvunga 1980; 児玉谷 1999; Brown 2005; 大山 2015a; Oyama 2016）を参考にしながら，植民地時代以降の土地制度の変遷を検討する。

1911年に北東ローデシアと北西ローデシアが併合され，北ローデシア（独立前のザンビア）の領土が誕生した。ベンバ王国の土地（ベンバランド）を含む北東ローデシアは1899年から1911年まで，民間企業であるイギリス南アフ

リカ会社（British South African Company: BSAC）によって統治され，1924年以降，イギリス植民地政府の統治下に入った。

1911年と1924年の総督令によって，北ローデシア領の土地に対するイギリス王室の権限が正式に認められた（Mvunga 1980）。植民地政府は，ヨーロッパ人入植者の土地と都市部の商業・住宅地，そして優良な鉱物資源が埋蔵する土地を王領地（Crown land）と定めた（Brown 2005）。1928年の総督令によって王領地と原住民居留地（native reserve）は分離され，原住民居留地はヨーロッパ人の入植によって追い出されたアフリカ人用の土地として設定された（Mvunga 1980）。

北ローデシアに対するヨーロッパ人の入植は，植民地政府が期待するほど進まなかった。植民地政府が直轄の王領地として広大な北ローデシアの領土を統治し続けるには，行政機構を強化しなければならず，経済的なコストが高くつくことが予想された。植民地政府は1947年の総督令によって，王領地の大部分を信託地（trust land）もしくは原住民居留地に変更するとともに，各民族の伝統的リーダーを通じて統治する間接統治のシステムを導入することによって，植民地統治にかかる経済的コストを下げた。鉱物資源に乏しく，ヨーロッパ人入植者の農場建設に適さない気候・土壌条件の土地はすべて信託地に区分された。信託地の統治は各地域に居住する民族の伝統的リーダーに任され，ベンバランドのほぼすべては信託地となり，ベンバ王国領となった。こうして，ベンバのチーフは植民地政府によって，ベンバランドの土地に対する権限の裏づけを得たのである。

1964年にザンビアは独立したが，土地制度は植民地時代の枠組みを継承した（Mvunga 1980）。初代大統領のカウンダ政権はイギリス植民地統治期の王領地を国有地に変更し，ザンビアの領土はすべて大統領に帰属し，イギリスの主権がおよばないようにした。土地制度の基本的な枠組みは植民地時代と同様で，王領地は国有地（state land）となり，ザンビアの領土は国有地とともに居留地（reserve）と信託地の3種類となった（Mvunga 1982; Malambo 2013）。原住民居留地から「原住民」（native）という言葉がはずされたが，

各民族のチーフが居留地と信託地に対する権限をもち続けた。

ザンビアの独立後，居留地や信託地は地方議会の管理下におかれ，法律上では政府がチーフから土地に対する権限を剥奪したことになっていたが，政府はチーフや村長そのものを廃止せず，彼らは伝統的リーダーとしての影響力を保持し続けた（児玉谷 1999）。1969年にはザンビアの憲法が改正され，政府が未開発地，とくに不在地主による未利用地を接収することを認めた。また，1975年に成立した土地法は，「ザンビアのすべての国土は大統領に帰属し，ザンビア国民にかわって，永年の所有権を保有する」と規定している。この土地法では，永年の土地所有を意味する私有は認められず，自由土地所有権（freehold tenure）は100年間の貸借権（leasehold）に切り替えられた。

1985年には，大統領府が認める投資家や企業をのぞき，外国人への土地配分を制限する法案が可決した。1995年土地法の成立以前にも，慣習地の土地取引は法的には可能であったが，慣習地における土地取得の手続きは明確でなく，土地省の官僚や政治家とコネクションのある政治家や官僚，軍人，警察官など限られた人物が土地省に土地所有証明書の交付を申請し，慣習地の私有化を進めることもあった。

現在の土地法は，1991年に実施された複数政党制選挙において複数政党制民主主義運動（Movement for Multiparty Democracy: MMD）が勝利したことに起因する。この1991年の選挙において，土地取得制度に市場メカニズムを導入する土地法の成立は選挙公約となっており，債務救済の代わりに付与された国際的なコンディショナリティーでもあった。

1995年に成立した土地法の特徴として，3点を挙げることができる。1点目は，土地所有証明書のもつ権利を大幅に強化した点にある。土地は大統領に帰属したままで，自由土地所有権（freehold）が認められた訳ではないが，土地法第6条が99年間という長期にわたる貸借権，第5条が貸借権の売買を認めた結果，実質的には土地の私有が認められたと受けとめられている。2点目は，ザンビア国外の個人や企業による土地所有に関する制限を緩和したことにある（第3条3項）。これは外国資本を積極的に導入し，経済開発を進

めようとするザンビア政府の意向と強く結び付いている。3点目は，居留地と信託地を慣習地としてまとめ（第2条），外国人投資家やザンビア人が慣習地の土地所有証明書を取得することが可能になったが，その取得には当該地域を管轄するチーフの承認をとることが必須条件となった（第8条2項および3項）。また，この条文の内容は1996年に制定された土地（慣習地）規則（The Lands（Customary Tenure）（Conversion）Regulations）によって再確認されている。

　1995年土地法の施行により，慣習地における土地の配分や土地所有権の付与に対するチーフの権限は大幅に強化され，この動きのなかで，以下でみていくベンバ王国のL領ではチーフが主導し，独自の土地割当書（Land Allocation Form）を発行している。ザンビアには73の民族が存在し，それぞれの民族社会における社会的な慣習や社会制度，首長制度のあり方は大きく異なるが，1995年土地法によると土地所有証明書の取得にはかならずチーフの承認を得る必要がある。そして，土地法の条文を拡大解釈するかたちで，チーフが自らの判断で慣習地内の居住者，ザンビア人の都市居住者や富裕者，外国人の投資家，外国企業に対して慣習地の土地所有権を付与するようになったのである。

第2節　ベンバ王国の社会組織と農業，土地

　ベンバは19世紀の後半より，卓越した軍事力と活発な交易により強大な王国を形成してきた。ベンバ王国はチティムクル（Citimukulu）と呼ばれるパラマウント・チーフを頂点とした中央集権的な首長制度をもっている。ベンバ社会には30ほどのクラン（共通の先祖をもつと考えられている集団，氏族）が存在するが，チーフはベナガンドゥ（Benangandu）と呼ばれるワニ・クランに属している。ムフム（mfumu）と呼ばれるチーフはベンバ王国に21人おり，その地位は母系制に従って継承される。

ベンバランドの土地は，それぞれのチーフの土地（*ichalo* pl. *ifyalo*）に区分され，政治的なまとまりをもつ（Meebelo 1971）。この *ichalo* は，（1）ベンバランドの王国領すべて，あるいは，（2）各チーフの管轄する領域，という2つの意味を内包する。ベンバの人々は世代や個人による差はあるものの，ベンバランドは王国とチーフに帰属するという考えをもつ。

ベンバ王国のチーフはイギリスの間接統治のなかで行政と司法の末端を担い，ザンビアが独立したのち，現在でも地方の行政と司法の機能をもっている。ローカル・チーフは領内における司法，とくに民事裁判をつかさどり，村人どうしの口論や夫婦げんか，離婚問題，土地問題などを取り扱う。チーフが亡くなると，パラマウント・チーフが居住する北部州の州都カサマで次期チーフが決められ，派遣される。ベンバの首長制度ではパラマウント・チーフを頂点にシニア・チーフ，ローカル・チーフが存在するが，ローカル・チーフは自らの領域のなかで自律性をもっており，パラマウント・チーフやシニア・チーフの従者ではないとされる。

ローカル・チーフの領域は明確な境界で区切られており，その境界は17世紀にまでさかのぼる。領域の住人はチーフに対する忠誠心をもち，シコクビエやインゲンマメ，ラッカセイ，酒，ニワトリ，ヤギ，イモムシなどを献上し，焼畑の開墾や畑の耕作など労働奉仕を行ってきた（Richards 1939）。

調査地域はザンビア共和国ムチンガ州ムピカ県である（図2-1）。調査地域に暮らすベンバの人々は，チテメネ（*citemene*）というユニークな焼畑農耕を基盤として生計を立ててきた（Kakeya and Sugiyama 1985）。チテメネでは1年目にシコクビエ，2年目にはラッカセイやバンバラマメを栽培し，3年目以降に初年に植え付けたキャッサバを収穫する。4年目には畝を立ててインゲンマメが栽培されることもある。これらすべての収穫を終えると畑は放棄・休閑される。

2002年には政府の化学肥料支援プログラム（Fertilizer Support Programme）が開始し，ザンビアの主食として重要なトウモロコシの生産に必要な化学肥料や改良種子に対する補助金が導入された結果，農家は市場価格よりも安い

78

図2-1　調査地の地図

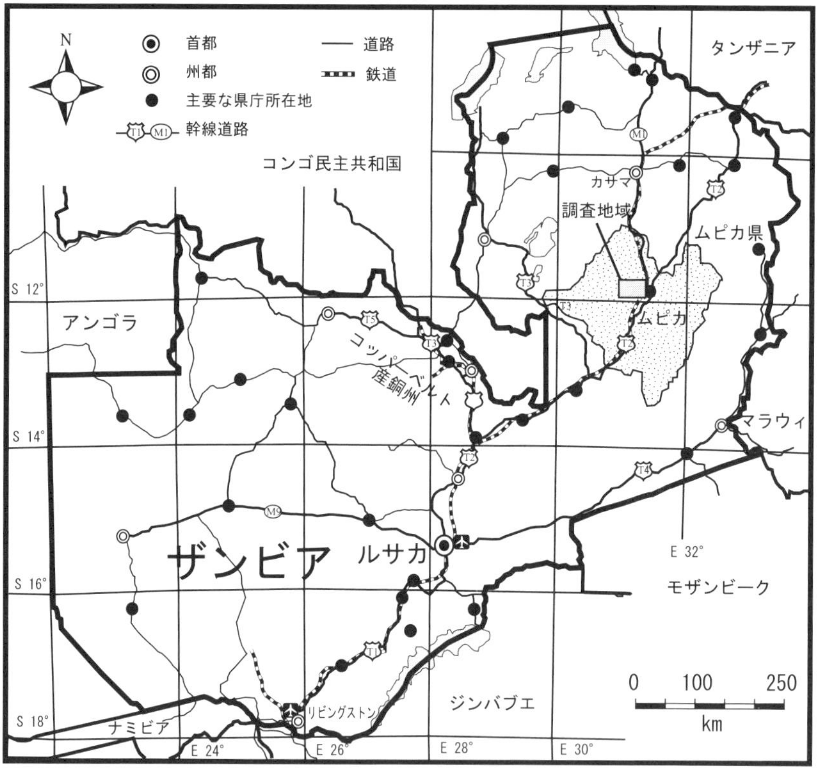

（出所）　筆者作成。

価格で農業投入財を入手できるようになった。補助金の比率はプログラム開
始当初には50％であったが，年々上昇し続け，2008年には75％となり，農家
は市場価格の4分の1の価格で化学肥料を入手できるようになった。

　2013年にサタ大統領は補助金の削減を発表し，農業投入財に対する補助金
を縮小もしくは撤廃しようとしたが，サタ大統領の急逝と2016年8月に総選
挙があったこともあり，農業投入財に対する補助金政策は2017年現在も続い
ている。この補助金政策によって，調査地域のような遠隔地であっても，農
家が農業投入財を入手し，換金作物のトウモロコシを生産することが可能と

写真2-1 補助金制度に支えられたトウモロコシ栽培

政府の補助金制度によって化学肥料が供給され，遠隔地においてもトウモロコシが栽培されている。富裕者は積極的に村人を雇用することで農地を拡大し，大規模にトウモロコシを栽培している。

なっている（写真2-1）。トウモロコシ生産によって現金所得を入手する機会が生まれた結果，農村内では富裕者層の形成と経済格差の拡大を引き起こしているのが現状である（吉村・大山 2016）。

一般に，ベンバの人々は自らがベンバで，その一員であることに強いアイデンティティと誇りをもっている。世代や個人によるちがいはあるにしろ，人々はベンバ王国のチーフの臣民（*mukalochalo*）であるという自覚をもっている。土地や自然資源，たとえばチテメネの開墾や燃料に必要な樹木，狩猟の対象となった野生動物，食用のキノコやイモムシ，そのほか土地から得られる産物はすべてベンバ王国とチーフに帰属すると考えられている。チーフは領域の土地と住民を統治し，新しい村の創設や移動，村への土地配分にはチーフの許可が必要である。住民はチーフの許可なくして，チテメネを開墾することも，樹木を伐ることも，家を建てることも，生活することもできな

いとされる。以下では，ムピカ県の西方に位置するチーフL[1]の慣習地におけるチーフが付与する土地権利とその変遷について検証する。

第3節　1995年土地法とチーフL領の慣習地

1995年に土地法が制定されたのち，チーフL領で土地権利の付与を開始したのは，Y氏がチーフLだった治世（在任期間2003～2007年）である。Y氏は土地取得希望者に対して，自らが書式を決めた土地割当書（Land Allocation Form）を独自に発行し，土地権利を付与した。彼はチーフの息子であったことから，母系制のベンバ社会では正統なチーフではなかったが，チーフの息子であるという事実から，住民たちはY氏の権威（isambu）をある程度，認めたようである[2]。

コピーされた土地割当書のすべての用紙には，割り当てられる土地の面積が75ヘクタールと印字されていたが，実際には村があったり，人々が居住していたり，畑があったため75ヘクタールの土地所有を認めることは難しかった。土地取得希望者はなるべく広い土地を確保しようとし，境界線の策定時に周辺住民とのあいだで土地争議が頻発することになった。Y氏は長期間にわたる闘病生活のすえ2008年に亡くなったが，この死については当時，独断でベンバランドの土地を外部者に割り当てた報いだという人もいた。

Y氏の死去にともない，K氏が2008年にチーフに就任した。K氏もY氏と同様にチーフの息子であったため，正統なチーフではなかった。住民たちはあからさまにK氏のチーフ就任に異議を唱えることはしなかったが，不同意を示すため，チーフ就任の儀式には参加しなかった。K氏は近隣の町にパン屋，バー，ゲストハウスを経営するビジネスマンであった。

K氏は領内の有力者のアドバイスを受け，土地割当書の発行手続きを細かく決めた。Y氏がチーフだったときには，Y氏1人が土地取得希望者と面談し，自らの判断で土地割当書を発行していたが，K氏はCS土地開発信託[3]

（CS Land Development Trust——以下，土地委員会）という土地割当書の発行を審議するグループを創設した。

　K氏は領内の有力者を土地委員会のメンバーに任命し，土地割当書の発行について合議制で決めるようになった。土地委員会は8人の委員と11人のアドバイザー，合計19人から構成された。これらの委員会メンバーは領内の行政に対してチーフに助言を与え，補助する役割を担っており，ベンバ語でチロロ（*cilolo*）と呼ばれた。チロロは土地行政だけでなく，広く民事裁判も取り扱い，その委員長はチーフのK氏であった。

　Y氏とK氏の2人がチーフLであった2003〜2009年のあいだ，領内における土地権利の証書には土地省が交付する土地所有証明書とチーフが独自に発行する土地割当書の2種類が併存していた。前者の土地所有証明書を取得するには，土地法の条文のように，かならずチーフと村長といった伝統的リーダーの承認が必要である。土地所有証明書の申請手続きに先立ち，土地取得希望者はまず，その土地の村長に土地取得が可能かを尋ねる。村長によって土地取得が認められれば，希望者は村長とともにチーフ宮殿（*musumba*）を訪問してチーフに謁見し，貢ぎ物をし，土地取得の希望を申し出た。チーフによって土地取得が認められれば，チーフのサインが記されたレターをもって県庁に出向いて手続きをとり，そののち土地省で土地所有証明書の手続きをとった。外国企業による大規模な土地取得の案件の場合，チーフの承認を得たのちに村長に承認を求めることもある。また，申請者によっては，村長の承認を得ず，チーフの承認だけを得る場合もあり，地域の住民や村長の知らないところで土地所有証明書が交付され，土地が囲い込まれることもあった。

　後者の土地割当書は，チーフLが自らの裁量で発行する証書である。土地取得希望者は村長のところへいき，村長の承認を得たのちに，チーフに土地割当書の取得を申請する。土地割当書は土地所有証明書とちがって，土地権利を売買することは許されず，権利者の死亡をもって，血縁者のみに相続することが可能である。土地の売買が認められていないものの，土地割当書

はL領内の慣習地における土地所有権を保証していると考えられている。この土地割当書の取得は，県庁や土地省での手続きを必要としないため，簡便に取得することが可能であり，都市居住者が慣習地の土地所有権を取得するのに用いている。土地法にはチーフによる土地権利の付与に関する明確な条文はないが，土地所有証明書の交付に対するチーフの強い権限が定められたことから，チーフL領では独自の土地割当書が発行され続けている。

土地割当書の申請手続きには，申請書（application form）と土地利用計画書（action plan），村委員会（village committee）の同意書が必要である。申請書には所定用紙がある訳ではなく，ノートの切れ端などに土地取得を希望する旨をベンバ語で記入する。土地利用計画書には取得する土地をどのように利用するのか，栽培する作物，果樹の種類と本数，化学肥料の入手数，家屋の素材，飼育する家畜の種類と頭数などを書く。また，村委員会の同意書には，村長が申請者の土地取得に承諾したことを証明する署名が必要である。

チーフがK氏だった時期には，村長が土地取得希望者の土地取得を承認したのち，チーフがほぼ自動的に土地割当書を発行していた。土地取得希望者は上記3枚の書類と申請料金として19万クワチャ（約60ドル）をチーフに支払えば，ほぼ自動的に一律75ヘクタールの土地割当書を取得することができた。

土地委員会が当該地における人々の居住や土地利用を慎重に吟味し，周辺の住民に対してインタビューをすることになっており，建前上，19人のメンバーによる合議制で土地割当書の発行が審議され，チーフの権限は制限されることになっていた。しかし，実際には，土地割当書の発行に対してはチーフの意向が強く働き，チーフが1人で土地割当書にサインをし，申請者に発行した。チーフK氏の知り合いや友人を含む，都市の居住者がこぞってチーフに土地取得を申請し，土地割当書を取得した。町の近郊では，居住者と土地割当書の取得者とのあいだで土地をめぐる争議が多数，発生した。

2009年3月，K氏は突然，交通事故でこの世を去った。東部州で開催される祭事にチーフとして出席するために移動する途上で，交通事故に遭ったの

である。高速で走るトラックを追い越すため，K氏の乗った乗用車がセンターラインを越えて対向車線に出たところ，対向車のトレーラーと正面衝突するという痛ましい事故であった（Times of Zambia, 2009）。正統なチーフではないY氏とK氏は土地割当書の発行を通じてベンバランドの土地を外部者に分け与えたという生前の行いが一因となって，不慮の死を遂げたのではないかと，領内の住民から解釈されている（大山 2015b）。

　K氏の死去にともない，2010年，B氏は新しいチーフLに就任するための儀式をとりおこなった。B氏はワニ・クランに属する正統なチーフの血筋であったが，前任のY氏とK氏の不慮の死を案じていた。B氏はルサカの名門高校の英語教師であったが，2010年に定年退職を迎えたのち，パラマウント・チーフやシニア・チーフによってチーフLに招聘されたのである。その就任式はベンバの正統なやり方にのっとり，領内に住む多くの住民とほかのチーフたちも参列し，厳かに，そして盛大に開催された。

　参列するチーフや人々の祝辞を受け，新しくチーフLに就任したB氏は，領内の臣民の生活を守るために，外部者にはL領の土地を割り当てないと明言し，それを聞いた聴衆は喜び，歓迎の意を示した（大山 2015b）。

第4節　新しいチーフが進める土地行政の刷新

　B氏がチーフに就任したのち，2011年12月に土地権利の付与に関する権限と手続きの執行を土地委員会に集約することを決めた。土地委員会はチーフの権威に基づいて，領内の土地権利を付与することになった。チーフや土地委員会のメンバーは前チーフの妻に土地割当書の台帳を提供するよう依頼し続けたが，その妻は依頼に応えず，すべての情報を紛失したと答えた。

　前任のチーフから土地割当書の名義人の氏名や居住地，土地面積などの情報を引き継ぐことができず，土地委員会はチーフと相談したうえで，過去に発行された土地割当書はすべて無効とすることを決定した。チーフB氏は

今後，チーフの一存だけで土地割当書の発行ができないようにし，そして，チーフの死去に伴って，後継のチーフが就任しても，発行された土地割当書が有効であり続けるように希望した。また，土地委員会はチーフが管轄する組織であっても，独立して土地行政の業務を進めるよう土地委員会のメンバーには指示が出された。

　また，新しいチーフは土地委員会の人数構成と役割の変更に着手した。従来の土地委員会は土地割当書の申請を受け付けてから発行に至るまでの手続きだけでなく，離婚やけんか，土地問題の仲裁をはじめとする民事裁判も担当していたが，業務が多岐にわたるため，その両者を切り分けることになった。土地委員会は土地割当書の発行手続きのみを取り扱うこととし，民事裁判はベンバ語でンチェンジェ（nchenje）と呼ばれる裁判員10人に任せられることになった。かつての土地委員会は8人の委員と11人のアドバイザーの合計19人から構成されていたが，新しい土地委員会の定員は10人に減らされた。土地行政や民事裁判を広く扱っていたチロロの機能は縮小され，ベンバの伝統や文化，規範についてチーフに助言する長老2人が新しいチロロの役職につくことになった。かつてのチロロの幅広い機能は土地行政を進める土地委員会，民事裁判を行うンチェンジェ，そして伝統・文化の助言を行う新しいチロロに完全に分化された。

　2011年に実施された州の増設にともない，チーフL領は新設のムチンガ州に帰属することとなり，チーフB氏は州内のすべてのチーフとともに，2012年12月にサタ大統領と会談する機会をもった。この会談のなかで，大統領がザンビアの地域開発を進めるのはチーフの役割であることを強調したのをきっかけとし，チーフB氏は土地委員会の機能を強化し，領内に居住する人々の土地権利を強めることで，積極的に地域開発を進めようと考えた。

　2016年11月現在，土地委員会のメンバーは7人で，定数10人のうち3人が空席となっている。現在の委員長は40歳のP氏であり，2014年に委員長に就任している。P氏は委員会メンバー7人のなかで2番目に若いが，強烈な個性のもとで強いリーダーシップを発揮している。委員長によると，委員の

定数が満たされないのは，やるべき業務と勤務日が多く，職務上，責任が重いにもかかわらず，給与や報酬がないのが原因だと話す。

また，K氏の治世に，土地委員会の前任者が相次いで亡くなっており，その原因としてベンバランドの土地を外部者に分け与えた報いだと考える人も多い。現在でも，領内の土地割当にまつわる仕事にはつきたくないという人が多いのも事実である。新しいメンバーの加入については土地委員会の現有メンバーが人選し，チーフに上申することで承認されるというが，メンバーにふさわしい人物で，土地行政の業務を意欲的にしようとする人物がみあたらないのが現状である。

土地委員会のメンバーは，農繁期である雨季（11〜3月）には土地行政に関する仕事をしないが，乾季のあいだは週に4日のペースで勤務し，月・火・土曜日には村々を歩き，土地割当書の申請者に対してインタビューを実施し，土地境界線を確定する作業に従事する。領内には118カ村があり，広大な土地に村が散在しているため，移動にはチーフが購入したマウンテン・バイクを使用しているが，遠隔地の場合には，メンバーが帰宅するのが日没後になるという。ときに1週間や10日ほどをかけて，泊まりがけで遠隔地の業務に従事することもある。木曜日には，メンバーはチーフ宮殿の敷地内にある事務所で申請書や土地利用計画書の審査，土地割当書の作成などの室内業務にあたっている。

2016年11月現在，80人以上の申請者が境界線の確定と土地割当書の発行を待っており，勤務日以外にも，申請者からの催促や要望，苦情が日常的に多く寄せられ，気が休まらないことも多い。P氏は無報酬で土地委員会の業務を続けることは厳しいが，チーフに給与を要求することは畏れ多くてできないと話した。

土地割当書を取得する手続きは，前チーフのK氏がつくった取得手続きの流れを土台にしている。土地を取得しようとする希望者は，まず，その土地の村長に申し出る。該当する土地に誰も居住せず，耕作地がなければ，村長はふつうその申し出を受け入れる。その後，各村の村委員会（village committee）に土地取得の希望を出し，村委員会のメンバーとともに土地境界線をどこに設定するのかを検討し，境界線上の樹木を伐採する。

　土地取得希望者は土地委員会から申請書を購入する。Ｋ氏の治世とは異なり，所定の申請書が存在する。夫婦とその未婚の子どもを基本とする世帯を単位とし，１世帯が所有する土地は連続する１片で，１枚の土地割当書の発行に限られる。名義人はベンバに限らず，どの民族でもよく，男性であっても，女性でもかまわない。申請書の価格は，昔から領内に住む村人（*mukaya*, pl. *abakaya*）であれば10クワチャ（１ドル），Ｌ領の住民でなく，土地取得とともに来村する外部者（*mwenyi*, pl. *abenyi*）であれば50クワチャ（５ドル）である。委員長によると，首都ルサカ近郊のチョングウェ県の農村では，申請用紙の購入に350クワチャ（35ドル），申請手続きに500クワチャ（50ドル）が必要であり，それに比べると，チーフＬ領では申請手続きに必要な金額は安く抑えられているという。

　土地割当書を発行する土地の最大面積は50ヘクタールであり，目安として，ウシを所有していれば20ヘクタール以上の土地を割り当て，ウシを所有していなければ15〜20ヘクタールの割り当てを目安にしている。土地委員会による土地割当書の発行を記録した基本台帳には，2016年11月現在で，206人の土地割当書の取得者がいる。その取得者のうち，151人（73％）が男性，55人（27％）が女性である。名義人の氏名や性別のほか，居住する村の名前や土地の割当面積，境界線を確定させた年月日が記されている。

　土地台帳における名義人の名前から，明らかにベンバの名前でない者は30人（14.6％）であった。土地委員会が領内で土地割当書を発行する際に，申請者の民族がベンバであるかどうかは考慮に入れることはないと明言する。ザンビアでは「One Nation, One People」（ひとつの国家，ひとつの国民）をスローガンとしており，土地委員会による土地割当書の発行では民族によって差をつけないと強調される。

　土地面積の測定については，土地委員会のメンバーは50メートルメジャーで測定してつくった長さ50メートルの麻ひもを使っている。彼らが測定する

表2-1 チーフL領における土地割当書の登録面積ごとの名義人の人数分布

登録面積	名義人の数	（％）
0ha 以上20ha 未満	37	18.0
20ha 以上50ha 未満	109	52.9
50ha 以上100ha 未満	35	17.0
100ha 以上	24	11.7
未記載	1	0.4
合　計	206	100

（出所）　筆者作成。
（注）　土地委員会の基本台帳（2016年11月時点）による。

土地面積の値はけっして正確とはいえないが，ここでは土地委員会が実際に記録した値として分析を試みたい（表2-1）。土地割当書の面積で最も多いのは20～50ヘクタールの範囲であり，109人（52.9％）であった。委員長の説明では，1人に割り当てる土地面積の上限は50ヘクタールに定めているというが，実際には50ヘクタール以上の名義人が59人（28.7％）もおり，200ヘクタール以上の名義人が6人（2.9％）もいる。委員長によると，境界線を確定する際に申請者から強い抗議があり，これまでの利用や居住に関する既得権を強硬に主張されたため，所有面積を減らすことができなかったと説明する。

　土地委員会は領内の土地についてチーフ名で土地割当書を発行しているが，土地省による土地所有証明書の新規交付はいっさい認めないことを決めている。これには，領内において2種類の土地権利証書が混在することによって土地権利が混乱することを避けるねらいがある。

　前述のように，土地取得希望者が土地割当書を申請するために土地委員会に提出するのは，申請書と土地利用計画書，村委員会の同意書の3種類の書類である。提出書類の受付けは毎週木曜日であり，このときに申請者に対してインタビューを実施する。このインタビューについても申請者は土地委員会に料金を支払う必要がある。この料金は，村人であれば10クワチャ（1ドル），外部者であれば50クワチャ（5ドル）である。

インタビューの内容はおもに10項目あり，土地委員会のメンバーは申請者に対して次の順に質問をする。①取得しようとする土地をどのように利用するのか，②その土地に居住する予定があるのか，③チテメネ開墾や木炭づくりの予定があるのか，④植樹をする予定があるのか，⑤家畜飼育の予定があるのか，⑥車道の建設予定があるのか，⑦呪い（witchcraft）などを受けて移住する場合に，申請者はどのように土地を処分するのか，⑧名義人の死亡によって土地をどのように処分するのかという質問のほか，次の事項に対する同意の可否を問うている。⑨申請者に子どもや親族がいない場合，チーフに対して土地を返却することに同意できるか，⑩低湿地（ダンボ）の土地を私有化しないことに同意できるのか，⑪土地割当書への対価として毎年，トウモロコシ50キログラム入り１袋を土地委員会に納入することに同意できるか。⑫村やコミュニティの仕事に参加するか。⑬取得した土地でイモムシを採取したいという申し出があった場合，どう対応するか。⑭３年後に，提出した計画書どおりに土地を開発できないとき，土地の返却に応じることに同意するか。

これらの質問に対して，委員長のＰ氏は模範的な回答を示しながら，次のように解説した。①の質問に対し，申請者は提出した土地利用計画書に沿って説明し，居住する家の材質，作物の種類と畑の面積，施肥する化学肥料の量，飼育する家畜の種類と頭数などを答えることになる。②については不在地主を認めていないので，すべての申請者は取得する土地の内部，あるいは近隣の村に居住すると答えてもらう。③のチテメネや木炭づくりは禁止しているので，どちらかをすると答えた段階で，土地割当書の発行を認めないことにしている。これらは気候変動の原因となっており，現在，ザンビア各地の降雨不順を引き起こしているので，許すことはできない。ただし，トウモロコシ畑を開墾するためにチテメネを開墾するのであれば，それは可能である。

④について，マンゴーやバナナ，グアバといった果樹のほか，用材となるマツやユーカリなどの植樹を奨励している。⑤の家畜についてはウシやヤギ，

ブタ，ニワトリなどを飼育することが望ましい。⑥の車道をつくることも義務づけているので，土地取得者にはかならず土地にアクセスする車道を建設してもらう。⑦の質問で，その土地から移住する場合には，子どもや親族に対する土地割当書の譲渡は認められているが，土地を売却することは認めていない。ただし，家屋を売却することは可能である。⑧土地割当書の名義人が死亡した場合，土地割当書の権利を妻や子どもに譲渡することは可能である。⑨の質問については，譲渡すべき子どもや親族がいない場合，その土地をチーフに返却してもらうことを確認している。

⑩の低湿地は，生活に必要な水に誰もがアクセスできるよう，住民の共有財であるため，低湿地の私有化は認めていない。⑪のトウモロコシの納入は，1年でも納入を怠ると，土地割当書の権利を没収することになっているので，土地割当書の取得にあたり誓約をとるために質問している。⑫道路の普請や水場の整備など，コミュニティの仕事に参加することを条件としている。⑬イモムシはベンバの重要な副食材であると同時に貴重な現金収入源である。樹木につくイモムシを採取したいという人には，気前よく許可し，周囲の人々に資することが重要であるが，イモムシを採取するために樹木を伐採することを認めてはいけない。⑭土地割当書を取得して3年後に，土地委員会が取得者の土地利用実態を確認し，土地利用計画書に従っていない場合には，土地のすべて，あるいはその一部をチーフに返納する義務があることを審査時点で確認する。

インタビュー審査を通過し，申請書類が受け付けられると，後日，土地委員会のメンバーは申請者と日時を打合せたうえで当該地に出向き，申請者と村長または村委員会メンバーの立ち会いのもとで境界線上の樹木を斧で伐採しながら土地の境界線を確定する（写真2-2）。そして，50メートルの長さに切った麻ロープで土地の二辺の長さを計測し，長方形とみたてて土地面積を算出している。

境界線の確定どきに，周辺住民が土地委員会に対して境界線について苦情を言ってきて，混乱することもあれば，算出した面積が50ヘクタール以上で

写真2-2　土地境界線の画定

土地委員会メンバーの立ち会いのもとで，申請者が斧で樹木を伐採し，土地境界線を画定させる。

あっても申請者が土地を減らすことに応じないといったトラブルが発生することもある。申請者がすでに居住し，畑として利用している場合，土地委員会が所有面積を強制的に減らすのは難しく，現状を追認することが多い。土地面積の計測には多大な時間と労力がかかり，1日に2件か，3件分かが終わればよい方であるという。1件につきニワトリ1羽を報酬として申請者から受けとる決まりになっているが，申請者の好意に任せられており，ニワトリを渡さない申請者もいるという。

　土地の境界線が確定し，面積を計算すると，後日，土地割当書が申請者に対して発行され，手続きが完了する。土地割当書にはチーフのサイン，土地委員会の委員長および書記，そして管財人（trustee）として，もう1人の土地委員会メンバーの署名がなされる。土地割当書の発行は毎週木曜日に行われている。土地割当書の発行料金は，20ヘクタールまでの土地であれば150クワチャ（15ドル）で，それを上回ると1ヘクタールにつき7.5クワチャ（0.75

ドル）が上乗せされる仕組みとなっており，申請者は土地割当書との引き替えで発行料金を支払う。

　チーフB氏は，土地委員会の委員長P氏に全幅の信頼を寄せており，チーフが首都ルサカに滞在するあいだ，P氏は土地委員会の委員長だけでなく，チーフ代理（Acting Chief）も務めている。土地割当書の一連の手続きの進捗状況について，P氏は逐次チーフに報告しているが，その手続きの詳細については委員長に任されている。

　土地委員会の決定によって，土地割当書の取得者は2015年から毎年，50キログラムのトウモロコシ1袋を土地委員会に納付する義務がある。2016年11月時点の土地取得者は206人である（表2-1）ことから，50キログラムのトウモロコシ袋206袋が土地委員会に納付されることになる。政府機関である食料備蓄庁（Food Reserve Agency）への販売金額（1袋当たり85クワチャ）で計算すると，このトウモロコシは1万7510クワチャ（1751ドル）に相当する。

　委員長のP氏によると，貧しい小農（*mupina*, pl. *abapina*）から多額の現金や大量のトウモロコシを徴収するのは難しく，まずは名義人1人当たり一律50キログラムのトウモロコシを徴集し，将来的には，できれば2018年頃に，所有する土地面積ごとに累進的にトウモロコシの納付を増やす予定にしている。この規則をつくることによって，不在地主や，未利用地のまま放置する土地所有者の存在を未然に防ぐことができるという。

　集められたトウモロコシのうち，30％はチーフに献上されたのち，残りの70％については食料備蓄庁に販売されるほか，委員長が自ら経営する雑貨店でトウモロコシを販売し，現金化している。現金のうち30％は委員会の業務に必要な経費として，文具やユニフォーム，靴などが買いそろえられるのに使われる。また，残りの70％は，橋の建設や道路の修繕など，領内のコミュニティ開発のために使用される予定だというが，実際にこの資金がどのように使われるのかは現時点で不明である。

第5節　土地割当書の取得に対する村人の新たな動き

　ムピカ県の県庁所在地であるムピカの西方に，チーフL領が広がっている。ムピカの町から西27キロメートルの距離に位置するMK村では，1990年代後半以降，周辺の土地における政府の再入植計画地や私有地の設置により，土地不足が深刻である（図2-2の(1)）。村の北側には，1990年頃より再入植計画を柱とするタンザン鉄道沿線開発計画が進められ，1996年より退職軍人，タンザン鉄道や銅鉱山の退職者，都市の居住者，タンザニア国境付近の人口稠密地域から農家が再入植計画地の区画を購入し，入植を開始し，大規模農場の経営がみられる（大山 1998; 2009）。

　2000年代以降，MK村の周辺では土地不足が深刻になり，チテメネを開墾する世帯の数は減少し続けている。森林が不足するなかでチテメネを開墾しても，畑が縮小し，その農産物だけで自給するのは困難である。2003年には土地不足によるチテメネ面積の減少により自給用の食料が不足し，食生活が悪化したという声も聞かれた（大山 2011）。2007年には，30代から40代の男性が土地割当書を取得することによって自分の土地を確保したいという希望をもっていたものの，その当時，土地割当書の取得者はいなかった。

　しかし，この村では土地不足が深刻になるにつれ，2009年以降，土地割当書を取得しようとする村人の動きが加速した。その契機となったのは，ムピカの町に居住するM氏が4年後の定年退職を見越して，MK村への移住を希望したことにある。M氏はMK村の中心メンバーと直接の血縁関係で結ばれてはいなかったが，長年にわたり村に居住する村人と親族関係にあったことから，村長によって村への移住が認められた。この男性はザンビア電力会社（Zambia Electricity Supply Corporation: ZESCO）に37年間にわたってドライバーとして勤務し，2013年に55歳で定年退職を迎えた。現在も，ムピカの町にある電力会社の職員宿舎に住んでいるが，MK村において住み込みの農業労働者を雇い，トウモロコシ畑の経営やウシの飼育を展開している。M

第2章 ザンビアの土地政策と慣習地におけるチーフの土地行政　93

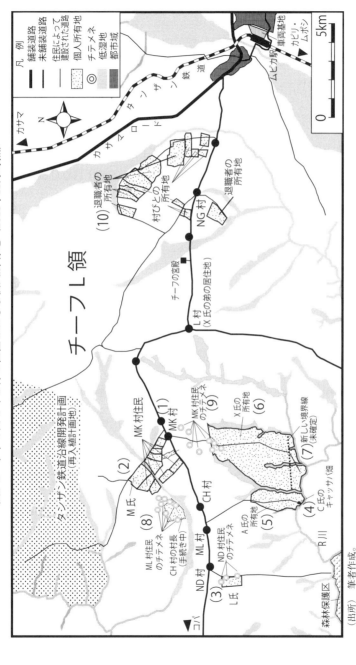

図2-2　本章で出てくる村の位置とおもな個人所有地（2016年11月時点）

（出所）筆者作成。
（注）土地境界やチテメネの開墾地はGPS（Garmin eTrex 20）で実測したが，チテメネを図示している範囲内のすべての個人所有地，チテメネを図示しているわけではない。

氏は 2 台の乗用車と 1 台の中型トラックを所有する。

M 氏は2009年に MK 村の村委員会の承諾を受けたのち，土地委員会に土地取得を申請し，2011年 3 月に土地割当書を入手している（図2-2の(2)）。土地委員会が管理する土地台帳によると，M 氏が取得した土地の面積は50ヘクタールであった。M 氏の土地割当書の申請を知って，村人たちは自分たちの土地を確保する必要があることを痛感した。2009年に 6 人の村人が自分のトウモロコシ畑を囲むように境界線を策定し，境界線上の樹木を伐採した。彼ら自身が中心メンバーである村委員会は，6 人の土地取得の希望を認めた。

村委員会により認められた 6 人の所有地は8.9ヘクタールから39.8ヘクタールの広さであり，その平均値は24.7ヘクタールであった（図2-2の(2)）。最小面積である8.9ヘクタールの土地取得を認められた男性は土地を囲い込んだものの，土地割当書の申請手続きに必要な資金が不足し，実際には申請しなかったが，残り 5 人については2010年10月に土地委員会による境界線の確定作業があり，2010年11月に土地割当書を受けている。この動きをみて，さらに土地割当書の取得手続きを開始する 4 人の村人が現れ，12.0ヘクタールから23.3ヘクタールの土地を申請し，土地委員会より土地割当書を取得している。

その後，M 氏はザンビア電力会社を退職し，2015年 7 月，隣接する土地でトウモロコシを栽培する村人から，約20ヘクタールの土地を300クワチャ（30ドル）で購入している。土地の売買は土地委員会によって禁じられているが，住民のあいだで秘密裏に土地が売買されている。

この20ヘクタールほどの土地について土地割当書は取得されていないが，M 氏は2015年 8 月に土地割当書を所有する土地と新たに購入した土地とをあわせて，その周囲に木の杭を立て，フェンスを張りめぐらせた。その面積を実測したところ，72.4ヘクタールであった。M 氏はこの土地に実際には居住せず，農業労働者の一家を住まわせることで，2 ヘクタールほどのトウモロコシ畑の耕作とウシ14頭を飼育している。そのほか，M 氏はトウモロコ

シの脱粒機や製粉機を所有するほか，パパイヤやバナナ，ユーカリ，マツなどが敷地内に植樹されている。

2016年11月の時点でMK村では29世帯のうち，9世帯（31.0%）が土地割当書を取得している。この9世帯の名義人のうち7人が男性で，2人が女性であった。2人の女性のうち，1人は男性世帯の女性，もう1人は女性世帯の世帯主であった。前者の女性はMK村で生まれ育ち，他村出身の夫に代わり，自らが名義人となっている。

また，後者の女性は子どもたちのために土地を取得したのだと話した。この女性は「わたしが生きているあいだは，わたしと強い親族関係にある，村の中核を担う村人（*mukaya*, pl. *abakaya*）との関係で安心して畑を耕すことができる。しかし，村には親族だけでなく，外来者（*mwenyi*, pl. *abenyi*）が近年，入ってきて住んでいるし，わたしが死んでしまうと，子どもたちは耕作する土地に困ることになるだろうから，必要な生活基盤（*umufula*）を残すためにも，財産（*icisuma*）として土地権利を取得した」と語った。そのほか，女性が名義人となって，土地割当書を取得するときには，夫婦関係がうまくいっておらず，女性が夫との離婚後の生活に備えている場合もあるという。

2016年にはMK村に居住する29世帯のうち，チテメネを開墾していたのは15世帯（51.7%）であり，チテメネを開墾しない世帯は以前と比べると増加した。人々はチテメネで生計を立てることは難しくなったと語り，政府が支給する化学肥料と改良種子によってトウモロコシを生産することで，自給食料を得つつ，余剰分を食料備蓄庁に販売して現金収入を得ている。焼きレンガにトタン屋根の家屋は15世帯，携帯電話を所有するのは16世帯，ソーラーパネルについては8世帯が所有するようになった。2007年には，これらを所有する世帯は皆無だったことから，ここ10年ほどのあいだで家財道具や資本の蓄積が急速に進むとともに，自らが利用する土地の所有権を確立するために土地割当書を取得しようとする動きが農村内で強まっているといえる。

第 6 節　土地割当書の取得者と周辺住民との軋轢

1．周辺住民との軋轢

　L 氏は 2017 年現在，71 歳の男性で，1998 年にムピカの町から ND 村へ移住してきた（図2-2の(3)）。それまで，20 年にわたってタンザニアとザンビアを結ぶ石油パイプラインの管理会社に勤務していた。L 氏は西部州出身で，民族はロジであったが，妻はベンバで ND 村の出身であることから，その親族を頼って ND 村へ移住したのである。

　2010 年に B 氏が新しいチーフに着任したのを機に，L 氏は ND 村の村長に承諾を得たうえで，土地委員会に土地割当書の取得を申請した。手続きには時間がかかり，2014 年に申請書類が受け付けられ，2015 年 6 月に土地委員会による境界線の確定作業が行われたのち，土地割当書を受けとった。書面に記載された面積は 50.0 ヘクタールであった。登録した土地のなかで，毎年，L 氏はチテメネを開墾し，2014 年には 4.9 アール，2015 年には 5.4 アールの小さなチテメネのほか，61.9 アールのトウモロコシ畑を耕作している。

　L 氏の土地では，2016 年 11 月の時点で，ND 村の住民 3 人がチテメネを開墾したり，トウモロコシ畑を耕作したりしていた。チテメネの面積は 11.1 アールと 8.4 アール，トウモロコシ畑は 57.8 アールであった。L 氏は土地を線引きし，土地委員会より土地割当書を取得してからも，周囲の住民たちがチテメネの伐採やトウモロコシ畑の耕作，木炭焼きをやめず，困っていると話した。

　村人たちが L 氏の土地から立ち退かない理由として，L 氏がベンバではなく，他民族であることを挙げる人もいる。L 氏の民族はロジであり，ベンバ社会ではロジを敵対的にとらえる人も少なくない。土地不足が顕在化する ND 村の周辺で，その L 氏が土地割当書を取得したことを好まず，その土地の内部でチテメネ開墾が続けられているのだと解釈する ND 村の住民もいる。

2．名義人の変更に伴う借地権の変更

　ML村の創設者であるT氏は1936年生まれで，初代チーフLであったCS氏の孫（娘の息子）にあたる。ザンビアが独立した1964年より，ザンビア国営バス公社（United Bus Company of Zambia: UBZ）でバスの乗車券を販売する業務に従事し，1988年に定年退職後，ML村へ戻った。T氏は集落のある道路沿いには居住せず，R川沿いに家屋を建設した。都市での蓄財でウシを購入し，その飼育とチテメネの開墾，そしてトウモロコシ栽培に従事し，1990年に土地省から土地所有証明書を取得している。T氏は2004年に亡くなり，その後は息子であるA氏が土地所有証明書を所有していたが，資金不足もあって，所有地の十分な利用および管理はできていなかった。

　ML村に居住するC氏夫婦はA氏から許可を得て，その所有地の南側を流れる川沿いでキャッサバを栽培していた（図2-2の(4)）。キャッサバ畑の面積は41アールとさほど大きくはなかったが，この土地は肥沃で，キャッサバのイモは大きく生長し，2014年雨季の貴重な食料となるはずだった。

　A氏は町へ移住するための資金を必要としており，隣接するMK村を訪問し，帰郷中のO氏夫婦に土地の購入をもちかけた。O氏は現在，北部州の州都カサマにある大学の講師である。彼は北西部州の出身で，民族はカオンデであるが，妻は隣村MK村の出身であった。O氏の妻は首都の国立大学を卒業したあと，カサマ県の小学校教師として勤務している。夫婦は資産として土地の購入を検討し，2012年に1000万クワチャ（約1985ドル）をA氏に支払い，A氏とのあいだで183.1ヘクタールの土地権利を受けとる約束をとり付けた（図2-2の(5)）。1ヘクタール当たりの土地価格は10.8ドルほどであり，O氏の妻はL領の土地価格は安く，将来の地価高騰を見込んでいると筆者に話した。

　O氏の妻の父であるD氏は，娘夫婦にかわって，購入した土地の境界線を確定するため，境界線上の樹木を伐採した。その作業中，D氏は河川沿い

の畑にキャッサバが栽培されていることを知り，誰の断りもなしに，すべてのキャッサバを引き抜いた。D氏は，そのキャッサバの栽培者がC氏夫婦であることを知っていて，意図的にキャッサバを抜いたのではないかという話もある。D氏とC氏の妻の母は，同じMK村に居住しており，両者は親族関係（母親どうしが姉妹，つまり両者はイトコ）にあたるが，2人の仲は険悪であった。D氏によって突然，キャッサバが引き抜かれ，C氏夫婦は2014年の雨季，いっさいキャッサバを収穫することができず，妻の母親から支援を受けて，かろうじて食いつなぐことができたのだという。

チーフL領では土地所有証明書の新規交付が許されていないことから，O氏夫婦はその後，土地委員会に土地割当書の取得を申請し，正式な手続きののち，2015年11月にO氏の妻の名義で土地割当書を取得している。名義人を妻としたのは，妻がこの地域の出身であり，周囲に親族が多く住むからであった。夫婦は村人を雇い，R川沿いにトタン屋根の家屋を建て，周囲の森林を開墾したが，2016年11月現在，家にはドアはなく，開墾した土地には作物が栽培されておらず，管理が十分とはいえない状態が続いている。

第7節　チーフによる土地所有証明書の剥奪と慣習地への切り替え

MK村の南側の土地では，1988年に退役軍人のX氏がチーフや近隣の村長を介することなく，土地省から直接，土地所有証明書を取得していた。この私有地の面積は約1250ヘクタールと広大であった（図2-2の(6)）。1995年の土地法が施行する以前には，現地のチーフや村長，住民の知らないところで，土地省が土地所有証明書の申請を受け付け，申請者に土地所有証明書を交付することがあった。

土地所有証明書の名義人であるX氏はその後も，ルサカに居住し続け，実際にはX氏の弟が広大な私有地を管理していた。X氏の弟は陸軍を退役

したのち，この土地の内部に居住せず，近くのL村に居をかまえ，妻子とともに暮らしていた。彼はライフル所持の免許を保持しており，兄の所有する森林のなかへ入るときには，いつもライフルを携帯していた。私有地の内部で，チテメネ伐採のほか，イモムシやキノコ，蜂蜜を採取しようとする村人をみかけると，実弾を発射し，威嚇していた。

X氏の弟の強硬な振る舞いもあって，MK村を含む周辺村の住民はX氏の土地に入ることができない状態が続いていた。この状況は，歴代チーフの治世[4]，そして現在のB氏がチーフLである時期（2010年～）を通じて変わることはなかった。MK村の村人が生計をチテメネに頼ることができなかったのは，北側には政府の再入植計画地，そして，このX氏の広大な私有地が村の南側に存在していたためである（図2-2の(1)）。

2016年4月，チーフB氏がMK村と周辺村の住民を集めて，会合をもった。チーフは会合の冒頭で住民に向かって，日ごろの生活に関する問題を聞きに来たので，この会合で話して欲しいと聴衆に語りかけた。その後，チーフから伝達事項があり，そのなかに住民間の土地争議については宮殿に報告すること，土地割当書を取得したければ宮殿に来るよう通達された。

村人たちはチーフの日ごろの温情に感謝の意を示し，チーフと村人との話合い（*kulanshana*）がもたれた。MK村の住民はチテメネを開墾する土地が不足し，住民が食料不足や貧困に苦しむ窮状をチーフに報告したうえで，村の南側にX氏の私有地が広がっているものの，まったく利用されていないこと，その私有地を村の土地に戻して欲しいと懇願した。

チーフB氏はこの問題の所在を確かめたうえで，臨席していた土地委員会の委員長P氏に対して，その場で問題の究明と解決を命じた。後日，P氏と土地委員会のメンバーは土地所有者X氏の弟をチーフ宮殿に呼び，どうして私有地を利用しないのかと尋ねた。1988年に提出された土地利用計画書によると，X氏はトラクター2台を所有し，トウモロコシ畑の耕作面積は30ヘクタール，ウシは45頭，ヤギは60頭が飼育され，マンゴーが200本，グアバの木が150本，マツも多く植林されることになっていた。

しかし，実際にはトラクターを所有せず，所有地の内部に家を建設せず，家の近くに耕作されたトウモロコシ畑は0.5ヘクタールほどにすぎず，植え付けられたマンゴーの木は家のまわりに２，３本のみで，ヤギは20頭のみであった。私有地はいっさい利用されていなかった。X氏の弟は，この30年ほどのあいだ，親族が開発資金をもち去ってしまったため，十分な農場経営をできなかったのだという苦しい弁明に終止した。

X氏は政府に支払うべき固定資産税，年額１万5000クワチャ（1500ドル）を長年にわたり支払ってこなかったこと，土地所有証明書を取得して14年後に更新するという義務を果たしていなかったことから，土地委員会は討議のすえ，X氏が30日以内に土地省で土地所有証明書を更新しなければ，チーフに土地を返却させることを決定し，X氏の弟に通達した。

その通達の30日後に，X氏が新しい土地所有証明書をチーフ宮殿に持参することがなかったため，X氏の所有する土地はR川沿いの100ヘクタールに限定し，そのほか1000ヘクタール以上の広大な土地はチーフの慣習地に戻されることになった（図2-2の(7)）。チーフは周囲の村々の位置関係を検討したうえで，その土地をMK村の土地とすることを決めた。チーフはMK村の村長に対して土地の使用については村長が責任をもつことを確認し，MK村の住民に土地使用権を認めた。

その決定について，異議を唱えた人物がいた。MK村と隣接するCH村の村長であった。村長は，CH村の北側にも政府の再入植計画地が広がっており，土地不足の問題が深刻であること，X氏の所有する土地を利用する権利は自分たちにもあることを訴えたが，CH村には土地が豊富にあることから，その訴えは却下された。CH村の村長はチーフに対してそれ以上，不服を申し立てることはしなかったが，自らの土地を確保するために境界線を引き，土地割当書の申請手続きを開始し，隣村の住民と激しい争議になっている（図2-2の(8)）。

X氏の私有地がMK村の住民に開放されると，村人たちはさっそくその土地に入り，チテメネを開墾し始めた（図2-2の(9)）。2016年11月には，２

写真2-3　チテメネの開墾

X氏の私有地がMK村の住民に開放されると，村人たちがさっそくチテメネを開墾した。

世帯がすでにチテメネを開墾し，火入れを終えていた。男性たちは立派な森林でチテメネを開墾するのは久しぶりだと喜び，出作り小屋を設営し，チテメネ開墾に従事した（写真2-3）。そのような先鋒をいく人はベンバ語でバレヤ・インタンシ（baleya intanshi）と呼ばれる。よい土地をチテメネで囲い込み，自分の土地にしようとする意図があるのだろうと周囲の村人は話し，自分たちも来年には大きなチテメネを開墾する予定だと意欲を語った。

　人々は，昔のように「食べるだけの時代」（inshita yakurya fye）は終わり，これからは「先を考えていく時代」（inshita yakutontonkanya ifyakuntanshi）になったと強調する。土地割当書をもっていなくても，毎年，チテメネを開墾することで自分の土地を囲い込み，その後，土地割当書を取得することによって自分の土地を所有することが重視される。その意図をもたず，将来の見通しをもたない人はバリシャリア（balishalila）として低く評価される。バリシャリアはチテメネによって自分たちが消費するのに必要なかりそめの食

料を生産することしか考えない人を指し，土地の私有化が進み，土地不足が深刻となっていく時代の流れを理解しない人だと揶揄されている。

おわりに

　チーフのもつ慣習地の土地配分や土地権利の付与といった権限は1995年の土地法の条文には明確に認められていないが，土地省から慣習地の土地所有証明書を取得するにはチーフの承認を得ることが不可欠だと規定されている。チーフが土地所有証明書の交付に強い権限をもち，チーフを地域開発の中核に据えるというザンビア政府の政策方針が，チーフのもつ土地に対する権限を強化しているといえる。土地に対するチーフの強い権限により，歴代のチーフによって発行された土地割当書が無効にされ，土地割当書が刷新されている。古い書式の土地割当書を所有する土地所有者たちはふたたび手続きをとり，新しい土地割当書を取得しなければならなかった。

　また，土地省によって交付された土地所有証明書をチーフが無効とする裁定を下し，領内において土地所有証明書を新規に交付しないという決定も下されている。チーフは土地割当書の取得者に対してトウモロコシの納付を義務づけ，土地取得者がその義務を守らなかったり，土地利用計画書どおりに土地の利用・開発をしなかったりした場合，チーフが土地割当書の土地権利を剥奪することも十分にあり得る。農村社会において，土地と住民に対するチーフの権限は非常に強く，その土地行政は周囲のチーフや国・県からの関与を許さない強い自律性と，土地取得者に対する義務の遂行や土地権利の剥奪という強い強制力を伴っている。

　慣習地の土地を購入する都市エリートというのは，現役の役人や政治家，商人，給与所得者よりも，長年にわたり都市で働いた経験をもつ定年退職者が多かった。定年退職者は生活費のかさむ都市での生活に見切りをつけ，第2の人生を農村で暮らそうとする。慣習地の土地価格は1ヘクタール当たり

0.75〜1.5ドルほどで，土地所有証明書によって所有権が認められている土地取引価格は1ヘクタール当たり10ドルほどであった。農村に居住する村人にとってこの金額は高価であっても，土地を取得しようとする都市居住者や定年退職者にとって経済的負担は小さいといえる。

　定年退職者が土地を取得する近年の動向は，調査地のムピカ県にタンザン鉄道の車両基地が存在し，1970年代以降に20歳前後に勤務し始めた鉄道技術者たちが55歳となり，定年退職を迎えていることと関係している。このような定年退職者は村の中心部に居住しようとせず，土地問題や妬み・呪いを避けるため，村はずれの低湿地沿いに居住地をつくり（図2-2の(10)），広大な土地を囲い込み，土地割当書を取得している。

　土地割当書を取得するのは，外来者だけでなく，旧来から住み続ける村人のなかにも多くいる。外来者による土地取得に危機感をもち，村人がみずからの土地を確保しようとしている。名義人には男性が多いが，女性も少なくない。夫婦のどちらを名義人にするのかは，居住している村が，夫婦どちらの出身村なのかで決められることが多い。また，夫婦関係に悩む女性が土地割当書を取得したり，あるいは，女性世帯の世帯主が子どものために土地割当書を取得したりすることもある。

　慣習地における土地所有権の確立は土地の囲い込みを引き起こしている。資本をもつ富裕層や定年退職者，先見性をもつ村人らが率先して土地所有権を取得するという状況をつくり出す一方で，自らの生活基盤が失われることのないように村人が土地所有権を取得し，自らの土地を防衛しようとする動きもみられる。農村社会における土地所有権は土地法やチーフの権威に裏づけられるだけではなく，周囲の住民からその土地所有権が認められることが重要である。そして土地争議が発生した場合には，実際に土地を耕作し，家畜を飼い，果樹を育て，その土地で生きているという土地所有権の正当性を周囲の人々に訴求し，その主張が社会的文脈のなかで受容される必要がある。土地が稀少化し，資産価値をもちはじめた農村社会のなかで，人々が土地所有権を取得しようとする動きは今後，ますます加速していくだろうと予想さ

れるが，ザンビアの農村における土地所有権は土地法や政府の経済政策，チーフの意向，そして村長や周辺住民の意向という複雑な政治力学のなかで規定されていくであろう。

〔注〕————————————————

⑴　チーフＬはベンバ王国のローカル・チーフであり，実名を隠すためにＬはイニシャルを用いている。また，文中の人名や村名，川の名称についてもイニシャルを用いている。

⑵　Ｙ氏とＫ氏がチーフＬだったときの土地割当書の付与と，それに伴う住民間の土地争議と社会混乱は，大山（2015b）とOyama（2016）に詳しい。

⑶　CS土地開発信託のCSとは1914年に初代のチーフＬに就任した人物の名前であるが，本章では実名を隠すためイニシャルとしている。

⑷　歴代のチーフとその在位は，KP氏が1984～1998年，MM氏が1998～2003年，Ｙ氏が2003～2007年，Ｋ氏が2008～2009年である。

〔参考文献〕

＜日本語文献＞

大山修一　1998.「ザンビア北部・ミオンボ林帯におけるベンバの環境利用とその変容——リモートセンシングを用いた焼畑農耕地域の環境モニタリング——」『熱帯生態学会誌』7（3/4）4月　287-303.

———　2009.「ザンビアの農村における土地の共同保有にみる公共圏と土地法の改正」児玉由佳編『現代アフリカ農村と公共圏』アジア経済研究所　147-183.

———　2011.「ザンビアにおける新土地法の制定とベンバ農村の困窮化」掛谷誠・伊谷樹一編『アフリカ地域研究と農村開発』京都大学学術出版会　246-280.

———　2015a.「ザンビアの領土形成と土地政策の変遷」武内進一編『アフリカ土地政策史』アジア経済研究所　63-88.

———　2015b.「慣習地の庇護者か，権力の濫用者か——ザンビア1995年土地法の土地配分におけるチーフの役割——」『アジア・アフリカ地域研究』14（2）3月　244-267.

児玉谷史朗　1999.「ザンビアの慣習法地域における土地制度と土地問題」池野旬編『アフリカ農村像の再検討』アジア経済研究所　117-170.

吉村友希・大山修一　2016.「平準化機構の功罪——ザンビア・ベンバ社会のピースワーク——」重田眞義・伊谷樹一編『争わないための生業実践——生態

資源と人びとの関わり――』京都大学学術出版会　215-241.

＜外国語文献＞

Ault, D. E. and G. L. Rutman. 1993. "Land Scarcity, Property Rights and Resource Allocation in Agriculture: Eastern and Southern Africa." *South African Journal of Economics* 61 (1) March: 20-28.

Brown, Taylor. 2005. "Contestation, Confusion and Corruption: Market-based Land Reform in Zambia." In *Competing Jurisdictions: Settling Land Claims in Africa*, edited by S. Evers, M. Spierenburg and H. Wels. Leiden: Brill Academic Publishers, 79-102.

Kajoba, Gear, M. 2004. "Land Reform and Related Issues in Zambia." In *Land Reform and Tenure in southern Africa: Current Practices, Alternatives and Prospects*, edited by M. Munyuki-Hungwe. Harare: Savle Press, 188-202.

Kakeya, Makoto and Yuko Sugiyama. 1985. "Citemene, Finger Millet and Bemba Culture: A Socio-Ecological Study of Slash-and-Burn Cultivation in Northern Zambia." *African Study Monographs* Supplementary Issue 4 March: 1-24.

Malambo, Augrey, H. 2013. "Land Administration in Zambia since 1991: History, Opportunities and Challenges." *Global Advanced Research Journal of History, Political Science and International Relations* 2 (4) December: 53-66.

Meebelo, Henry, S. 1971. *Reaction to Colonialism: A Prelude to the Politics of Independence in Northern Zambia 1893-1939*. Manchester: Manchester University Press.

Mvunga, Mphanza, P. 1980. *The Colonial Foundations of Zambia's Land Tenure System*. Lusaka: National Educational Company of Zambia Limited.

――― 1982. *Land law and policy in Zambia*. Gweru: Mambo Press.

Oyama, Shuichi. 2016. "Guardian or Misfeasor? Chief's roles in land administration under the new 1995 Land Act in Zambia." In *What Colonialism Ignored: 'African Potentials' for Resolving Conflicts in Southern Africa*, edited by S. Moyo and Y. Mine. Bamenda: LANGAA Publishers, 103-128.

Richards, A. I. 1939. *Land, Labour and Diet in Northern Rhodesia: An Economic Study of the Bemba Tribe*. London: Oxford University Press.

Roberts, Andrew. 1976. *A History of Zambia*. New York: Africana Publishing Company.

Times of Zambia. 2009. "Two Chiefs Injured in Road Accident." 4 March.

――― (Kaiko Namusa). 2012a. "Sata Assures Chief of Rural Uplift." 29 November.

――― (Chila Namakaiko). 2012b. "Sata Meets Muchinga Chiefs." 12 December.

Zambia Daily Mail (*Chomba Musika*). 2016. "Chitimukulu Offers 100 Hectares for Oil Refinery." 24 October.

第3章

農村部を領域化する国家

——エチオピア・アムハラ州農村社会の土地制度の事例——

児 玉 由 佳

はじめに

　本章の目的は，エチオピアの農村部において国家の権力を浸透させるために，政府がどのように土地制度を管理しているのかを検討することにある。エチオピア人民革命民主戦線（Ethiopian Peoples' Revolutionary Democratic Front: EPRDF）は，17年間続いた社会主義を標榜するデルグ政権[1]を武力で打倒し，1991年に政権を握った。EPRDF は単一政党ではなく連合政党であり，各州に EPRDF 傘下の党がある。ただし，全人口の6.1％を占めるにすぎない少数民族であるティグレによるティグライ人民解放戦線（Tigray People's Liberation Front: TPLF）が EPRDF 政権の中枢を担っている。EPRDF が政権を握ってからすでに四半世紀以上が経過し，その間何度かエチオピアは政治的な危機を経験してきた（Chinigò 2015; Vaughan 2011）。しかし，現在のところ野党は勢力を拡大できず，2015年の総選挙では EPRDF が全議席を獲得するなど，EPRDF による独占的な政治支配が続いている（児玉 2015a）。

　EPRDF 政権が比較的安定した政治支配を可能にしている要因として，抑圧的な政治姿勢を指摘する先行研究は多い（Bahru and Pausewang 2002; Gilkes 2015; Merera 2011）。しかし，政治的抑圧のみで長期政権を維持することは困難である。並行して，適切な経済政策や行政制度の整備などを行うことで

EPRDF の存在意義を示すことも，人々からの支持獲得のために必要である。

2000年代に入ってから，EPRDF は，土地法を制定し，農村部に新たな土地管理制度を導入した（Chinigò 2015; Vaughan 2011）。その結果，農民の土地保有権が明確になり，国家が土地管理を容易に行えるようになった。この土地管理制度は，村レベルの協議を重視しており，中央政府からのトップダウンによる運営ではない。しかし，その話し合いをとりまとめる要職者には EPRDF 党員が配置される仕組みになっており，政治権力構造から独立した制度ではない。この土地制度は，EPRDF 政権の権威の裏づけがあって機能している。このような状況は，政治地理学者である Sack（1986）のいう領域性の行使（territrialisation）に当てはまる（Chinigò 2015, 175）。Sack（1986）は，領域性を「空間を区切って領域を作り出すことによって，人間の行動や現象の発生を制御する個人や集団の戦略的試み」[2] と定義した。国家は，その領域に新たな原理を持ち込むことで，特定の社会関係を構築し，自らの権力を強化しようとするのである（山﨑 2016, 89-90）。

多民族国家であるエチオピアでは，歴史的に国家が人よりも土地を支配することで農村部の領域化をめざしてきた。19世紀後半に始まったとされる帝政期ではアムハラ民族が他民族を支配する過程で，土地制度が重要な役割を果たしていた。また，第 2 次世界大戦後には政権交代が二度起きているが，新たに政権を握った政治勢力は，武力によって政権についたために早急に支配を確立する必要があった。これらの政権はいずれも農村部では，土地制度の変革をとおした支配強化をめざしている。1974年に帝政を打倒したデルグ政権は，土地再分配によって帝政時代の権力者を排除し，1991年に政権を握った EPRDF も，後述のように新たな土地管理制度を構築することで農村部での支配の浸透を図っている（児玉 2015b）。

帝政以来の歴史的過程としての国家による領域化と，各政権が志向する領域化は，相互に関係しており切り離すことはできないが，分析の視点も異なり区別して論じる必要がある。本章では，現政権である EPRDF の土地政策に焦点をおき，土地政策における領域化のもつ意味を中心に論じることとし

たい。

　本章では，エチオピアの人口の26％を占め，オロモ（34％）に次ぐ第2の民族であるアムハラが多く居住するアムハラ州をとりあげる。現地調査をもとに，EPRDF 政権がどのように農村部における支配を土地制度導入とともに進めているのかを解明することが本章の目的である。本章は，4節で構成されている。第1節で EPRDF 政権による農業政策と土地政策の変容について考察し，第2節ではアムハラ州が抱える土地問題の現状を紹介する。第3節では，現在の土地制度の基本原則となっている連邦政府とアムハラ州が制定した土地法と規定を検討する。第4節で村落レベルでの土地管理の実態を現地調査の結果から解明する。調査は，2015年11〜12月，2016年7〜8月にアムハラ州を中心に行った。アムハラ州レベルの行政機関などから州全体の土地に関する情報を収集するとともに，郡の環境保全土地管理局や村落地区内にある土地管理委員会のメンバーや現地住民などから実際の土地管理や紛争の解決方法について聞きとりを行った。

　なお，エチオピアの土地は帝政時代から一貫して所有権は国に属するものとされている。帝政期では皇帝のものとされ，1974年のデルグ政権誕生以降，現在に至るまで土地は法律で国有と定められている。そのため，個人には土地所有権はなく，法律上個人が自由な売買を行うことはできない。個人が獲得できるのは土地使用権のみである。法律では，国が保有する土地に対して個人がどのような法的権利を有しているのかが定められており，その権利は総称して土地使用権（land use right）または土地保有権（holding right）と呼ばれている。本章では，法的な意味での土地使用権がある場合は，便宜上土地保有権と呼ぶ。

第1節　EPRDF 政権の農業・土地政策

1．ADLI に基づく小農重視の農業・土地政策

　EPRDF 政権の農業政策の象徴的なものとして「農業主導産業化開発」（Agricultural Development Led Industrialization: ADLI）がある。ADLI を政策として採用した具体的な時期は不明だが，EPRDF は，政権を握った2年後の1993年の「エチオピア経済開発政策」（An Economic Development Strategy for Ethiopia）ですでに ADLI について言及している。ADLI とは，「肥料や品種改良種子その他伝統的方法といった労働集約的だが土地の生産性を増強するような技術を使うことで，より迅速な成長と経済開発をめざす長期的戦略」であり，「農業は経済成長の中心的役割な役割を果たす」としている（MoFED 2002, iii）。ADLI における経済発展の論理は，人口の大多数を占める小農が，生産性向上によって貧困から脱出して食料の安全保障を確立すると同時に，消費財への需要を増加させることで国内需要が拡大し，結果的に製造業が成長するというものである（Lefort 2012, 681-682）。

　国家による小農の土地権の保護も ADLI の一環として位置づけられている。援助ドナー側も，農民が安心して自身の土地に投資することができることで生産性が向上するという論理のもとに，土地登記や土地法の整備を推奨してきた（Deininger and Binswanger 1999, 249-250）。2002年に出されたエチオピアの5カ年計画である「持続的開発と貧困削減計画」（Sustainable Development and Poverty Reduction Program: SDPRP）においても，土地登記が土地権の安定をもたらすとしている[3]。

　ただし，近年の農業政策が，小農の食料安全保障よりも商業生産を重視する方針を強く打ち出すなかで，農村重視の開発政策としての ADLI は，2006年の段階で明示的ではないが，すでに放棄されていたという指摘もある（Dessalegn 2008a, 133; Lefort 2012, 682; Lavers 2012, 112）。しかし，次項で述べ

るように，2005年の政治的混乱の対策として，EPRDF 政権は農村政策を見直すことになった。

2．政治的混乱収拾のための農村政策

1991年に政権についてから，EPRDF は緩やかに経済自由化や民主化を進めていた。しかし，2005年の総選挙とそれに続く政治的混乱は，エチオピア政治の大きな転換点となった[4]（Aalen and Tronvoll 2009, 194; Chinigò 2015; Vaughan 2011, 632）。この総選挙の直前は，1998年に始まり2000年に終結したエリトリアとの戦争によってナショナリズムが高揚したのを受けて，民族横断的な野党が勢力を伸ばした時期である。少数民族が中心の TPLF が EPRDF 政権の中枢を独占していることに対する批判（Lefort 2007, 262）も相まって，2005年の総選挙では野党が3割以上の議席を獲得する結果となった。しかし，選挙後，首都を中心に起きた野党側による選挙結果への大規模な抗議運動に対して，政府側は徹底的な弾圧をもってのぞんだ。それ以降 EPRDF は反政府側に対しては抑圧的な姿勢を強め，野党側の政治活動も停滞するようになった（Lefort 2010; 児玉 2015a）。

このような反政府側の勢力拡大に対する EPRDF 政権側の危機感は，農村政策にも反映された。2005年の総選挙後，地方分権化を推進して，州のみならず，さらに末端の行政区分[5]である郡（woreda）や村落地区（qebele）にさまざまな決定権を委譲することで，農村部の不満を解消し，EPRDF への支持を増やそうとしたのである。人口の84％が居住している農村部において支持基盤を固める重要性を EPRDF が認識したためと考えられる。

なお，1995年に制定された憲法は連邦制を採用しており，政府にもともと地方分権化の意図はあったといえる。とくに州政府は，連邦政府の意向に沿ったものではあるが，具体的な予算執行，州法制定や政策遂行についての権限を委譲されていた。2005年の総選挙後には，さらに郡レベルにまで財政，権限などを委譲した[6]（Vaughan 2011, 633-634）。

もともとアフリカの地方分権化は，1990年代後半からドナー主導で進められていた。これは地方分権化が，1980年代後半から1990年代にかけてアフリカの「民主化」[7]に実効性をもたせるために不可欠なガバナンスの向上をもたらすことができるとされたためである（Manor 1999; 岩田 2010, 7-9; World Bank 1997, 10）。しかし，2005年以降の EPRDF 政権による地方分権化は，「民主化」やガバナンス向上とは異なる文脈で行われている。実際に EPRDF が地方分権化を介して行ったのは，EPRDF による農村部支配の浸透である（Chinigò 2015）。地方分権化の名のもとに村落地区にまで権限を委譲し，制度に組み込んでいくことは，住民に自由裁量を与えているようにみえるが，現実には，すべての手続きがフォーマル化され，国の制度のなかに組み込まれていくことを意味している。Chinigò（2015, 175）は，エチオピアで行われた土地登記は，「国家が資源に対して権利を主張し，政治的支配を実践することを合法化するための戦略の1つ」であると指摘している。

　EPRDF 政権は地方分権化を進めるのと同時に，農村部において支持基盤固めを積極的に行った。2005年の選挙結果を受けて，2005年後半から2006年には EPRDF がそれまでの自らの過ちを認めて「許しを請う」ため，地方レベルで会合を開いたという（Vaughan 2011, 632-633; Lefort 2010, 446）。本章の調査地のあるアムハラ州では，政府は前政権支持者であるとして排除してきた長老なども含めコミュニティに影響力のある人々を再評価し，話し合いの場への参加を求めた（Vaughan 2011, 633）。その結果，行政側が農村部の日常生活にトップダウンで介入してくることが減り，コミュニティ・レベルでの意思決定を尊重するようになったという（Lefort 2010, 437）。同時に，コミュニティ内で権威をもつ人々を積極的に EPRDF の党員にしていくことでコミュニティにおける EPRDF への支持基盤を固めようとした（Vaughan 2011, 633）。

　エチオピアの土地管理制度の整備も，同様の政治的文脈のなかに位置づけられる。土地管理制度の整備は，農民の土地保有権の安定化による生産性向上だけでなく，EPRDF の農村部における支持基盤の確立もめざしていたと考えられる。

第3章　農村部を領域化する国家　113

第2節　アムハラ州における土地不足と土地制度の変遷

1．深刻化する土地不足

　アムハラ州は，エチオピア全土の土地面積の21％（15.5万平方キロメートル），人口でも推定22％（1887万人）を占めるエチオピアでも主要な州の1つである。表3-1にあるとおり，アムハラ州は，他州と比較しても人口密度が高い。また，アムハラ州の人口の88％は農村部に居住しており，アムハラ州以外の地域の平均83％よりも高い（Central Statistical Agency 2011）。農村居住者の多くが主食作物を栽培する自給自足に近い生活を営む小農であり，南部のコーヒーのような輸出作物の生産はほとんどないため，現在エチオピア政府がめざしている「農業のさらなる商業化と民間の投資に重点をおいた成長」（MoFED 2010, 4）をもたらす地域とは言い難い。それでも政府がアムハラ州における農業支援や土地管理制度の整備を行うのは，人口規模の大きいアムハラに対する統治を円滑に行うためと考えられる。

　アムハラ州の農村部は，他地域と比べて人口稠密であり，長年土地不足に苦しんできた。Berhanu, Berhanu, and Samuel（2003）によると，世帯当たりの食料を確保するための最低農地面積はアムハラ州では0.86ヘクタールと推定されているが，55％の世帯がそれを満たす農地を保有していない。

表3-1　エチオピアの人口・面積・人口密度

	人口（人）	面積（km^2）	人口密度（人/km^2）
アムハラ州	18,866,002	154,709	121.9
南ゴンダールゾーン（調査地）	2,239,077	14,095	158.9
アムハラ州以外の州*	61,703,984	561,284	109.9
全　国	84,320,987	741,498	113.7

（出所）　Central Statistical Agency（2011）より筆者作成。
（注）　*特別行政都市および都市人口が54％を占めるハラリ州を除く。

114

　そのため，限られた土地をめぐる紛争は多い。土地法や土地登記が整備されることで，土地に関する紛争が減少しているという報告がある一方で（Chinigò 2015, 175），アムハラ州最高裁判所や調査地のあるウステ郡地方裁判所の係争数では，土地関係が非常に多い[8]。最高裁判所では，土地問題の係争数が最も多く，次の金銭関係に続いて3番目に多いのが夫婦関係の係争となっている。裁判所職員の説明では，夫婦関係についてもその多くが離婚時の財産分与に関するものであり，土地の分与の問題が中心だろうということであった。郡の地方裁判所では，1位に土地の権利も関係するであろう夫婦関係の係争が挙げられ，2位の金銭関係の後に土地関係の係争が続く。アムハラ州では，土地は利害対立を招きやすい資産なのである。

2．アムハラ州における伝統的土地制度と変遷の歴史

　エチオピアは多民族国家であり，もともとは民族ごとに土地に関するさまざまな慣習や制度が存在していた。アムハラ州などエチオピア北部には，古くからルスト（*rist*）という土地に関する権利があった[9]。ルストとは，共通の祖先からの世襲に基づいた分割相続の結果，子孫が得る土地使用権である（Dunning 1970, 272-273; Hoben 1973, 6; Perham 1969, 286）。この権利は，土地の個人所有を保証するものではなく，コミュニティによる使用承認によって与えられるものであり，排他的な私的所有権というよりも，コミュニティ・メンバーが有する土地使用権とするのが妥当であろう（Hoben 1973, 153-159; Pausewang 1983, 22-23）。また，アムハラ州の人口の91％を占める民族であるアムハラ（Central Statistical Agency 2010）は，本来双系出自（cognatic decent）であり，その土地の最初の入植者の子孫であれば，男女どちらであってもルストの権利を主張できたという（Dessalegn 1984, 17-18; Hoben 1973）。

　これらの慣習は，デルグ政権によって廃止され，土地は農民に再分配された。ただし，その土地再分配の作業は各コミュニティに設立された農民組合にゆだねられており，コミュニティ・レベルで土地を管理するという点では，

それ以前の帝政期と大きく変わらなかったといえる（Pausewang et al. 1990,
45; 児玉 2015b, 237-238）。

　1991年に政権を握った EPRDF は，1990年代末頃までアムハラ州で大規模
な土地再分配を行っていた（Ege 2002; SARDP 2010, 8; Teferi 1998; Yigremew
2001）。1996年末から1997年に行われた土地再分配は，1996年のアムハラ州
政府による法律[10]に基づいて行われたものであるが，法律に先行して実施さ
れた地域もあった。本章の調査地では，法律に先行して1991年に土地再分配
が行われている（児玉 2017）。ただし，1996年の法律に基づいて土地分配が
行われた地域によっては，農民側が受け入れに激しく抵抗した場合もあり，
アムハラ州のすべての地域で行われたわけではない（SARDP 2010, 8）。1996
年の法律施行後の土地再分配については，地域によっては EPRDF 寄りの
人々に対して，有利な土地分配を行っていたという報告もあり（Ege 2002;
Lefort 2010, 454），このような恣意的な土地分配に対する不安が，農民の抵抗
につながったといえる。

　EPRDF 政権は，この土地再分配については肯定的に評価している。
2002～2007年の5カ年計画である SDPRP では，土地分配は平等主義的なも
の（egalitarian type）であり，農村の貧困削減に効果があったとしている
（MoFED 2002, 18）。

第3節　EPRDF 政権下の土地法概観
——国家による土地管理制度の確立——

　前節でみたように，土地不足が深刻なアムハラ州において土地制度の整備
は喫緊の課題である。アムハラ州政府は，2005年に連邦政府が土地制度の基
本原則を定めた法律をベースに，他州と比べても詳細な規定をもつ法律を定
めている。

1．連邦政府による土地法：国家による土地管理原則の制定

EPRDF 政権による最初の土地法は，1997年の「農村部の土地管理についての布告 No.89/1997」[11]（以下，連邦政府土地法 No.89/1997）である。この法律は，1975年にデルグ前政権が出した「農村部の土地の公的所有に関する布告 No.31/1975」[12]を差し替える形をとった（Daniel 2015, 68）。連邦政府土地法 No.89/1997は全部で10条しかない短い法律であるが，各州が州ごとの土地法を制定するにあたっての基本原則を挙げている。この法律制定後の1998年に，エチオピアの主要4州であるティグライ州，アムハラ州，オロミヤ州，南部諸民族州における土地登記が，国際ドナーの支援のもと開始された。農業省によると，2013年にはこの4州の農業世帯の90％以上の土地登記は終了している（Bezu and Holden 2014, 195）。

現在のエチオピアの土地法の基本原則として参照されているのが，2005年に出された「エチオピア連邦民主共和国の農村部の土地管理と土地使用に関する布告 No.456/2005」[13]（以下，連邦政府土地法 No.456/2005）である。連邦政府土地法 No.89/1997を拡充する形で出された法律である。エチオピアは現在連邦制度を採用しており，憲法52条第2 (d)項において，「［州政府は］連邦法に従って，土地その他の天然資源を管理する（権力と機能をもつものとする）」と定めており，連邦法が州法よりも上位に位置するが，連邦法から逸脱しない範囲であれば，「詳細は州政府によって定められる」とする条項も多い。

連邦政府土地法 No.456/2005の大きな特徴としては，土地細分化を防ぐために最低面積が定められたこと（第11条）と，相続人のいない土地は行政によって土地無し農民などに土地を分配するとしたこと（第9条）などが挙げられる。また，これまで禁止されていた土地の賃貸や相続人への譲渡なども認めている（第8条）。土地登記（land registration）については第6条で定められており，第7条以降で言及される「農村部における土地使用権」（rural land use right）は，土地登記を前提としたものである。

２．アムハラ州政府による土地法：詳細な土地管理制度の導入

　上述のとおりエチオピアは連邦制であり，州レベルに多くの権限を委譲している。法律制定についても同様であり，連邦政府による法律を基本として，州政府は，州の状況に対応する形で法律を制定する。

　各州の土地法は，連邦政府の土地法を基本にして策定され，連邦政府の土地法が修正されれば，それに合わせて州の法律も修正されていく。連邦政府土地法 No.89/1997の第 5 条第 2 項では，「本条第 1 項の規定を遂行する目的のために，各州は土地管理についての法を制定するものとする」と定めている。そのため，各州の土地法は，連邦政府土地法をベースしているものの，州の状況に合わせて独立した法律が制定されている（Ministry of Agriculture and Natural Resources 2017）。

　アムハラ州政府も，連邦政府土地法 No.89/1997に基づいて，「アムハラ民族州農村部の土地管理および使用の布告 No.26/2000」[14]を制定している。そして連邦政府土地法 No.456/2005が出されると，それに合わせて州土地法 No.26/2000を修正して，「アムハラ民族州農村部の土地管理および使用の修正に関する布告 No.133/2006」[15]（以下，州土地法）を公布している。アムハラ州の土地法は，他州の土地法と比較すると，土地不足が深刻であることを反映してより詳細な規定が定められている（Ministry of Agriculture and Natural Resources 2017）。

　州土地法に加えてさらに詳細な手続きを定めたのが，「アムハラ民族州農村部の土地管理および使用制度実施：州政府議会規定 No.51/2007」[16]（以下，州規定）である。調査を行った2016年の段階では，州土地法 No.133/2006と州規定 No.51/2007を基本原則として土地の管理が行われている。

　州土地法および州規定において，実際の土地保有権に大きな影響を与える条項としては 4 つ挙げられる。具体的には，①土地保有権剥奪条件，②最小保有面積，③土地登記，④土地使用管理委員会設立に関する条項である。

まず，州土地法第12条では，土地保有権を剥奪する条件が明確に定められている。具体的な条件は以下の5つである。

　　a）農業以外で生計を立てている
　　b）5年間消息不明である
　　c）3年以上または灌漑耕地の場合は1年以上耕作していない
　　d）土地管理の失敗で土地に著しい損害を与える
　　e）本人が保有権をとり下げる

　この条項によって，農業に従事しない不在地主は土地を保有できないが，同時に，出稼ぎで長期不在の場合も土地保有権が剥奪される可能性がある。このような条項は，たとえばオロミヤ州における同種の法律「布告No.130/2007: オロモ農村部の土地使用と管理の布告No.56/2002, 70/2003, 103/2005を修正する布告」（オロミヤ州土地法No.130/2007）には存在しない。それだけアムハラ州における土地不足の問題が深刻であることがわかる。
　つぎに，最小保有面積に関する条項であり，これは生存維持レベル以下の土地細分化を防ぐことを目的としている。すでに土地細分化が進行しているアムハラ州においては，一般的に行われる分割相続の際に，最小保有面積条項が大きく影響することになる。州規定では天水農地0.2ヘクタール，灌漑用地0.06ヘクタールと定められている（第7条）。これは，オロミヤ州土地法No.130/2007第7条の0.5ヘクタールよりも小さい。相続などによる土地分割の結果，その土地面積が最小保有面積よりも小さくなる場合は，その土地を単独で保有することはできず，共同保有となる（州土地法第16条第8項）。
　第3に，土地保有権は登記して初めて法的に認められると規定したことである。土地登記がなければ，土地保有権だけでなく国が接収するときの補償なども受けられないため，登記は必須である。保有者の氏名と写真が記載されている土地登記帳に基づいて土地保有が法的に認められる（第24条第5項）。また，共同保有となる場合は，夫婦であれば両配偶者の名前が併記された登

記帳が発行される（第24条第2項）。

　第4に，土地の管理や利用について，州や郡レベルに管轄する庁を設立するとともに，村落地区や村レベルにおいても土地管理使用委員会を設立し，大幅な権限委譲を行っていることである（州土地法第5部）。州としての管轄庁はアムハラ民族州政府環境保護・土地管理および使用庁（Amhara National Regional State Environmental Protection, Land Administration and Use Authority――以下，土地管理庁）であるが，そのなかでも活動の中心となるのは，州内に140ある郡のレベルの担当局（以下，郡土地管理局）である。この郡の担当局が主導して村落地区レベルの土地管理・使用委員会（以下，土地管理委員会）や村レベルの土地管理・使用下部委員会（以下，土地管理下部委員会）を設立し，監督する。州土地法第27条に定められている村落地区土地管理委員会の役割としては，土地保有権の決定や剥奪および土地分配時の優先順位の決定などが挙げられており，委員会は土地管理に関して強い権限をもつ。

　州レベルの土地管理庁，郡レベルでの土地管理局，そして村落地区土地管理員会，村レベルの土地管理下部委員会についてはそれぞれ定めがある（州土地法26・27条）が，州と郡のあいだの行政単位である県についての言及はないことから，郡レベルに多くの権限が委譲されていると考えられる。州規定26条から28条では，これら委員会についての設立方法や義務などが詳細に規定されている。この州規定では，村落レベルの土地管理は，土地管理委員会や土地管理下部委員会にゆだねられている。

第4節　村落レベルでの土地管理の実態

　本節では，上述の土地に関する法律や規定が，実際にどのように運用されているのかを検討する。エチオピアの憲法は，「農村部と都市部の土地所有権ならびにすべての天然資源は，エチオピアの国家および人民にのみ帰属する。土地は，エチオピアの国家と諸民族の共通の財産であり，売買や他の交

換手段の対象にはならない」（第40条 3 項）と定めており，実質的に国家に土地所有権がある。したがって，土地に関する交渉力の点では，圧倒的に一般人よりも国が優位である。本節では，人々が新たな土地管理制度や法律を受容する過程に含意される政治的文脈（河野 2002, 27-28）に留意しつつ分析をすすめる。

1．調査地概要：社会的・政治的に同質性の高いコミュニティ

調査地は，アムハラ州南ゴンダール県ウステ郡 J 村落地区である。もともとマーケット地区とそれを囲む 4 つの村によって構成されていたが，2011年に J 村落地区のなかで人口増が著しいマーケット地区が，「町」(ketema qebele) として独立し，現在は，この J 町を除いた部分が 1 つの村落地区となった。ただし，J 町と J 村落地区の役場は， 2 つとも J 町内にある。J 町には，町と村落地区両方を管轄する役場，クリニック， 8 年生までの学校などさまざまな行政機関や行政サービスのための施設が集まっており，村落地区の住民も利用している。

調査地は，宗教，生業，そして政治的に同質性の高い地域である。J 村落地区の人口は6018人で，男性世帯主の世帯1214世帯，女性世帯主の世帯207世帯である。J 町には若干イスラーム教徒がいるが，J 村落地区の住民は全員がエチオピア正教会の信徒である。おもな経済活動は農業であり，それ以外の経済活動は隣接する J 町が担っている。女性世帯主の場合は多くが高齢の未亡人であり，保有している土地の賃貸料で生活している。J 村落地区の住民の現金収入は，農業生産物を J 町など近隣の町で販売する以外は，都市部や大規模農場のある地域への出稼ぎなどに依存している。

また，2016年の時点では，調査地において EPRDF 以外の政党の活動は確認できなかった。村落地区で選出される議会（Committee）のメンバーは全員が EPRDF の党員である[17]。議会メンバー内で担当が決まっており，チェアマン，副チェアマン，組織[18]担当，治安担当，若者問題担当，女性問題担

当,女性協会(Women's Association)担当の計7人で,うち女性が2人(女性問題,女性協会担当)である。都市部での会議などに対して日当は支給されるものの原則として無給である。

1991年にEPRDFが行った土地再分配によって,各農民ほぼ同じ面積の土地を保有している。この土地再分配による割当面積は,成人1人当たり0.5ヘクタールであった。夫婦には1ヘクタール,成人単身者には0.5ヘクタールとなる[19]。そのため調査村では,土地をより多く獲得するために,土地分配直前に結婚ブームが起きたという。この地域は夫方居住婚であり,妻が婚入してくることで,男性の居住地において独身時と比較して2倍の農地を確保できることになる。

ただし,それ以降は,政府による大規模な土地再分配は行われず,相続や

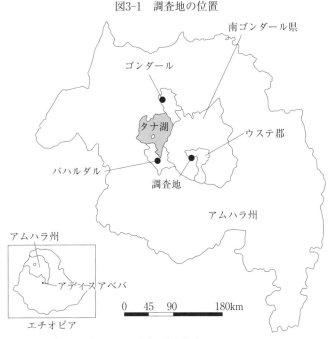

図3-1 調査地の位置

(出所) DRMFSS(2004E.C.)のデータを基に筆者作成。

122

離村者の土地保有権の喪失によってしか新たに土地を獲得する機会がない。しかも，親から土地相続する場合は，キョウダイ[20]で分割するためさらに細分化されることになり，相続した面積では生計維持は困難である。夫婦で１ヘクタールの土地を得たとしても，この面積では一世帯の生存最低限の収量しか期待できない。EPRDF の土地再分配は，不平等をなくすという点では評価できるかもしれないが，根本的な土地不足の解消となったわけではない。このような状況下で，多くの若者は土地無し層になっており，男性は，コーヒー生産地であるオロミヤ州南部や，エチオピア北西部のゴマ・プランテーション，そして都市部へと出稼ぎに行く場合が多い。調査地における外部からの移住者は，婚入してきた女性，教師や農業普及員のような公務員以外はほとんどなく，人口流出地域である。

2．行政の末端レベルまでの制度構築

調査地における土地管理は，郡レベルの土地管理局から村レベルに至るまで，行政によって階層的な制度が形成されている[21]（図3-2）。通常の土地管理業務に関しては，郡土地管理局のもとに，村落地区土地管理委員会，村単位の土地管理下部委員会が設置される。

村落地区土地管理委員会の具体的な業務は，相続，贈与，土地の交換などの土地保有権の動きを記録し，登記変更がある場合には，郡レベルの土地管理局に報告して，そこで管理されている登記帳を作成または修正するよう依頼することである。ただし，実際の事務作業は，公務員として村落地区に常駐している土地管理エキスパートが行う。村落地区土地管理委員会の委員は合計21人だが，この委員は，村レベルの土地管理下部委員会の委員でもある。J村落地区には村ごとに３つの下部委員会を設置しており，各委員会は７人で構成されている[22]。それぞれに30歳までの女性を２人配置することになっている。

J村落地区では，土地の不法占拠の告発や離婚時の財産分与などさまざ

図3-2　ウステ郡における土地管理に関する組織図

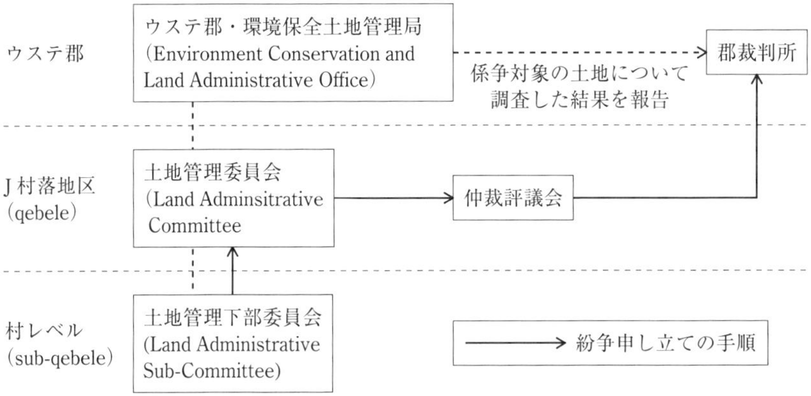

ウステ郡　ウステ郡・環境保全土地管理局（Environment Conservation and Land Administrative Office）→ 郡裁判所
係争対象の土地について調査した結果を報告

J村落地区（qebele）　土地管理委員会（Land Adminsitrative Committee）→ 仲裁評議会

村レベル（sub-qebele）　土地管理下部委員会（Land Administrative Sub-Committee）

──→ 紛争申し立ての手順

（出所）　ウステ郡土地管理局およびJ村落地区での聞き取りを基に筆者作成。

な土地紛争が恒常的にある。このような村落地区内での紛争処理の判断は，土地管理委員会が行う。この委員会には，地元の有力者でもあるチェアマンなど村落地区議会の議員が含まれている。議員が全員 EPRDF の党員であることは留意すべきである。なお，土地管理エキスパートは，委員会のメンバーではないが，委員会における土地に関する話し合いの結果を郡土地管理局に報告する役目を負う。

　土地に関するトラブルがあった場合，住民は，まず村レベルの下部委員会に訴え，それが不服な場合は村落地区レベルの委員会に訴え，さらに上訴する場合は村落地区レベルの仲裁評議会に訴える。仲裁評議会は，3つの村からそれぞれ1人ずつ選出された3人によって構成されている。仲裁評議会での判決に不服な場合は，郡レベルの裁判所に訴えることになる。この際，土地の権利関係について，郡土地管理局から裁判所に報告書が提出され，裁判所はそれに基づいて判決を下す。

　図3-2の組織図からみるといくつもの段階を踏んで土地に関する訴えができるようにみえるが，実際には下部委員会の委員も，そして仲裁評議会のメンバーも村落地区土地管理委員会のメンバーであり，村落地区レベル内で段

階を踏んだとしても評決が覆る可能性は低い。さらに，郡土地管理局から郡裁判所への報告も委員会の結論を反映したものであることを考えると，明白な違法行為でなければ，村落地区土地管理委員会の結論を裁判所が採用する可能性が高い。村落地区レベルの結論が重視される制度となっている。

　3．土地管理制度の運用

　⑴　土地保有権の公式な記録となる土地登記
　郡土地管理局によると，この地域の土地登記は2004/05年に始まって，2010/11年に終了している。その後は，個別の申請に基づいて登記変更などが行われている。登記を行うと，土地保有者には登記帳が発行される。土地保有権を主張するための根拠は登記帳である。登記帳に記載される事項は法律で定められている。名前や写真といった個人情報と，土地の広さ，場所を同定するために境界に接している土地の保有者の氏名などが記載されている。
　登記帳に記載される保有者の名前は1人というわけではなく，共同保有の場合は全員の名前が記載される。土地を分割相続するときに法律で定められた最低保有面積よりも下回る場合にはキョウダイで共同保有となる。また夫婦がそれぞれ土地を保有している場合は，1冊の登記帳にまとめて記載することができる（州土地法第24条3項）。法律の条項では夫婦が保有する土地を1冊にまとめる場合は共同保有（common holding）になると書かれているが，実態は，1冊の登記帳に二者の保有する土地を併記しているにすぎない。夫婦のうち片方しか土地を保有していない場合は，登記帳には土地を保有していない配偶者の氏名を追加する必要はない。離婚時の財産分与時には，その登記帳に記載されている土地を2等分するのではなく，各自が結婚時に保有していた土地をとり戻す形になる。したがって，土地をもたないまま結婚した側は，結婚後に夫婦で土地を新たに取得したのでなければ，離婚時に土地を分割して受けとることはない。また，婚姻時に各自が保有していた土地は，各々の実家周辺にあることから，離婚時に保有権についてもめることはほと

んどない。登記されている土地がどちらに所属しているのかは登記帳に明記されていないが，郡土地管理局によると，個別の保有情報については村落地区レベルで記録されているということであった。

一方，夫婦の共同保有になっている土地の場合だが，離婚時に平等に分割されるとは限らない。たとえば，1991年の土地再分配時に夫婦で1ヘクタール分配された土地は，夫婦が共同で土地保有権をもっている「共同保有権」下の土地である。この点について人々は十分認識しており，離婚時には夫と妻に土地は分割される（児玉 2017）。しかし，1991年に分配された1ヘクタールが1つのプロットではなく複数である場合は，均等に分割することは困難である。農民からの聞きとりでは，離婚時にはほとんどの場合女性側に狭い土地が渡されることになるという。これは，夫方居住婚であるために，離婚時の不服申し立てを行う村において女性側が不利になるためだと考えられる。実際に姉妹が離婚したという男性から話を聞いたが，女性側は3分の1しか土地をもらえず，土地管理委員会に訴えたが無視されたという。さらに上部機関へ訴えることも可能だが，訴えるには「力」（*Haile*）が必要であるという説明を受けた。この「力」については明確な説明はされなかったが，訴えるために書類などを準備する能力や，紛争対象の土地のある地域での政治力などが含まれると考えられる。明言されることはなかったが，EPRDF との関係性の深さも関係するであろう。

郡土地管理局では，不公平な土地分配が行われた場合は，妻側は「必ず」訴えを起こすと語っており，裁判所の係争数において夫婦間の問題の数が多いことを考えると，離婚時に妻側が不公平な分配をつねに受け入れているわけではないといえる。しかし，これは同時に，不公平な分配をしようという夫側の圧力が存在していることも示している。なお，夫婦の共同保有権は，この1991年の土地再分配の時だけでなく，後述の余剰地の土地再分配においても生じるため，この場合も離婚時の不平等な土地分割の問題が生じている。

⑵　法改正による初期の混乱と情報の浸透

　この地域の土地登記は，上述のとおり2010/11年に終了している。したがって，調査した2015年は登記終了から4年後ということになる。郡土地管理局によると，土地に関する訴えの数は2006年の州土地法施行直後と比べると，法律に関する情報が浸透したため，現在は減少しているということであった。最も多い土地問題は相続に関するものであり，次いで夫婦間の離婚時の財産分与，そして不法占拠，境界をめぐるトラブルである。3番目の不法占拠は，おもに高齢の女性が被害者で，土地を貸していただけのはずが，賃借者から地代を払われずに保有権を主張されるといったケースである。

　郡土地管理局によると，法律施行直後に訴えの数が急増したが，それは土地法における相続順位がこれまでの慣習とは異なっていたことが要因の1つであるという。州規定第11条7項では，遺書がない場合は以下のように相続順位が設定されている[23]。

　　　第1位：未成年（18歳以下）の子，その子どもがいない場合は［住居および生計をともにする］世帯員
　　　第2位：土地を保有していないが生計手段として農業に従事しているまたは従事することを希望する成人した息子と娘
　　　第3位：土地を保有し農業に従事している成人した息子と娘
　　　第4位：死亡者に未成年の子，成人した子，家族，同居していた後見人などがいない場合は，農業に従事している親

　この条項は，土地の保有において，弱者に高い優先順位を与えるということを意図している。州土地法にある土地保有権の原則として，「土地分配時には，女性，障害者，孤児に優先順位を与える仕組み（working system）が施行されるものとする」（州土地法第5条6項）と定められていることに基づいた条項である。この規定は，結婚する息子が独立する順番に土地を分割譲与してもらうこれまでの慣習と大きく異なる。これに基づけば，年長の

キョウダイが土地を分割譲与してもらっても正式な登記を行っていなければ，親が死去したときには18歳以下のキョウダイが土地をすべて獲得することになる。そのため，同法の施行当初は土地トラブルで傷害事件なども多発したという。しかし，郡土地管理局や土地管理委員会などが，日曜日の教会礼拝の後に開かれる集会などで周知に努めた結果，現在では法律の認知が進んできており，土地の相続に関する係争は減ってきているという。

　ただし，土地トラブルの減少は，法律の認知向上の結果だけではなく，後述するように深刻化しつつある土地不足の問題に対して小農世帯が生存のためにさまざまな手段を講じている結果であるともいえる。

⑶　訴訟後の対応からみる法的執行力

　国家権力の浸透度を把握するためには，法の執行力を確認することが1つの有効な方法であろう。郡土地管理局での聞きとりでは，裁判所で判決が出れば，人々はそれに従うことになると断言するなど，法の執行力について強い確信をもっていた。実際に小農に聞いてみても，裁判所の判決だけでなく，土地管理委員会の判断には基本的に従うという回答が一般的だった。

　筆者は，土地の境界侵犯に関する事例について，その問題を解決した直後の村落地区土地管理委員会の委員やその他立会人から話を聞くことができた。この事例は，高齢者が，境界を侵犯して耕作を行っている若者について委員会に訴えたものである。委員会は，老人側の要求を認めて，両者および委員会委員らの立ち会いのもと，境界を画定するという作業を行った。土地に関するトラブルの多くは，高齢者や女性が土地を貸して，その後借りた側がその土地の保有権を主張することから発生しているという説明がなされた。

　村落地区土地管理委員会のメンバーは21人だが，その立ち会いに参加したのは5人の委員と，村落地区事務担当官，土地管理エキスパート，警官の合計8人であった。5人の委員の通常の職務は，村落地区チェアマン，村落地区議会治安担当議員および女性問題担当議員，仲裁評議会評議員，村落地区土地管理委員会委員長である。この結果に対して若者側の反発はないのかと

いう質問に対して，チェアマンからは，こちらは銃をもった警官が立ち会っているのだから反抗しようがなく，判決に従うのだと説明を受けた。

チェアマンの話によると，土地関連の紛争は年々減少しているという。2014/15年には50件程度だったが，2015/16年はあと1カ月を残すのみで20件しかない。これは，新しい土地法に対する理解が浸透することで土地紛争の数が減少しているという郡土地管理局担当者の話と合致している。

(4) 従来の慣習とは異なる相続制度の運用

通常の土地保有権の変更については当事者の合意によって進められるが，相続の場合については，郡の裁判所によって州土地法や州土地規定に従って決定される。相続する者同士のみで財産分与額を決定することはできず，裁判所によって法律にのっとって決定されるのである。そのため，結婚時に親から非公式に土地を分与されていたとしても，正式に登記していなければ，18歳未満のキョウダイがすべて相続する。また，分割相続する場合でも，州土地法第9条に定められた0.2ヘクタールを下回る場合は，各自で保有することはできず，連名登記による共同保有となる。1991年の土地分配では夫婦で1ヘクタールを割り当てていたことを考えると，その子ども5人[24]が分割相続する場合は法定最低保有面積0.2ヘクタールをかろうじて維持できるが，それ以上の子どもがいると共同保有となる。ただし，0.2ヘクタールでは，先述の Berhanu, Berhanu, and Samuel（2003）による1世帯の生存維持レベルである0.86ヘクタールを大きく下回る土地面積となる。

しかし，現実にこのような細分化が生じているかというと，必ずしもそういうわけではない。J村落地区担当の土地管理エキスパートからの聞きとりでは，連名登記になったとしても，実際に誰がその土地を使用しているのかについてまでは，法律で管理することはできないため，その使用はキョウダイ間の話し合いにゆだねられることになるという。また，土地不足の深刻さは周知の事実であり，小農世帯も子どもが農業ではない職業につくことができるように，教育を受けさせる傾向にある。そのため，土地相続による争い

が頻繁に起きるわけではないということであった。州土地法第12条の土地保有権剥奪条件によって，政府の役人や商人のような農業以外の職業についている者は，土地相続の対象者から除外される。この条項に基づいて調査地では，18歳未満の子どもであっても，子どもが8年生未満で農民になるのが確実な場合は土地を相続できるが，9年生以上に進んでいたら農業以外で生計を立てる者であるとして，18歳未満の子どもとしての相続対象から除外されるというのがJ村落地区の土地管理エキスパートの見解であった。州土地法の「土地保有権を剥奪する条件」のなかにある「農業以外で生計を立てている」という項目を，裁判所が拡大解釈しているともいえる。この点については，たとえば9年生以上で学んでいる子どもが農業にはつかないと裁判所で宣言するといった手続きを踏んでいるのかは現段階では不明であるが，このような判断基準は法律には明記されておらず，実態をかんがみたローカル・ルールと考えられる。

(5) 余剰地の再分配

エチオピア憲法では，土地所有権は国に所属していると定められている（憲法第40条）が，それを明確に示しているのが，余剰地の再分配である。州土地法第12条では「土地保有権を剥奪する条件」を定めており，それに該当する者の土地保有権を剥奪することができる。調査地で多いのは，もはや農業に従事していない者や，遠隔地に居住している者の土地保有権剥奪である。土地保有者のいない土地は，年に一度村落地区役所がリストをつくり，土地をもたない居住者に再分配される。再分配が行われることは，日曜日の教会後に開催される集会などで公表される。どの場所が割り当てられるのかは抽選で決定される[25]。割り当てに際しての優先順位は法令に定められておらず，村落地区土地管理委員会にゆだねられている。

2016年7月のJ町役所事務官からの聞きとりでは，毎月村落地区土地管理委員会のメンバーが集まって余剰地についての情報収集を行い，年に一度まとめて土地を割り当てているということであった。最近では2016年3月[26]に

12ヘクタールを36人に分配したという。土地をもたない世帯が対象であり，そのなかで家族の多い世帯，次いで18歳以上で親にも土地がない独身者といった形で優先順位リストが作成される。

この再分配制度は，土地の所有が個人ではなく，国に帰属していることを明確に示すものである。しかし，この制度を多くの農民が受け入れている。土地不足が深刻ななか，不在地主の存在を認める余裕がこの地域にないことが，この制度を受容する大きな理由の１つであろう。また，このような再分配制度は，EPRDFによって完全に新しい制度として導入されたわけではないことにも留意すべきである。この制度は，長年アムハラ州で行われてきた慣習であるルストと類似している。現在の土地再分配を最終的に承認するのは共同体外の権威であるが，共同体のなかで土地を割り当てるという行為自体に大きな違いはなく，その行為は基本的に行政側から承認されている。この点もまた，人々が余剰地の再分配制度を受け入れている大きな要因であるといえる。

　　おわりに

　本章では，エチオピア・アムハラ州において導入された土地管理制度がどのように運用されているのかを検討してきた。明らかになったのは，村レベルまで行政による土地管理制度が構築されていることである。法律施行直後に多発した土地に関する紛争件数も減少に向かっているなど，土地保有権は安定化の方向にある。この土地管理制度は，政府によって導入されたものではあるが，現地住民たちの話し合いによる決定が尊重されることによって成立している。

　土地不足のなかで土地を分配するためには，ほかの世帯から土地をとりあげなければならない。そのためにはある程度の強制力が必要であり，従来の慣習法や話し合いでは対処しきれない。住民は，公式な土地管理制度を受容

せざるを得ないのである。また，実定法の内容が，もともとのアムハラの土地に関する慣習と親和性が高いということも，受け入れられている要因であろう。

　しかし，調査地における土地管理制度は，EPRDFの一党体制のもとにあるがゆえに可能になっている側面は否定できない。2005年の総選挙を転機として，EPRDFは，農村社会における支持を確固たるものにするために，農村部における土地管理制度の整備を行った。この地域では，村落地区議会の委員選出にみられるようにEPRDFによる支配が確立しているために野党はほとんど活動しておらず，農村社会の土地不足の問題にはEPRDF対反EPRDFのような政治的対立は持ち込まれていない。その結果，もともと社会的，政治的に同質性の高い調査地において，村落地区や村レベルの土地管理委員会のもと，土地に関する平和的な話し合いが可能になっている。現状では，土地をめぐる紛争はあっても，その不満が高じて反EPRDFを旗印に既存の秩序を覆そうというような政治的な性格を帯びることは考えにくい。EPRDFの党員である村落地区議会のメンバーが土地管理委員会の中核であることを考えると，土地管理制度とEPRDFは切り離すことのできない関係にある。したがって，EPRDFの統治に対して反対運動を行えば，要職にあるメンバーの権威が揺らぐことになり，現在ある程度安定的に機能している土地管理制度が機能不全に陥る可能性がある。現状でも生存維持レベルの土地面積で農業活動を行っている小農にとっては，土地に関する紛争が起きて農作業に従事できなくなることは死活問題である。たとえ土地管理制度以外の点でEPRDF政権に不満があったとしても，反政府運動を行うことは生存維持のためにも選択肢に入らない。EPRDFは，土地管理制度を整備することをとおして，農村部での安定的な統治を確保した結果，アムハラ州農村部の領域化に成功したといえる。

　土地保有権安定化は，当座は歓迎すべきことである。しかし，農村社会自体が土地不足を所与として大きく変容しつつある。子どもへの教育投資の増加や若者世代の都市部への流出が進むにつれて脱農業化が進み，農村部で

あっても早急に解決すべき問題は土地不足だけではなくなっている。たとえば若者の失業問題は農村部でも深刻な問題となっている。安定した土地管理制度を提供することで農村部における EPRDF 支持を確保したと判断して，新たな経済・社会問題を放置することになれば，農村部も政治的に不安定化する可能性がある。農村社会の変容については，今後も注視していく必要がある。

〔注〕────────────────

(1)　デルグとはアムハラ語で「委員会」(committee) を意味し，もともとは革命勃発直前の1974年6月に設立された，「国軍，警察，国防義勇軍の調整委員会」(the Coordinating Committee of the Armed Forces, Police, and Territorial Army) を指していた。革命勃発直後にこの調整委員会は臨時軍事行政評議会 (Provisional Military Administrative Council: PMAC) へと変更されたが，引き続きデルグと呼ばれている (Bahru 2002, 236; Marcus 1994, 187-189)。

(2)　引用は Sack (1986, 19) の山﨑 (2016) による訳文である。

(3)　ただし，牧畜民が多く住む西南部では大規模な農場経営を奨励するなど，地域によって農業政策に違いがある。政策文書では，人口密度が低い西南部では大規模商業農業に積極的に土地を割り当てるとしている (MoFED 2002, 38, 52)。エチオピアの土地政策は，すべての地域の住民 (西南部では牧畜民) の土地権利の安定をめざしているわけではない (佐川 2016)。

(4)　2005年の総選挙以降の政府の方針転換の伏線として，対エリトリア戦争後の2001年に起きた，TPLF 内での分裂問題が挙げられる。当時の首相であったメレス・ゼナウィ (2012年死去) が，反対派を追放し内部粛清を図ったことで，政権の強権化が進んだと指摘している先行研究もある (Aalen and Tronvoll 2009, 194; Chinigò 2015; Vaughan 2011, 629-632)。

(5)　エチオピアの行政区分は，上から，連邦政府 (federal state) −州 (regional state) −県 (zone) −郡 (woreda) −村落地区 (qebele) −村 (sub-qebele) となっている。

(6)　ただし，地方分権化による大幅な権限委譲の方向性自体は，2002年に始まった「郡レベル地方分権化プログラム」(District Level Decentralization Program) ですでに定まっていたといえる (Mulugeta 2012, 59)。

(7)　ここでの「民主化」とは，民政移管，複数政党制選挙の実施を指し，民主主義体制が実現したことを意味しているわけではない (遠藤 2005; 津田 2005)。

(8)　各裁判所から提供された，2014年7月8日〜2015年7月7日のデータに基

づく。

⑼　このほかに，グルト（*gult*）という土地に関する権利もある。グルトとは，軍事奉仕に対する褒賞として，皇帝が臣下に与える特定の土地に対する徴税権である（Bahru 2002, 14; Pausewang 1983, 23-24）。

⑽　Proclamation to Provide for the Reallotment of the Possession of Rural Land in The Amhara National Region, Proclamation No.16/1996（1996年11月5日公布）およびその修正法である Proclamation No.17（1997年7月公布）（Yigremew 2001, 17）。

⑾　Federal Rural Land Administration Proclamation No.89/1997.

⑿　Public Ownership of Rural Lands Proclamation No.31/1975，FAO 法律データベースより（http://faolex.fao.org/docs/pdf/eth3096.pdf　2016.12.6アクセス）。

⒀　Federal Democratic Republic of Ethiopia Rural Land Administration and Land Use Proclamation No.456/2005.

⒁　Amhara National Regional State Rural Land Administration and Use Proclamation No.26/2000.

⒂　The Revised Amhara National Regional State Rural Land Administration and Use Proclamation: Proclamation No.133/2006.

⒃　The Amhara National Regional State Rural Land Administration and Use System Implementation, Council of Regional Government Regulation No.51/2007.

⒄　正確には，EPRDF 傘下のアムハラ民族民主運動（Amhara National Democratic Movement: ANDM）の党員である。傘下の党は，各州の中心となるエスニック・グループ名を冠した政党名をつけており，アムハラ州では ANDM である。ただし，人々は通常 ANDM ではなく EPRDF（アムハラ語の略称で *Ehadig*）と呼んでいる。

⒅　住民からの聞きとりによると，ANDM の党員に関する活動であるということであった。

⒆　土地再分配はアムハラ州各地で行われたが，土地の割当面積は人口規模や対象地域の可耕面積の多寡により地域で異なる（Ege 2002, 64; Mekonnen 1999; Teferi 1998; Yigremew 2001, 18-19; Young 2006, 183）。

⒇　ここでいう「キョウダイ」とは，兄弟と姉妹の両方を含む。

(21)　本項の情報は，2015年10〜11月および2016年7月に行った郡土地管理局および村落地区土地管理委員会委員等からの筆者聞きとりに基づく。

(22)　実際には4つの集落があるが，2つの集落については統合されて1つの下部委員会が設置されている。

(23)　配偶者が遺されている場合は，他地域へ移住したり，新たに結婚したり死亡するまでは，そのまま配偶者がその土地を使用することができる（州規定第11条8項）。

134

⑭　南ゴンダール郡農村部の平均出生率は約5人である（Central Statistical Agency 2010）。

⑮　2015年8月郡土地管理局担当者からの聞きとり。

⑯　正確にはエチオピア暦 *Megabit*（3/10〜4/8）である。

〔参考文献〕

＜日本語文献＞

岩田拓夫　2010.『アフリカの地方分権化と政治変容』晃洋書房.

遠藤貢　2005.「『民主化』から民主化へ？──『民主化』後ザンビアの政治過程と政治実践をめぐって」『アジア経済』（46）　11・12月　10-38.

河野勝　2002.『制度』東京大学出版会.

児玉由佳　2015a.「2015年エチオピア総選挙──現政権圧勝後の展望──」『アフリカレポート』（53）　10月　62-67.

─── 2015b.「エチオピアにおける土地政策の変遷からみる国家社会関係」武内進一編『アフリカ土地政策史』アジア経済研究所　225-254.

─── 2017.「土地を獲得する女性たち──アムハラの結婚は変わるのか？」石原美奈子編『現代エチオピアの女たち』明石書店　28-45.

佐川徹　2016.「フロンティアの潜在力─エチオピアにおける土地収奪へのローカルレンジの対応」遠藤貢編『武力紛争を越える─せめぎ合う制度と戦略のなかで』京都大学学術出版会　119-149.

津田みわ　2005.「『民主化』とアフリカ諸国」『アジア経済』（46）　11・12月　2-9.

山﨑孝史　2016.「境界，領域，『領土の罠』─概念の理解のために─」『地理』61（6）6月　88-96.

＜外国語文献＞

＊エチオピア人の姓名は姓に父親の名を使用しているため，混乱を防ぐために，エチオピア人の著者名は，名・姓の順番で表記した。本文でも姓ではなく名で表記している。

Aalen, Lovise and Kjetil Tronvoll. 2009. "The End of Democracy? Curtailing Political and Civil Rights in Ethiopia." *Review of African Political Economy* 36: 193-207.

Abbink, Jon. 2011. "Ethnic-Based Federalism and Ethnicity in Ethiopia: Reassessing the Experiment after 20 Years." *Journal of Eastern African Studies* 5 July: 596-618.

Bahru Zewde. 2002. *A History of Modern Ethiopia, 1855-1991.* 2nd ed. Addis Ababa: Addis Ababa Unvieristy Press.

Bahru Zewde and S. Pausewang. 2002. *Ethiopia: The Challenge of Democracy from Below.*

Uppsala and Addis Ababa: Nordiska Africainstitutet and Forum for Social Studies.

Berhanu Nega, Berhanu Adenew and Samuel Gebre Sellasie. 2003. "Current Land Policy Issues in Ethiopia." *Land Reform, Land Settlement, and Cooperatives* 11 (3) December: 103-124.

Bezu, Sosina and Stein Holden. 2014. "Demand for Second-Stage Land Certification in Ethiopia: Evidence from Household Panel Data." *Land Use Policy* 41 November: 193-205.

Central Statistical Agency. 2010. *Population and Housing Census of Ethiopia: Results for Amhara Region: Part III: Statistical Report on Population Dynamics (Fertility, Mortality and Migration Conditions of the Population).* Addis Ababa: Central Statistical Agency.

——— 2011. *Statistical Abstract 2011/2012 (DVD).* Addis Ababa: Central Statistical Agency.

Chinigò, Davide. 2015. "The Politics of Land Registration in Ethiopia: Territorialising State Power in the Rural Milieu." *Review of African Political Economy* 42: 174-189.

Daniel W. Ambaye. 2015. *Land Rights and Expropriation in Ethiopia.* Cham: Springer.

Deininger, Klaus and Hans Binswanger. 1999. "The Evolution of the World Bank's Land Policy: Principles, Experience, and Future Challenges." *The World Bank Research Observer* 14(2) August: 247-276.

Dessalegn Rahmato. 1984. *Agrarian Reform in Ethiopia.* Uppsala: Scandinavian Institute of African Studies.

——— 2008a. "Ethiopia: Agriculture Policy Review." In *Digest of Ethiopia's National Policies, Strategies and Programs,* edited by Taye Assefa. Addis Ababa: Forum for Social Studies, 129-151.

DRMFSS (Disaster Risk Management and Food Security Sector) 2004E.C. 'Administrative Region, Zone and Woreda Map of Amhara' (http://www.dppc. gov.et/downloadable/map/administrative/2005/Amhara.pdf　2016.6.25アクセス).

Dunning, Harrison C. 1970. "*Land Reform in Ethiopia: A Case Study in Non-Development.*" *UCLA Law Review* 18(2) December: 271-307.

Ege, Svein. 2002. "Peasant Participation in Land Reform: The Amhara Land Redistribution of 1997." In *Ethiopia: The Challenge of Democracy from Below,* edited by Bahru Zewde and S. Pausewang. Uppsala and Addis Ababa: Nordiska Africainstitutet and Forum for Social Studies, 71-86.

Gilkes, Patrick. 2015. "Elections and Politics in Ethiopia, 2005-2010." In *Understanding Contemporary Ethiopia: Monarchy, Revolution and the Legacy of Meles Zenawi,* edited by P. Gérard and É. Ficquet. London: Hurst, 313-331.

Hoben, A. 1973. *Land Tenure among the Amhara of Ethiopia: The Dynamics of Cognatic Descent*. Chicago: University of Chicago Press.

Lavers, Tom. 2012. "'Land Grab' as Development Strategy? The Political Economy of Agricultural Investment in Ethiopia." *Journal of Peasant Studies* 39(1) March: 105-132.

Lefort, René. 2007. "Powers-Mengist-and Peasants in Rural Ethiopia: The May 2005 Elections." *The Journal of Modern African Studies* 45(2) June: 253-273.

——— 2010. "Powers-Mengist-and Peasants in Rural Ethiopia: The Post-2005 Interlude." *The Journal of Modern African Studies* 48(3) September: 435-460.

——— 2012. "Free Market Economy, 'Developmental State' and Party-State Hegemony in Ethiopia: The Case of the 'Model Farmers'." *The Journal of Modern African Studies* 50(4) December: 681-706.

Manor, James. 1999. *The Political Economy of Democratic Decentralization*. Washington, D.C.: World Bank.

Marcus, Harold. G. 1994. *A History of Ethiopia*. Berkeley: University of California Press.

Mekonnen Lulie. 1999. "Land Reform and Its Impact on the Environment: The Case of Gidan Woreda." In *Food Security through Sustainable Land Use: Policy on Institutional, Land Tenure, and Extension Issues in Ethiopia* (*Proceedings of the First National Workshop of NOVIB Partners Forum on Sustainable Land Use*), edited by Taye Assefa. Addis Ababa: NOVIB Partners Forum on Sustainable Land Use, 175-201.

Merera Gudina. 2011. "Elections and Democratization in Ethiopia, 1991-2010." *Journal of Eastern African Studies* 5 (4) March: 664-680.

Ministry of Agriculture and Natural Resources. 2017. "Proclamation Land." Addis Ababa: Ministry of Agriculture and Natural Resources (http://www.moa.gov.et/web/pages/proclamationland　2017.8.7アクセス).

MoFED (Ministry of Finance and Economic Development). 2002. *Ethiopia: Sustainable Development and Poverty Reduction Program*. Addis Ababa: MoFED.

——— 2010. *Growth and Transformation Plan* (*GTP*) *2010/11-2014/15: Draft*). Addis Ababa: MoFED.

Mulugeta Debebbe Gemechu. 2012. "Decentralization in Ethiopia: The Case of Dendi District, West Shoa Zone, Oromia; Concept and Process." Ph D.diss., Faculty of Spatial Planning, Technische Universität.

Pausewang, Siegfried. 1983. *Peasants, Land, and Society: A Social History of Land Reform in Ethiopia*. München: Weltforum Verlag.

Pausewang, Siegfried, Fantu Cheru, S. Brüne and Eshetu Chole. 1990. *Ethiopia: Rural Development Options*. London and New Jersey: Zed Books.

第 3 章 農村部を領域化する国家 137

Perham, Margery. 1969. *The Government of Ethiopia*. London: Faber and Faber.

Sack, Robert David. 1986. *Human Territoriality: Its Theory and History*. Cambridge: Cambridge University Press.

SARDP (SIDA-Amhara Rural Development Program). 2010. *Land Registration and Certification: Experiences from the Amhara National Regional State in Ethiopia*. Addis Ababa: BoEPLAU/SIDA.

Teferi Abate. 1998. *Land, Capital and Labour in the Social Organization of Farmers: A Study of Household Dynamics in Southwestern Wollo, 1974-1993*. Addis Ababa: Department of Sociology and Social Administration, College of Social Sciences, Addis Ababa University.

Vaughan, Sarah. 2011. "Revolutionary Democratic State-Building: Party, State and People in the EPRDF's Ethiopia." *Journal of Eastern African Studies* 5 (4): 619-640.

World Bank. 1997. *World Development Report 1997: The State in a Changing World*. New York: Oxford University Press.

Yigremew Adal. 2001. *Land Redistribution and Female-Headed Households: A Study in Two Rural Communities in Northwest Ethiopia*. Addis Ababa: Forum for Social Studies.

Young, John. 2006. *Peasant Revolution in Ethiopia: The Tigray People's Liberation Front, 1975-1991*. Cambridge: Cambridge University Press.

第4章

南アフリカにおける
慣習的土地保有権改革をめぐる争点と課題

佐 藤 千 鶴 子

はじめに

　南アフリカを含む南部アフリカの入植者植民地では，独立（民主化）後，白人入植者により奪われた土地を現地の人々に再分配するため，土地改革が実施された（佐藤 2009）。同時に，南アフリカでは，植民地化以降，白人政権によりアフリカ人農村地帯として指定されてきた地域に居住する住民の土地に対する権利強化も重要な政策課題として提起された。国土のおよそ13％に相当するこれらの土地は，植民地期から20世紀前半にかけては原住民居留地，20世紀後半のアパルトヘイト時代には「ホームランド」ないし「バンツースタン」と呼ばれ，歴史的に貧困や低開発，出稼ぎ労働と関連づけて理解されてきた地域である（図4-1参照）。土地改革政策が導入されたものの，同政策を通じて白人から黒人へ移転された土地の量が限定的な南アフリカでは[1]，アフリカ人農村地帯といえば今でもそれは基本的に旧ホームランドを指し，そこには人口の約3割が居住している。

　旧ホームランドの土地保有制度は，多くのアフリカ諸国同様，一般に慣習的土地保有（customary land tenure）と呼ばれるものである。その特徴は，土地に対する権利が重層的に存在し，何らかの集団に帰属することによって個人ないし世帯が土地を占有・利用する権利をもつ，ということにある。旧

図4-1 南アフリカのホームランド(1994年以前)

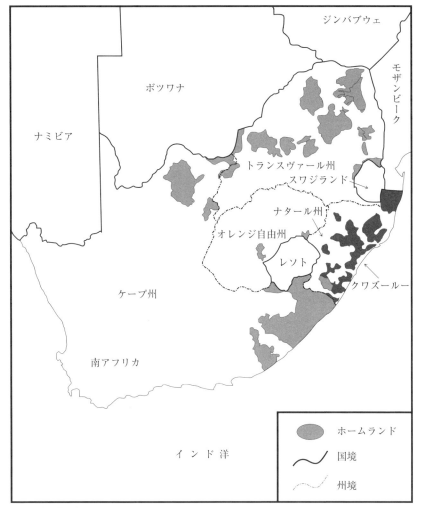

(出所) 筆者作成。
(注) グレーの濃い部分は,本章が事例分析の対象とした旧クワズールー・ホームランド。

ホームランドの土地に対する法的な所有権は，旧クワズールーを除き，国家に属する[2]。旧ホームランドの住民は，土地に対する法的な権利はもたないが，一般には伝統的首長（チーフ）を中心とする集団の一員であるという事実を通じて，家を建てて住む土地とともに，畑を耕作し，家畜を放牧する権利をもつ。住民の土地に対する権利は，法的な権利所有者のそれとは性質が異なっており，たとえば，土地を担保に金融機関から融資を受けることは通常，不可能である。だが，住宅用地や畑については，いったん土地を配分された後には，その土地を利用しているかぎり土地を失うことはなく，相続も可能である（Bennett 2004）。このような慣習的土地保有は，旧ホームランド以外の土地，すなわち国土の87％に適用されている私的所有権（freehold）とは異なるものである。

慣習的土地保有下にある農村住民の土地に対する権利の強化は，1990年代以降，多くのアフリカ諸国において参加型開発の観点から重要な政策課題となった（Bruce and Knox 2009, 1365-1366）。南アフリカでは，1996年に採択された南アフリカ憲法第25条6項および同9項が旧ホームランド住民の土地に対する権利を強化する必要性について明言した[3]。翌年には『土地政策白書』（1997年）が発表され，民主化後の土地改革政策の3本柱のひとつとして土地保有権改革（tenure reform）が提起された（DLA 1997, 9）。同改革を実施するため，2004年に「共有地権利法」（Communal Land Rights Act, 11 of 2004——以下，CLaRA）が制定された。土地の配分権限を正式に伝統的指導者（traditional leaders）に移譲することで，CLaRA は旧ホームランドの土地管理における伝統的指導者の権限を強化する意図をもっていた。だが CLaRA に対しては，土地管理における伝統的指導者の権限強化に異議を唱える人々により違憲訴訟が起こされることになった（Claassens and Cousins eds. 2008）。

本章では，CLaRA とその違憲訴訟をとり巻く問題群を分析することを通じて，民主化後の慣習的土地保有権改革をめぐる争点と課題を明らかにしようと試みる。出発点として第1に，民主化後の土地保有権改革において，なぜ伝統的指導者の土地配分権限を強化するような法律（CLaRA）が制定され

たのか，その背景を探るため，南アフリカにおける伝統的指導者の歴史的な位置づけと民主化後の復権について検討する（第1節）。第2節では，CLaRA制定に至る土地保有権改革政策とCLaRA違憲訴訟の考察を通じて，旧ホームランドの土地保有権改革をめぐる争点を明らかにする。後に述べるように，CLaRAに対しては2010年，法律制定過程に関する手続き的な理由で憲法裁判所が違憲判決を下した。他方で，伝統的指導者が土地配分権限をもつことを含め，CLaRAの個々の規定について裁判所は判断を下さなかった。それゆえ，CLaRA違憲訴訟を起こした人々が提起した問題について，訴訟では深く掘り下げられることはなかったといえる。本章では，訴訟を通じて提起された問題の重要性と汎用性について，旧クワズールー農村における土地利用と土地管理の事例分析を基に検討する（第3節）。

第1節　民主化後の南アフリカにおける伝統的指導者の復権

1．南アフリカの伝統的指導者と間接統治

　伝統的指導者とはローカルなアフリカ社会の伝統と慣習に依拠する指導者であり，王，チーフ（首長），ヘッドマンなどから構成され，伝統的権威（traditional authority）や部族[4]権威（tribal authority）とも記される。南アフリカ憲法は第211条と212条において伝統的指導者の地位と役割を認めており，2016年初頭の時点で，王とパラマウント・チーフが13人，チーフが829人，ヘッドマン／ウーマンが7399人いるとされる（FFC 2016）。

　ローカルなアフリカ社会の伝統と慣習に依拠するといっても，南アフリカの伝統的指導者もまた，ほかのアフリカ諸国と同様，植民地化以降の歴史のなかで，その役割が変化してきたことも事実である。とりわけ重要なのは，英領ナタール植民地期に導入された間接統治のシステムであった[5]。その発端は，1849年の「ナタール条例」（Natal Ordinance, 3 of 1849）に遡る。同条例

は伝統的指導者が植民地政府の代理人として住民統治にあたることを意図しており，アフリカ人の慣習法を正式に認めたうえで，チーフの任命・罷免権と慣習法の改正・変更権限をもつ最高首長（Supreme Chief）の地位をナタール植民地副総督に与えた。また，植民地政府は，同地に存在した数多くの首長国（チーフダム）を「部族」（tribes）集団とし，各集団の境界を定めて領土を固定化した。チーフダムの長であったチーフは，「部族」の長として末端の行政官となり，税金の徴収などを行うとともに，民事訴訟や軽犯罪に関する裁判権と土地の配分権を認められた。植民地支配を受け入れない人々やチーフダムを征服するために兵士を動員する役割も担った。1863年以降は，植民地政府からチーフに対して給与が支給された。他方，1906年のバンバタ（Bambatha）の反乱[6]など，チーフは植民地支配に対する抵抗勢力の中心となる場合もあったが，反乱が鎮圧された後にはチーフの地位を剥奪され，植民地政府によって，体制に協力的な者が代わりにチーフに任命された。チーフを擁しない集団やほかの地域から移動してきた人々を集めて，植民地政府が任命したチーフのもとで，新たに「部族」がつくり出される場合もあった（Lambert 1995; Guy 2013）。それゆえ，現在の南アフリカのチーフには植民地化以前のチーフダムの指導者の家系に由来する人々と，植民地化以降に任命された人々の子孫の両方がいる[7]。いずれの場合にも，世襲制により地位が引き継がれてきた[8]。

　英領ナタール植民地で考案された間接統治のシステムは，20世紀初頭に南アフリカ連邦が成立した後，1927年の「原住民統治法」（Native Administration Act, 38 of 1927）により全国に適用されることになった。同法は伝統的指導者の地位を正式に認め，「部族」を新たにつくったり，分割したりする権限と，チーフやヘッドマンを任命・罷免する権限を原住民問題担当大臣（Minister of Native Affairs）に与えた（Peires 2014, 15-16）。さらに，1948年に国民党政権が誕生すると，「バンツー統治機構法」（Bantu Authorities Act, 68 of 1951）が制定され，伝統的指導者は，南アフリカ政府が指定した8（最終的には10）の「民族」集団ごとのホームランドで「部族統治機構」（tribal authority）として

地方政府の役割を担うことになった。また，クワズールーのように，ホームランド議会の議員の多数をチーフが占める場合もあった（佐藤 2000）。

2．民主化後の復権とその背景

こうして，アパルトヘイト体制の一翼を担い，ホームランドで「専制的な」住民統治を行ってきた伝統的指導者は民衆の支持を失ったとする議論が，民主化前後から複数の研究者により行われるようになった（Mamdani 1996）。世襲制に基づく伝統的首長制はそもそも民主主義体制とは相容れないとする研究や（Ntsebeza 2005），慣習法のもとでは女性の権利が十分に認められていないとする女性団体からの批判もあった（Amtaika 1996）。こういった批判的意見にもかかわらず，南アフリカ憲法は伝統的指導者の存続を認め，その後2003年に「伝統的指導者および統治の枠組み法」(Traditional Leadership and Governance Framework Act, 41 of 2003——以下，伝統的指導者枠組み法）が制定され，文化的側面に限定されない，多岐にわたる役割が伝統的指導者に与えられることになった。

民主化後の伝統的指導者の復権はいかにして起こったのか。これまで4つの主要因が指摘されてきたが，それらは排他的なものではなく，補完的に機能した。第1は，南アフリカの民主化と伝統的指導者の復権が起こった1990年代の国際的潮流において，先住民権運動の盛り上がりなどを通じて文化的権利の復権が重要視されたことである。伝統的指導者は，近代化の波にのまれて失われつつあった伝統文化や慣習，言語などを体現する存在とみなされた（Oomen 2005, 3-13）。

第2は，民主化前後の国内政治をめぐる状況，とりわけインカタ自由党(Inkatha Freedom Party: IFP) とアフリカ民族会議（African National Congress: ANC）の競合関係である。IFP は，クワズールー・ホームランドの政党であったインカタが1990年に名称変更してできた政党であり，1990年代初頭にはクワズールーで大きな支持を得ていたのみならず，ズールー人の多く住む

ハウテン州の黒人都市居住区（タウンシップ）においても一定の支持者を有していた。1990年にネルソン・マンデラが釈放され，ANCが合法化されて国内で圧倒的な支持を集めていった際にも，クワズールー農村ではIFPに対する支持が揺るがなかった。IFPに対する民衆の支持が，ズールー王やチーフを介したものだと考えられていたため，民主化とともに新たに政権を担うにあたり，ANCは伝統的指導者をないがしろにすることができなかったのである（佐藤 2000; Amtaika 1996）。また，近隣のアフリカ諸国における独立後の経験が，ANCが政権を担ううえでの教訓となっていた。とりわけ，モザンビーク民族抵抗（RENAMO）によるモザンビーク政府に対する戦争において，政府に不満をもつチーフを介した動員があったことをANCは十分に理解していた（Lowe 1991, 206）。

　第3は，伝統的指導者自身が団体結成や政治家として活動することを通じて政治への働きかけを強め，自らの権力や役割を維持し，強化する方向へと政策を動かしてきたことである（Oomen 2005, 95-98; Holomisa 2009; 2011）。最も有名で影響力をもつ伝統的指導者の団体は，南アフリカ伝統的指導者会議（Congress of Traditional Leaders of South Africa: CONTRALESA）として知られる。CONTRALESAは1986年，クワンデベレ・ホームランドの「独立」計画に反対の意思を表明したチーフらにより結成された団体であり，1990年代初頭の民主化交渉において，慣習法上の伝統的指導者の権限が民主化後も認められるよう積極的に発言するようになった。民主化後には，同団体の代表を務めたこともあるパテキレ・ホロミサ（Phathekile Holomisa）や，マンデラの孫であるマンドラ・マンデラ（Mandla Mandela）など，複数のチーフが与党ANCの国会議員として政策形成に影響を及ぼし続けている。

　最後に第4の要因として，選挙で選ばれた地方議員からなる地方政府が公共サービスの提供に関して期待された役割を果たすことができず，地方議員による汚職問題がたびたび報道されていることが挙げられる（Ainslie and Kepe 2016）。民主化以前，伝統的指導者はホームランドで地方政府の役割を担っていた。そこで「専制的な」住民統治（Mamdani 1996）が行われていた

可能性は否定できないが，その一方でホームランド政府から運営上も財政的にも十分な支援を受けられないなかで地方政府の役割を果たすうえでは，チーフらは地元住民からの支持や了承を得る必要があり，そのことを通じて一定の正統性を維持してきたとする研究もある（McIntosh 1992）。民主化後，選挙で選ばれた地方議員と市長からなる地方政府が樹立され，伝統的指導者は地方行政の担い手ではなくなった[9]。だが，地方政府の能力不足や地方議員の汚職問題が露呈するなかで，民主的に選ばれるか否かが住民に対するアカウンタビリティをもつかどうかとは必ずしも直結しないことが明らかになったのである。

　伝統的指導者枠組み法は，民主化後の伝統的指導者の役割について多岐にわたる項目を列挙した。加えて，伝統的指導者が歴史的に行使してきた権限と役割を再定義するための政策論議のなかでとくに重要なのが2004年に成立した CLaRA と「伝統的裁判所法案」（Traditional Court Bill, 2008）であった。ところが，伝統的指導者による土地の配分権限を強化すると考えられた CLaRA は2010年に違憲判決が出て執行停止となり，伝統的裁判所法案は国会の公聴会で反対意見が多く出た結果（Mnisi-Weeks 2011），2012年に法案撤回となった[10]。伝統的指導者の土地配分権限を強化することには，具体的にどのような問題が存在するのか。次節では，民主化後の土地保有権改革政策と CLaRA 違憲訴訟の検討を通じて，慣習的土地保有権改革の争点を考察する。

第2節　土地保有権改革政策と CLaRA 違憲訴訟

1. 『土地政策白書』(1997年)

　民主化後の新たな土地政策の概要は，1997年に発表された『土地政策白書』（以下，『白書』）で示された。『白書』は，土地改革政策として3事業を

提案した。第1が人種間に存在する土地所有の不平等を是正するために白人所有農地を黒人に分配する土地再分配，第2が人種差別的な法律や慣行により土地を奪われた人々への土地返還，そして第3が旧ホームランド住民や白人農場に住む小作人の土地に対する権利を保証するための土地保有権改革である[11]。旧ホームランドの土地制度に関して『白書』が問題としたのは2点あった。1つは，住民の土地に対する権利が正式に認められておらず脆弱な状態にあることである。もう1つは，旧ホームランドに一般的にみられる共同の土地保有管理システムが混乱していて，かつ女性を差別するなど民主的な原則に反していることである（DLA 1997, 30-34）。

これらの問題に対処するため，『白書』は，「はるか昔から特定の集団ないし部族に属するとされてきた」地域を含めて，「長期にわたり土地を保有してきた人々の権利は所有権（ownership rights）として扱われるべきである」（DLA 1997, 66）と述べ，土地に対する既存の権利の認知を出発点とする，という指針を示した。白人入植者により国土の大部分に私的所有権が導入された南アフリカで，それとは異なる形態の土地権，とくに植民地化以前の土地に対する権利までをも集団の権利として所有権と同等に扱うというのは画期的な判断である。そこには，人種差別的な法律や制度のために黒人には土地を所有する権利が認められてこなかったという歴史認識と，保有権改革はそのような過去の不正義の是正に貢献すべきである，という考えが表れている。

この指針は，新たに法律を制定するまでの暫定措置とされた「非公式な土地権の暫定保護法」（Interim Protection of Informal Land Rights Act, 31 of 1996）に具体化された。同法は，旧ホームランド住民など，占有する土地に対して明白な法的権利をもたない人々の既得権益（土地権）を守ることを目的としており，土地が開発や取引の対象となる際に，その土地に対して非公式な権利をもつ人々が利害関係者として扱われなければならないと定めている（DLA 1997, 62）。同法は有効期限つきの法律とされたが，新たな法律の制定が進まないため，毎年，国会で更新され続けている。

住民の土地権に関する既存の慣行を認め保護する一方で，『白書』は，土

地権の管理にかかわる集団内部の権力構造の民主化も保有権改革の重要な要素とした。「土地の所有権は，チーフ，部族統治機構，信託人，コミュニティではなく，土地（property）の共同所有者である集団の成員に帰属する」（DLA 1997, 66），のである。集団による土地保有システムは，憲法の定める基本的人権を守らなければならず，女性を含めた集団の成員は，土地の管理とアクセスに関する意思決定に参加する権利をもつ。『白書』には，基本的人権に基づく土地権という考え方が明白に打ち出されている。また，民衆から支持されているチーフがいる一方で，権力を乱用しているチーフもいると述べるなど，伝統的指導者に対する不信感が各所で示された。

『白書』発表後，この指針に沿った「土地権法案」（Land Rights Bill）が土地問題省（以下，土地省[12]）内で議論されたが，同法案は結局，国会に提出されないまま，担当大臣の交代を経てお蔵入りとなった。その後，2002年頃から新たな法案が議論されるようになり，最終的に2004年にCLaRAが制定された。だがCLaRAは，土地権法案の草稿にかかわった外部の専門家にいわせれば，『白書』の理念に基づく「土地権法案とは根本的に異なる」ものだった（Cousins 2008, 13）。

2．「共有地権利法」（CLaRA）

2004年に成立したCLaRAは10章47条からなり，第1条で同法が対象とする「共有地」の定義＝「あるコミュニティの成員により，そのコミュニティの規則や慣習に依拠しつつ占有または利用されている，あるいはそうされることになる土地」が示される。この定義に含まれるおもな土地は，（1）登記上，国の所有となっている旧ホームランド，（2）黒人による土地所有が制限された20世紀初頭より前に黒人が集団で取得した土地[13]，（3）民主化後の土地改革により集団に移転された土地である（第2条）。1994年の選挙直前に，IFPを選挙に参加させる目的で行われた政治取引により，国からズールー王に所有権が移転された旧クワズールー（現クワズールー・ナタール王領地）[14]も

対象となる。

CLaRA の目的は，これら共有地で人々や集団がもっている土地に対する公式・非公式，登記・未登記のさまざまな権利（「旧制の権利」）を，新しい権利（「新制の権利」）に変更することにあった。ここには，現存の「土地に対する既得権」の認知を保有権改革の出発点とするという『白書』の指針が表れているようにみえる。また，旧制の権利を新制の権利に変更する前段階として，土地権調査を実施することが定められた。調査官は，「競合ないし対立する土地の権利，権益，保有権」について調べたうえで，競合する権益をすべて満たすことができない場合の救済策も検討する（第14〜17条）。

CLaRA が定める新制の権利は2つに分けられる。1つは共有地全体の所有者としての権利であり，それは共有地を占有するコミュニティに与えられる。共有地はコミュニティの名で登記されることになるが，そのために当該コミュニティは「コミュニティ規則」を定めて法人格を取得し，土地管理委員会を設立しなければならない。同委員会のおもな権限と義務には，当該コミュニティ内の土地配分や土地取引の記録，土地をめぐる争いの解決の促進，共有地内の開発のための関連自治体との連絡調整などが含まれる（第3，19，21〜24条）。もう1つは共有地内の土地片に対する権利であり，それはコミュニティの成員に与えられ，住民個人の名で登記される（第18条3項b）。共有地を所有するコミュニティ，および共有地内の土地片を所有する個人の両方に対して，「共有地権証書」（Deed of Communal Land Right）が発行され（第6条），登記済みの権利は私的所有権（freehold ownership）に転換することもできる（第9条）。

土地管理については2つの機関が想定されている。第1が上記の土地管理委員会，第2が同委員会を監督する政府機関となる土地権庁（Land Rights Board）である（第8章）。このうち，土地管理の民主化を考えるうえで重要なのは土地管理委員会の構成と権限である。『白書』がとくに重視していたのは女性に対する差別の撤廃と意思決定構造への女性の参加であったが，CLaRA には女性の権利に関する言及が繰り返しみられる。たとえば，土地

管理委員会の委員のうち少なくとも3分の1は女性でなければならないとされ（第22条3項），女性は男性と同等の土地保有権をもち（第4条3項），未亡人や女性単独でも土地権をもつとされる（第18条4項b）。

　その一方でCLaRAは，コミュニティ内に伝統的評議会（traditional council）が存在する場合，同評議会が土地管理委員会の権限と義務を行使することができるとも定めていた（第21条2項）。伝統的評議会とは，伝統的指導者枠組み法（2003年）により地方に設立される評議会で，アパルトヘイト時代のバンツー統治機構法（1951年）により設立された部族統治機構がその母体となっている（Cousins 2008, 13）。伝統的指導者枠組み法は，評議員の3分の1を女性とすること，評議員の40％は民主的に選ばれた「伝統的コミュニティの成員」とすべきことなどを定め[15]，民主主義と男女平等の理念を導入することで伝統的指導者による統治システムの変革をはかろうとしたものであった。だが，部族統治機構を前身に設立される伝統的評議会が土地管理委員会となることについては賛否が分かれた。これは，土地管理の権限を伝統的指導者から切り離そうとした『白書』の姿勢からはかけ離れたものでもあった。それゆえ，伝統的評議会が土地管理を担うことに異議を唱える人々により，CLaRAに対して違憲訴訟が起こされることになったのである。

3．CLaRA違憲訴訟

　CLaRAをめぐる裁判は，2006年，白人リベラル活動家らの支援を受けた4つの農村コミュニティ[16]がハウテン州北高等裁判所に対して，CLaRAと伝統的指導者枠組み法のいくつかの規定が違憲であるとの訴えを起こしたことに始まる。原告は，2つの理由でCLaRAが違憲であると主張した。

　第1の理由は，人々がすでにもつ土地保有権の安全がCLaRAにより失われてしまう，というものであった。その根拠として2つの主張がなされた。第1の主張は，部族統治機構の後継である伝統的評議会による土地管理にかかわっており，CLaRA第21条2項の解釈をめぐるものであった。土地省は，

この条項を，伝統的評議会は土地管理委員会の役割を果たすことができるという文字どおりの意味で解釈した。それに対して訴訟を起こした人々は，「伝統的評議会が存在するところでは，大抵，同評議会が土地管理委員会となる」と解釈した。その理由は，「どの構造が土地管理委員会として行動するかについて選択権を行使するための手続き」がCLaRAに規定されていないため（Cousins 2008, 13），伝統的評議会以外の組織が土地管理委員会となることをCLaRAは想定していないことになるからである。この主張の背後には，伝統的評議会そのものに対する不信感がある。第2の主張は「コミュニティ」の枠組みにかかわっていた。原告となった4コミュニティはいずれも，伝統的評議会＝部族統治機構の管轄範囲という枠組に対して，その内部に存在する小さな枠組み・範囲に住む人々の相対的な自律性を主張した。CLaRAにより，共有地の所有権が「部族」という枠組みに移転されることを懸念したのである。

　CLaRAが違憲であるとする第2の理由は，制定手続きにかかわっていた。南アフリカでは，各法案が国会で審議にかけられる際に，政府の法律アドバイザーにより憲法の第75条法案か第76条法案のいずれかに分類され，両者は審議過程が異なっている。中央政府が排他的権限をもつ事項に関する法案は第75条法案，それに対して中央と州政府の両方が権限をもつ事項に関する法案は第76条法案としてタグ付けされる。CLaRAは第75条法案として審議されたが，それは誤りで，CLaRAは第76条法案として審議されるべきであったと原告は主張した。なぜならば，CLaRAの規定は慣習法や伝統的指導者に関連しており，これらは州と中央政府の双方が権限をもつ事項であるからである（Murray and Stacey 2008）。政府の法律アドバイザーは，CLaRAが土地にかかわる法律であり，土地については中央政府のみが政策立案権限をもつという理由で第75条法案としていた。

　以上のような原告の主張に対し，2009年10月，ハウテン州北高等裁判所は，CLaRAのいくつかの規定が無効であり，慣習法や伝統的指導者に影響を与えるCLaRAは第76条法案として審議，制定されるべきであったとの判決を

下した。しかしながら、国会はこの間違いを故意に起こしたのではなく、州の見解を抑圧する意図もなかったとして、制定手続きの誤りにより CLaRA はすべて違憲であるとの訴えは退けた（North Gauteng High Court 2009）。高等裁判所による法律の無効判決は憲法裁判所での追認が必要であるため、CLaRA をめぐる訴訟は憲法裁判所へと送られた。原告側も、手続き的な理由で CLaRA 全体が違憲であるとの訴えを高等裁判所が却下したことについて上訴した。

　2010年5月に出された憲法裁判所の判決は、CLaRA の目的が、「土着法により治められている共有地の利用、占有、管理について新しいレジームを導入」することにあり、伝統的指導者は、「伝統的評議会を通じて共有地の管理に関して広範におよぶ権限をもつようになる」として、CLaRA は第76条法案とするのが適当であった、という高等裁判所の見解を支持した。しかしながら、この点を理由に CLaRA が違憲であるとの判決を高等裁判所が出さなかったことは誤りであるとし、このタグ付け問題により CLaRA 全体が違憲であると結論づけた。他方で、CLaRA の個々の規定が違憲かどうかについては、原告が見解を求めたにもかかわらず、CLaRA 全体が違憲であると判断された今では問題は終わりであるとして判断を下さなかった（Constitutional Court of South Africa 2010）。憲法裁判所の判決の結果、CLaRA の施行は見送られることになった。

4．違憲訴訟を起こしたコミュニティが提起した問題

　CLaRA に対する違憲判決は手続き的な理由で出されたものであったが、訴訟を起こした人々が提起した、共有地の所有者となるコミュニティの境界をどこに定めるかという問題は、集団への帰属により土地に対する権利が認められてきた慣習的土地保有制度の改革を考えるうえで核心をつくものである。原告が主張したように、アパルトヘイト時代の部族統治機構の後継である伝統的評議会が土地管理委員会の役割を果たすとするならば、CLaRA が

想定した共有地の所有者たる「コミュニティ」とは部族を指していた。部族ごとの人口統計など存在しないが，伝統的指導者の権限強化に反対する代表的な南アフリカ人研究者の1人であり，CLaRA違憲訴訟にもかかわっていたクラーセンは，部族＝コミュニティとした場合の人口規模を1万〜2万人と推定している（Claassens 2008, 265）。筆者の大まかな試算でも，旧ホームランドの人口約1500万人を全国のチーフ数830で割ると，チーフ1人当たりの人口は1万8000人となり，クラーセンの値とほぼ一致する[17]。実際には部族ごとに人口規模は異なるだろうが，1万を超える人々を土地の共同所有者の単位として，共有地を管理する委員会を設立することが果たして現実的かどうかは問われるべきだろう。

　これに対して違憲訴訟を起こした人々は，伝統的評議会の管轄範囲に存在する，部族よりも小さな領域に住む人々からなるコミュニティの相対的な自律性を主張した。原告の1つであるカークフォンテイン（Kalkfontein）は，もともと1920年代に白人から2つの農場を購入した人々の子孫からなる集団である。当時は黒人による土地所有が認められていなかったため，農場は原住民問題担当大臣を信託人とする信託地（trust land）として登記された。その後，アパルトヘイト政府の土地合併計画（consolidation plan）により農場がクワンデベレ・ホームランドに組み込まれ，住民はンズンザ（Ndzundza）部族統治機構の管轄下におかれた。しかしながら，住民は部族統治機構による土地管理を認めず，裁判を通じてその正当性を争うことになった。最終的に2008年，土地返還事業により農場の所有権がコミュニティの信託組合（community trust）に移転されたが，チーフは管轄地域内に独立したコミュニティが存在することを認めてはいない（Claassens and Gilfillan 2008, 310）。同様にマクレケ（Makuleke）も，アパルトヘイト時代の強制移住政策によりのちにガザンクル・ホームランドの一部となるミンガ（Mhinga）部族統治機構の管轄地域に移住させられたという歴史的背景をもつ集団である。そのため，ミンガ部族とは異なる独立したコミュニティとしてのアイデンティティを主張したが，ミンガ・チーフはこのようなマクレケの主張に真っ向から反対した

(North Gauteng High Court 2009)。

　カークフォンテインやマクレケは，アパルトヘイト政策により意思に反して「部族」に組み込まれたコミュニティであるが，違憲訴訟を起こした人々以外にも，強制もしくは自発的な移住を通じて結果的にエスニシティの異なる伝統的指導者の管轄地域に住むようになった人々や，領域内に高い異質性が存在する「部族」は，とくに北西州の鉱業地帯に多く存在する（Comaroff and Comaroff 2009; Manson 2013, 415）。これらの地域はツワナの伝統的指導者からなる伝統的評議会の管轄下にあるが，東ケープ州から出稼ぎに来て住み着いたコーサ人の鉱山労働者も多く，CLaRA のような法律が実施されると，土地配分の際にコーサ人が排除されてしまう可能性がある。

　さらに，CLaRA が，法律の適用される対象地として，旧ホームランドのみならず，黒人による土地所有が禁止される以前に黒人が購入した土地や，民主化後の土地改革を通じて黒人が新たに獲得した土地をも含んでいたことも，「コミュニティ」の境界を考えるうえで重要な問題を提起する。いわゆる「ブラック・スポット」と呼ばれた前者は，キリスト教に改宗した人々など，すでに20世紀初頭の時点で伝統的指導者の影響外で生活していた人々も多く（佐藤 2009），それゆえ CLaRA は伝統的指導者がこれまで土地配分権をもたなかった土地に対して，彼らの権限を拡大する結果をもたらすことになる。他方，民主化後の土地再分配や土地返還事業では，土地が移転される人々（集団）のあいだで土地の法的な所有者となる信託組合が結成されるが，信託組合と土地管理委員会の関係について CLaRA は何も述べていない。伝統的評議会が既存の信託組合に取って代われば，信託組合が有する土地管理権は消滅してしまうのだろうか（Fay 2009, 1430-1431）。同じ「コミュニティ」という単語が用いられていても，土地返還政策と土地保有権改革政策ではその意味する内容が同じではないため，人々や政策を実行する役人のあいだで「コミュニティ」の境界をめぐり対立や混乱が生じている例も報告されている（Turner 2013）。

　CLaRA 違憲訴訟はまた，コミュニティの境界をめぐる問題であると同時

に，そもそも伝統的指導者が土地管理権限をもつべきか否かという問題を提起したものでもあった。ほかのアフリカ諸国とは異なり，南アフリカの旧ホームランドは外国企業による農業直接投資の主たる対象とはなっていないため，いわゆるランドグラブは大きな問題とはなっていない。しかしながら，とくに北西州の「プラチナベルト」として知られる鉱山開発が行われている地域などでは，伝統的指導者が，人々に相談することなく，鉱山会社に鉱物資源の開発を許可し，そこから得られる使用料（ロイヤルティ）を独占する，といった問題が報告されている（Mnwana 2014）。同州のフォケン人（Bafokeng）は，鉱山から得られる収入のために南アフリカで最も裕福な部族として知られるが，その一方で，鉱山から得られる恩恵が人々に広く行き渡ってはいないことや，そもそも恩恵を誰が享受すべきか──フォケン人のみか，それともフォケン人の土地に住むフォケン人以外の人々も含まれるべきか──という問題をめぐり住民のあいだで軋轢が生まれていることも指摘されている（Comaroff and Comaroff 2009）。

第3節　土地配分と管理をめぐる「生きた」慣習法
──旧クワズールー農村の事例から──

1．慣習法をめぐる今日的議論──「公式の」慣習法と「生きた」慣習法──

　前節では，CLaRA違憲訴訟の検討を通じて，「部族」を共同の土地所有の単位とし，土地管理に関する権限を法律で伝統的指導者に与えてしまうことの問題点を検討した。人口移動を通じて内部にエスニックな多様性を抱える「部族」において，とくに枠組みの正統性が問われやすいことが明らかになったが，この問題は，内部の均質性が相対的に高い地域の農村にも当てはまるのだろうか。本節では，植民地化以前のチーフダムからの継続性が相対的に強く，内部の均質性も高い旧クワズールー農村を事例に，慣習的土地保

有の実態を考察する。この作業を通じて，部族を土地管理の単位とすることに伴う問題の汎用性を検討するとともに，南アフリカで今後，土地保有権改革政策が改めて制定，実施されていく際に生じ得る問題を考察する。

　本節の議論は，「公式の」(official) 慣習法と「生きた」(living) 慣習法を区別しようとする，慣習法をめぐる今日的議論にも関係している。南アフリカでは，19世紀末にズールー人の慣習法が当時のナタール植民地政府によって成文化されて以降，婚資やチーフ制といったアフリカ人社会の慣習や伝統にかかわる数多くの法律が南アフリカ政府やホームランド政府により制定されてきた。制定法以外にも，人類学者がアフリカ人社会の慣習について聞きとり調査をし，体系的にまとめあげた書物が複数存在する。だが，こういった文字化された慣習法は，たとえそれが記録された時点においては社会の慣習や規範に忠実なものであったとしても，当該社会をとり巻く環境の変化とともにやがて時代遅れのものとなってしまうことは否めない。加えて，言語・民族集団内部の相違についても十分な注意が払われては来なかった。そこで近年，制定法や人類学者による記述などの従来，慣習法とみなされてきたものを「公式の」慣習法と呼んだうえで，それとは異なるものとして，今現在，実際に日々の生活のなかで実践されている慣行や規範，すなわち「生きた」慣習法を理解することの重要性が指摘されるようになっている（Bennett 2004; 2008; 2009; Oomen 2005; Cousins et al. 2011）。

　本節で検討する旧クワズールー農村の慣習的土地保有の実態は，この「生きた」慣習法にあたる。「柔軟性に富み，つねに微細な変化が起こりやすい」(Oomen 2005, 78)「生きた」慣習法は，それを記録した時点から固定され古い情報となる危険性を秘めている。それでも，「生きた」慣習法に対する認知度が政策担当者のあいだで低いことが，古い時代の慣習法が政策形成に影響を与える原因の１つとなっており，そこから問題が生じているとの指摘（Cousins et al. 2011）がある以上，現時点で行われている土地管理のあり方やそこにおける伝統的指導者の役割について理解することが慣習的土地保有を政策的に改革していくことを議論する際の第一歩となることに変わりはない。

2．調査地の概要と調査方法

　調査地は，クワズールー・ナタール（KwaZulu-Natal: KZN）州中西部に位置するムシンガ地方自治体（Msinga local municipality）南部のムチュヌ（Mchunu）伝統的評議会管轄下のE地区（*isigodi*）である。地区（複数形 *izigodi*）とはズールー人の伝統的指導者のもとでの領域的単位で，通常は丘や川で区切られた物理的な境界が明確な地域を指すが，地方政府を含めた南アフリカの国家機関により行政的な位置づけが与えられているものではない。また，地区には，ヘッドマンに相当する伝統的な世話役＝インドゥナ（*induna*，複数形 *izinduna*）がいる。E地区は旧ホームランド＝黒人農村と旧白人農場地帯が接する境界地域にあり，一番近い町ミュデン（Muden）から約15キロメートル，スーパーや銀行のある地方都市グレイタウン（Greytown）からは約43キロメートルの距離にある。

　筆者は，E地区の8集落（単数形 *umhlati*，複数形 *imihlati*）の住民[18]のなかで，地区内に存在する小規模灌漑事業地の畑を耕作する人々を対象に2014年6月に土地制度と農業生産に関する質問票調査（回答者94人）を実施し，さらにそのうち3集落の住民21人に対して2016年8月に追加調査を実施した[19]。加えて，E地区のインドゥナや灌漑事業地を担当するKZN州農業省の改良普及員などに対して聞きとり調査を行った。灌漑事業地での二度の調査（2014年，2016年）はともに，灌漑事業地の畑で実際に農作業をしていた人々のなかから調査への参加協力を得られた人々を対象に行った[20]。そのため，回答者の抽出は無作為に行われたものではなく，灌漑事業地の畑の所有者を完全に代表しているとはいえない。また，E地区住民のなかで現在，灌漑事業地の畑を所有している人々は，祖父の時代から同地区に居住している世帯の子孫である，という人々のあいだでの漠然とした理解は得られたものの，それ以上の数値的な情報は入手できなかった。そのため，E地区住民のなかでどれほどの割合の世帯や個人が灌漑事業地に畑を所有しているのかについても，

現時点では不明である。だが，KZN州農業省もインドゥナも灌漑事業地の畑の所有者に関して，その数や氏名を把握していない状況においては，こういった調査方法を選択せざるを得なかった。

　以上のように代表性に関しては一定の制約があるものの，灌漑事業地の畑を実際に耕作している人々がもつ慣習的土地保有権の実態を理解するうえで本調査はいくつかの重要な示唆を提示してくれている。2014年調査の回答者の内訳をみると，その男女比は男性20人に対して女性が74人と圧倒的に女性が多く，大多数が事実婚を含む既婚（51人，54％）もしくは寡婦／夫（33人，35％）であった。これは，ホームランドにおける農業の担い手の多くが女性であるとする，従来の理解に沿ったものである。年齢構成は，4割にあたる38人が60歳以上の年金受給者であったほか，50代が30人，40代が13人，30代が5人，20代が3人，不明が5人で，50歳以上が72％を占めた。また，回答者のうち54人（57％）がまったく教育を受けていなかった。他方，ズールー語での読み書き両方ができると回答した人は37人（39％），さらに英語での読み書き能力をももつ人は12人であった。

　人々の生業は，ウシとヤギを中心とする家畜放牧と農耕の混合型自給農業[21]であるが，ほかの一般的な旧ホームランド農村とのちがいとして，灌漑事業地を畑として利用している点が挙げられる。旧ホームランド農村の多くにおいて社会手当（子ども手当，年金，障がい者手当）が住民にとって地元での最も重要な現金収入源となっているのに対し，灌漑事業地の畑を耕作しているE地区住民のあいだでは，社会手当に加え，「作物（おもに野菜）の栽培と販売」から現金収入を得ている人が77人（82％）に上った。ほかに，農業省の下級役人を中心に給与収入がある人と都市で働く家族から仕送りをもらっている人がわずかにいたものの，灌漑事業地の畑を利用した作物の栽培と販売を除くと地元での収入源や働き口が極めて限られており，男性の都市への出稼ぎが一般的にみられる点は旧ホームランドの多くの農村と共通である。

3．調査地における土地配分と管理をめぐる「生きた」慣習法

　調査地の土地は現在，法的にはクワズール王領地となっているが，住民の土地に対する権利も慣習的土地保有権の形で存在している。調査地において住民が住宅用地と畑をどのようにして手に入れたのか，についてみると，住宅用地については，2014年調査の回答者94人中最も多い51人が世帯の土地である，と回答した。ここには，親などからの相続で得た16人と，婚姻により夫の家に移り住んできた35人が含まれている。それに対して，インドゥナもしくはチーフといった伝統的指導者から許可を得て家を建てたと回答したのは33人であった。加えて，5人がまず住宅用地周辺に住む近隣住民の許可を得たうえで伝統的指導者から許可を得たと回答し，さらに3人は近隣住民の許可を得たと答えた[22]。

　世帯の土地と回答した人を除く43人中8人が住宅用地の取得にあたり近隣住民から許可を得たと回答したことになる。割合的には少ないが，後日，E地区のインドゥナに聞いたところ，人々が住宅用地を手に入れる手順について，次のような説明を受けた。すなわち，住宅用地を求める人は，まず近隣住民を訪ねて自己紹介をする。そうすると，住民がインドゥナのもとへ行くよう指示をするので，それに従う。その後，インドゥナはチーフに報告し，許可をもらう。チーフのもとには，各集落にどの世帯が住んでいるかを記した記録簿があるという。また，近年では外からの移住者はめったになく，新規の住宅用地の取得は既存世帯からの独立による場合に限られているとのことであった[23]。つまり，住宅用地の配分過程には，伝統的指導者のみならず，近隣住民もかかわっているといえる。

　他方，灌漑事業地の畑に関しては，畑を所有する82人[24]のうち最も多い56人が世帯の土地であり，親などから相続したものであると回答した。それに対して，伝統的指導者から畑を得たと回答した人は12人にすぎず，以前の所有者から土地を得たと回答した人も7人いた。後者は，金銭を介在する売買

取引とは異なっており，通常は，土地の借入れが先行していた。以前の所有者が年老いて体力的に耕作を続けられなくなったり，所有者の家族のなかで誰も農業に興味を示さなかったりした場合などに，借り手がその畑を譲り受けたのであった。実際，調査地では畑を借りている人が23人おり，借地契約はたいていが口頭によるもので，借地料は払われず，収穫後に農産物の一部が貸し手に渡されるのみであった。このように，畑に関しては事実上の私的な土地取引が存在していた。しかもそこには，土地の貸し借りのみならず，売買に基づかない事実上の保有権の移転が含まれていた。

　畑に関して伝統的指導者の権限が弱いようにみえるのは，畑が灌漑事業地にあることが関係している可能性がある。用水路の建設はナタール植民地時代の19世紀末に遡り，口頭伝承によれば用水路建設のイニシアティブをとったのは当時のムチュヌ・チーフであった[25]。だが，20世紀前半には南アフリカ政府農業省が灌漑事業地を管理するようになっており，畑の使用者から借地料を徴収していたという文書記録が残っている[26]。その後，クワズールー時代にはクワズールー政府農業省が用水路と灌漑事業地を管理していたが，クワズールー解体後，その役割は KZN 州農業省に引き継がれた。ところが，KZN 州農業省の改良普及員によれば，2015年初頭の時点で，農業省は灌漑事業地の維持と管理に関する業務は担っているものの，土地の配分権はもたず，その権限はチーフにある，とのことであった[27]。他方，この翌年に E 地区のインドゥナに聞いたところ，灌漑事業地における土地の配分と管理は政府が責任をもっている，とのことであった。このように両者の見解は食い違っており，2016年8月の調査時点では，灌漑事業地の配分権限を誰がもつのかは明らかではなかった。ただしインドゥナは，灌漑事業地の土地の配分と管理に関する権限が農業省からチーフに近々移行することになっている，とも語っており，旧ホームランドの土地保有権に関する新しい法律が制定されないなかで，土地に対するチーフの権限を強化する動きが現場で起こっていることが伺えた[28]。

　つぎに，畑を所有する82人（男性20人，女性62人）のうち，相続により畑

を得たと答えた56人（男性16人，女性40人）に関して，男女別の畑の相続パターンについて検討する。男性の場合，祖母からと兄からの相続が各１人いたほかは，全員が親（ないし父親）から相続していた。他方，女性の場合は，親から相続したと回答したのは９人にすぎず，義母（12人），実母（５人），祖母（２人）からといった相続元が女性であるケースが全体の半数近くを占めていた。女性はまた，夫の家族（５人）や夫（４人）からも畑を譲り受けていた[29]。慣習的土地保有権の改革をめぐる政策論議のなかでは，女性がもつ土地に対する権利の脆弱性がたびたび指摘されてきたが，父系制のズールー社会においても実際には女性から女性への相続が普通に行われていることが本調査で明らかになったのである。灌漑事業地における畑は，１区画当たり約0.1ヘクタールと極めて小さく，複数の区画をもつ人もなかにはいるものの，畑だけで生計を立てるのは現実的ではない。男性が都市へ出稼ぎに行くことが当たり前となってきた社会のなかで，残された女性のあいだで畑を相続することがおそらく農村世帯の生計戦略として重要なものとなってきたのだろう。だが，畑に対して人々がもつ権利は，私的所有権と同じものではない。2016年の追加調査で，畑に関して処分（売却）する権利，他人に貸す権利，誰かに相続させる権利，そして非公式な契約で土地を借りている人が第三者に又貸しする権利をもつかどうか尋ねたところ，ほぼ全員が次のように答えた。

- 土地はチーフのものであり，何人も売却する権利をもたない。
- だが，自分の畑を他人に貸したり，親族に相続させたりすることはできる。
- 土地を借りている人は，その土地を又貸しする権利をもたない。

　一度配分された土地（畑）に対して世帯や個人がもつ権利は強い一方で，「土地はチーフのものである」と言明することで，人々は土地を売却する権利を否定しているのである。

最後に，住民と伝統的指導者との関係を知るため，伝統的指導者の名前を知っているかどうか，どのような時に伝統的指導者に面会するかについて尋ねたところ，チーフの名前やインドゥナが誰であるかについては，老若男女を問わず住民は周知していた（2016年調査）[30]。だが，日常的な隣人とのもめごとの調停役としてインドゥナに相談したり，インドゥナが召集する会合に参加したりすることはあっても，チーフに会ったことがある，と答えた人はごくわずかであった。そしてその事例でも，インドゥナでは問題が解決しなかったために，チーフの介入が必要であった，という説明がなされた。つまり，人々はインドゥナを介してチーフとつながっているのである。ムチュヌ部族集団の下位領域である地区（isigodi）単位での集団の自律性を示す例といえよう。

おわりに

本章では，南アフリカにおける旧ホームランド住民の慣習的土地保有権改革政策の内容と争点，ならびに政策を実施するうえでの課題について考察した。

そもそも南アフリカでは，旧ホームランドの慣習的土地保有権を明確化する目的が，ほかのアフリカ諸国とは異なり，当該地の農業を発展させるためでも，当該地に住む人々の生活を改善するためでもなかった。端的にいえば，その目的は，人々に対して過去に奪われていた権利を保証するためのものであった。『白書』が示し，CLaRAが受け継いだ，慣習的土地保有権を旧ホームランドの住民に認めたうえで，法律によりその権利を保証するという土地保有権改革の第1の指針は，私的所有権一辺倒ではないという意味で画期的なものであった。だが同時にそれは，植民地期以来の土地所有における二重構造を継続させ，結局のところ，貧困や低開発といった旧ホームランドが歴史的に抱えてきた問題を何ら解決に導くものではない，との批判もあり得る

（Nagahara 2016）。

　それゆえ土地保有権改革の成否は，旧ホームランドの土地管理システムの民主化という，『白書』が示した第2の指針を実現できるかどうかにかかっている。CLaRAは，土地の配分と管理に関する権限を伝統的評議会に与えることで，伝統的指導者，なかでもチーフの権限を強化する意図をもっていた。ところが，CLaRA違憲訴訟を通じて，アパルトヘイト時代の「部族」を単位として人々が集団で共有地を所有することについて，とくに「部族」の領域内に住むエスニシティの異なる人々から異議が提示された。しかもこの問題は，訴訟を起こした4つの農村コミュニティのみならず，強制ないし自発的な人口移動により領域内に住む人々の多様性が増加した他の地域でも当てはまり得るものであった。

　他方，本章が事例としてとりあげた旧クワズールー農村は，植民地化以前のチーフダムからの継続性が相対的に強く，エスニシティ的には均質性が高い地域である。そのような調査地における住宅用地と畑の配分・管理，そして住民と伝統的指導者との関係に関する実態調査から明らかになったのは，たとえ住民がチーフの権威を認めていたとしても，日常的な土地の配分・管理は「部族」よりも小さな領域・枠組みである地区（isigodi）単位で行う方が現在の慣行にあっており，今後も現場の事情を反映させやすいということである。さらに調査地では，住宅用地の配分に関して伝統的指導者のみならず近隣住民の意向も反映されることや，すでに世帯や個人に配分された土地（畑）の利用方法や相続については世帯や個人が強い決定権をもつことも明らかになった。とりわけ，従来，慣習的土地保有権においては脆弱な権利しかもたないと考えられてきた女性が，義母や母親から畑を相続するということが一般的に行われていることを本調査は発見した。また，世帯や個人がもつ決定権は私的所有権と同じものではなく，土地を譲り受ける前段階に借地契約が存在するなど，土地の取引が人々の関係性のなかに埋め込まれているという特徴をもつことも明らかになった。本章の事例分析は，慣習法を絶えず変化し続けるものとして理解することの重要性を喚起するものである。

164

　CLaRA違憲判決の後，南アフリカでは，2013年半ばから土地保有権改革政策をめぐる議論が再び活発化してきている（DRDLR 2013, 13）。同年 8 月に土地省が開催したワークショップで発表された「共有地保有権政策」（Communal Land Tenure Policy）と題する政策文書は，共有地に住む人々の土地権を管理する機関として「慣習法が適用される地域では伝統的評議会，それ以外の地域では共同で財産を管理する機関」（communal property institutions）を挙げた。同文書は，集団が所有する共有地を「慣習法が適用される地域とそれ以外」に分けることを明言している点で，CLaRA からの前進がみられる。なぜならば，それにより，CLaRA が対象としていた 3 種類の土地のうち，(2) 黒人による土地所有が制限された20世紀初頭よりも前に黒人が集団で取得した土地と (3) 民主化後の土地改革により集団に移転された土地に対しては，伝統的評議会は土地の管理権をもたないことになるからである。その一方で，(1) 旧ホームランドについては，伝統的評議会が土地を管理する機関となるという点について，CLaRA からの変更はなく，チーフの権限強化が再び意図されている。今後，国会に提出されるであろう新法案がどれほどCLaRA と異なるものとなるのかについては，新法案の提出を待たねばならないが，本章で議論してきたような，伝統的評議会の管轄地域内部に存在する自律的な集団・枠組みレベルでの土地管理権が認められないならば，新法案の審議は困難をきわめるであろうし，たとえ法律が成立したとしても，再び違憲訴訟が起こされる可能性は否定できないだろう。

＜謝辞＞

　本章の基となった現地調査の一部は，科研費（課題番号24710300）の助成を受けて実施しました。ここに記して感謝します。

〔注〕

(1) 民主化当初は，白人所有農地の30％を5年以内に黒人に移転するという目標が掲げられたが，現在でも移転された土地の量は10％程度にとどまっている（Zuma 2017）。

(2) 旧クワズールーは，現在，ズールー王直属の評議会が法的な所有権をもつズールー王領地（*Ingonyama* land）となっている。

(3) 憲法第25条6項は，「過去の人種差別的な法律や慣行の結果，土地の保有権が法的に不安全な人ないしコミュニティは，国が定める法律により，法的に安全な保有権，または相応の是正を受ける権利をもつ」と定め，同9項は6項で言及されている法律を国会は制定しなければならない，としている。

(4) 「部族」（tribe）という語には，英語，日本語ともに否定的なニュアンスがあり，使用を避ける研究者が多い。しかし南アフリカの場合，ズールー，コーサといった同一の言語を話し，共通の文化・慣習をもつ言語・民族集団の下位集団を指す語としても「部族」が歴史的に使用されてきたこともあり，この語は今日でも日常的に使用されている。また，そこに否定的なニュアンスが含まれているかどうかはおそらく話者によって異なっている。南アフリカの「部族」は，氏（姓）を共有する集団ではなく，植民地化以前のチーフダムのような政治集団を元にしている場合もあるため，氏族（クラン）とするのも適切ではない。今日では，それがチーフを中心とする集団であるという点をふまえて首長制集団（chieftaincy group）と表記することも可能だが，この語はまだ一般的ではなく，歴史や政策文書を分析する際には「部族」を用いる方が適切だと判断し，本章ではこの語を使用した。

(5) それに対して南アフリカで最も早く英領植民地となったケープ植民地では，県（district）ごとに白人の地方判事をおく制度が整備された。県はロケーションに分けられ，ロケーションごとに地方判事を補佐するヘッドマンが配置された。ケープ植民地では，4人のパラマウント・チーフを除き，伝統的指導者に対しては正式な認知がほとんど与えられなかったが，植民地政府によりヘッドマンに大きな地位と権力が与えられたため，多くのチーフがヘッドマンとして任命されることを希望するようになったとされる（Kotzé 1987, 15）。

(6) ナタール植民地で起こった人頭税の導入に反対する武装蜂起。首謀者とされたバンバタは，ゾンディ（Zondi）・チーフダムの伝統的指導者であった。植民地政府により反乱が鎮圧される過程では，バンバタを含む3500～4000人が殺害された。

(7) ちなみに，ズールー語では両者は区別されており，前者は *inkosi*（複数形 *amakhosi*），後者は *isiphakanyiswa*（複数形 *iziphakanyiswa*）である。

(8) それに対して，ヘッドマンは，通常は特定の家系と関連したポストではな

く，チーフにより指名もしくは任命される。

(9) 「中央－州－地方」の3層からなる政府が行政権をもつという点では，地方政府の樹立は，伝統的指導者が地方行政権を失ったことを意味する。しかしながら，「伝統的指導者枠組み法」は地方レベルでの伝統的指導者の役割として，「治安の維持，正義の実行，文化芸術，土地権の管理，農業，保健，福祉，生死および慣習婚の登記，経済開発，環境ツーリズム，災害時の対応，自然資源の管理，政府の政策や事業についての情報伝達」という多岐にわたる項目を列挙している。これらの役割を伝統的指導者が果たすならば，伝統的指導者は事実上4層目の政府を構成している，とみることも可能だろう。

(10) 2017年1月末，新たな法案が発表され，伝統的指導者の司法権に関する政策的議論が再開することになった。

(11) 土地再分配と土地返還事業については，佐藤（2009）を参照されたい。

(12) 2009年に農村開発土地改革省に名称変更されたが，本章では土地省で統一する。

(13) 「原住民土地法」（Natives Land Act, 27 of 1913）が制定される前に黒人が購入した土地で，アパルトヘイト時代には「ブラック・スポット」と呼ばれた土地。

(14) 1997年の法改正により，旧クワズールーの土地は，ズールー王個人ではなく，王を含む複数の人々が信託人を務める公的機関「クワズールー・ナタール州インゴニャマ信託庁」（KZN Ingonyama Trust Board）に帰属することになった。

(15) 残りの60％は，伝統的指導者により選ばれる「伝統的コミュニティの成員」からなる。ただし，これらの規定が実際にどれほど遵守されているかは不明である。

(16) ムプマランガ州のカークフォンテイン（Kalkfontein），リンポポ州のマクレケ（Makuleke）とディクシー（Dixie），北西州のマゴビスタッド（Makgobistad）。これら4コミュニティの背景については佐藤（2016），North Gauteng High Court（2009），Claassens and Gilfillan（2008），Claassens and Hathorn（2008）を参照。

(17) ヘッドマンは全国に7400人いるため，ヘッドマン1人当たりの人口は2000人強である。

(18) 地区（*isigodi*）は行政的な位置づけをもつ領域的単位ではないため，E地区の正確な人口規模はわからない。南アフリカ統計局がウェブサイト上で公開している2011年国勢調査のムシンガ地方自治体内の地名（place names）ごとの人口から，グーグル・マップ上でE地区に相当すると思われる4つの地名の人口と世帯数を足し合わせた数値を参考までに記すと，2011年時点での人口は5065人，1120世帯であった。統計局のウェブサイトには地名のGPS

コーディネートが載っており，グーグル・マップでその位置を確認できるが，この地名は筆者が現地で聞いた集落名とは一致しておらず，どのような領域的範囲を指すのかは正確にはわからなかった。なお，ムシンガ地方自治体全体の人口は17万7577人，３万7724世帯で，人口密度は１平方キロメートル当たり71人である（http://www.statssa.gov.za/?page_id=993&id=msinga-municipality　2017年２月14日アクセス）。

⒆　2014年の質問票調査は，ウェスタンケープ大学貧困・土地・農村問題研究所（Institute of Poverty, Land and Agrarian Studies: PLAAS）博士課程の Mnqobi Ngubane 氏と共同で，２人の調査補助員とともに実施した。2016年調査にも１人の調査補助員が通訳として同行した。

⒇　2014年調査は，15の区画（畑）に分かれている灌漑事業地（総面積601ヘクタール）のなかでＥ地区内にある９区画，2016年調査はこのうちの１区画で行った。なお，2016年調査の回答者21人のうち，2014年調査でも回答していた人は６人にすぎなかった。2016年調査では，2014年調査で得られた個人情報（名前，性別，年齢，居住集落など）を基に同じ回答者を探そうと試みたが，うまくいかなかった。

(21)　ただし，2014年調査の回答者のなかでウシを所有していたのは３分の１にすぎず，ヤギは６割が所有していた。３分の１の人々はウシもヤギも所有していなかった。

(22)　残りの２人のうち１人は以前の所有者から住宅用地を得たと回答し，１人は農場から立ち退かされた後に政府のトラックで現在の住居地に「放り出された」と回答した。

(23)　Ｅ地区インドゥナへのインタビュー，2016年８月17日，於ムシンガ。

(24)　畑を所有しない人々は，所有者から畑を借りて，耕作していた。

(25)　Ｅ地区Ｅ集落の長老へのインタビュー，2016年８月13日，於ムシンガ。

(26)　実際には借地料を滞納する者が多かった。W.R. Wilson, resident inspector Mooi River Works, Muden, 1 September 1908, NAB（ピーターマリッツバーグ公文書館）: SNA: Vol. I/ 1 /410, 1908/2706; Financial, irrecoverable revenue: Mooi river and Tugela irrigation works, NAB:CNC: Vol.343, 1918/3461。

(27)　KZN 州農業省改良普及員へのインタビュー，2015年２月５日，於トゥゲラ・フェリー。

(28)　Ｅ地区インドゥナへのインタビュー，2016年８月17日，於ムシンガ。

(29)　女性の相続元について，残りの１人は親戚からと回答し，２人については不明である。

(30)　2016年調査の回答者（21人）の男女比は男性が５人，女性が16人，年齢構成は60歳以上が８人，50代が５人，40代が５人，30代が３人であった。

〔参考文献〕

＜日本語文献＞

佐藤千鶴子　2000.「南アフリカにおける土地改革と農村再建の展望」博士論文
　　立命館大学.

―― 2009.『南アフリカの土地改革』日本経済評論社.

―― 2016.「南アフリカ――旧ホームランドの土地権に関する民主化後の政策
　　――」武内進一編『冷戦後アフリカの土地政策――中間成果報告』調査研
　　究報告書　アジア経済研究所　25-68.

＜外国語文献＞

Ainslie, Andrew and Thembela Kepe. 2016. "Understanding the Resurgence of Tradi-
　　tional Authorities in Post-Apartheid South Africa." *Journal of Southern African
　　Studies* 42(1) January: 19-33.

Amtaika, Alexius Lambat. 1996. "The Role of Tribal Authorities in a Democratic
　　KwaZulu-Natal." Msc Thesis, Department of Political Studies, University of
　　Natal, Pietermaritzburg.

Beinart, William. 2012. "Beyond 'Homelands': Some Ideas about the History of African
　　Rural Areas in South Africa." *South African Historical Journal* 64(1) March:
　　5-21.

Bennett, T. W. 2004. *Customary Law in South Africa*. Lansdowne: Juta.

―― 2008. "'Official' vs 'Living' Customary Law: Dilemmas of Description and Rec-
　　ognition." In *Land, Power and Custom*, edited by A. Claassens and B. Cousins.
　　Cape Town: UCT Press, 138-153.

―― 2009. "Re-introducing African Customary Law to the South African Legal
　　System." *The American Journal of Comparative Law* 57(1) January: 1-31.

Boone, Catherine. 2015. "Land Tenure Regimes and State Structure in Rural Africa:
　　Implications for Forms of Resistance to Large-scale Land Acquisitions by
　　Outsiders." *Journal of Contemporary African Studies* 33(2) September: 171-190.

Bruce, John W. and Anna Knox. 2009. "Structures and Stratagems: Making Decentral-
　　ization of Authority over Land in Africa Cost-Effective." *World Development* 37(8)
　　August: 1360-1369.

Claassens, Aninka. 2008. "Power, Accountability and Apartheid Borders: the Impact
　　of Recent Laws on Struggles over Land Rights." In *Land, Power and Custom*,
　　edited by A. Claassens and B. Cousins. Cape Town: UCT Press, 262-292.

第 4 章　南アフリカにおける慣習的土地保有権改革をめぐる争点と課題　169

――― 2014. "'Communal Land', Property Rights and Traditional Leadership." Paper presented at the WISER Seminar, University of the Witwatersrand, July.

Claassens, Aninka and Ben Cousins, eds. 2008. *Land, Power and Custom: Controversies Generated by South Africa's Communal Land Rights Act*. Cape Town: UCT Press.

Claassens, Aninka and Durkje Gilfillan. 2008. "The Kalkfontein Land Purchases: Eighty Years on and Still Struggling for Ownership." In *Land, Power and Custom*, edited by A. Claassens and B. Cousins. Cape Town: UCT Press, 295–314.

Claassens, Aninka with Moray Hathorn. 2008. "Stealing Restitution and Selling Land Allocations: Dixie, Mayaeyane and Makuleke." In *Land, Power and Custom*, edited by A. Claassens and B. Cousins. Cape Town: UCT Press, 315–352.

Comaroff, John L. and Jean Comaroff. 2009. *Ethnicity, Inc*., Scottsville: University of KwaZulu-Natal Press.

Cousins, Ben. 2008. "Contextualising the Controversies: Dilemmas of Communal Tenure Reform in Post-apartheid South Africa." In *Land, Power and Custom*, edited by A. Claassens and B. Cousins. Cape Town: UCT Press, 3-31.

――― 2010. "The Politics of Communal Tenure Reform: A South African Case Study." In *The Struggle over Land in Africa: Conflicts, Politics and Change*, edited by Ward Anseeuw and Chris Alden. Cape Town: HSRC Press, 55-70.

Cousins, Ben with Rauri Alcock, Ngididi Dladla, Donna Hornby, Mphethethi Masondo, Gugu Mbatha, Makhosi Mweli and Creina Alcock. 2011. *Imithetho yomhlaba yaseMsinga: The Living Law of Land in Msinga, KwaZulu-Natal*, Research Report 43. Cape Town: PLAAS, University of the Western Cape.

DLA (Department of Land Affairs, South Africa). 1997. *White Paper on South African Land Policy*. Pretoria: Department of Land Affairs.

DRDLR (Department of Rural Development and Land Reform, South Africa). 2013. "Communal Land Tenure Policy." Land Reform Policy Workshop, Protea Hotel, Stellenbosch, 23-24 August.

Fay, Derick. 2009. "Land Tenure, Land Use, and Land Reform at Dwesa-Cwebe, South Africa: Local Transformations and the Limits of the State." *World Development* 37 (8) August: 1424-1433.

FFC (Financial and Fiscal Commission, South Africa). 2016. "FFC Submission on the Traditional and Khoi-San Leadership Bill." Powerpoint Presentation to the Public Hearings on the Traditional and Khoi San Leadership Bill, 2 February (http://www.ffc.co.za/media-events/presentations　2016.2.26アクセス).

Guy, Jeff. 2013. *Theophilus Shepstone and the Forging of Natal: African Autonomy and Settler Colonialism in the Making of Traditional Authority*. Scottsville: University of KwaZulu-Natal Press.

Holomisa, Sango Phathekile. 2009. *According to Tradition: A Cultural Perspective on Current Affairs*. Somerset West: Essential Books.

———— 2011. *A Double-edged Sword: A Quest for a Place in the African Sun*, Third Edition. Houghton: Real African Publishers (First Published in 2007 by Lotsha Publications and Booksellers).

Kotzé, D.A. 1987. *Rural Development Administration in South Africa*. Pretoria: Africa Institute of South Africa.

Krämer, Mario. 2016. "Neither Despotic nor Civil: The Legitimacy of Chieftaincy in Its Relationship with the ANC and the State in KwaZulu-Natal (South Africa)." *Journal of Modern African Studies* 54(1) March: 117–143.

Lambert, John. 1995. *Betrayed Trust: Africans and the State in Colonial Natal*. Scottsville: University of Natal Press.

Lowe, Chris. 1991. "Buthelezi, Inkatha, and the Problem of Ethnic Nationalism in South Africa." In *History from South Africa: Alternative Visions and Practices*, edited by Joshua Brown, Patrick Manning, Karin Shapiro, Jon Wiener, Belinda Bozzoli and Peter Delius. Philadelphia: Temple University Press, 194–208.

Mamdani, Mahmood. 1996. *Citizen and Subject: Contemporary Africa and the Legacy of Late Colonialism*. New Jersey: Princeton University Press.

Manson, Andrew. 2013. "Mining and 'Traditional Communities' in South Africa's 'Platinum Belt': Contestations over Land, Leadership and Assets in North-West Province c.1996–2012." *Journal of Southern African Studies* 39(2) June: 409–423.

McIntosh, Alistair Charles. 1992. *Options for Rural Local Government and Administration in South Africa with Particular Reference to KwaZulu*, Investigational Report No.75. Pietermaritzburg: Institute of Natural Resources, University of Natal.

Mnisi-Weeks, Sindiso. 2011. "The Traditional Courts Bill: Controversy around Process, Substance and Implications." *South African Crime Quarterly* 35 March: 3–10.

Mnwana, Sonwabile. 2014. "Chief's Justice? Mining, Accountability and the Law in the Bakgatla-ba-Kgafela Traditional Authority Area." *South African Crime Quarterly* 49 September: 21–29.

Murray, Christina and Richard Stacey. 2008. "Tagging the Bill, Gagging the Provinces: the Communal Land Rights Act in Parliament." In *Land, Power and Custom*, edited by A. Claassens and B. Cousins, Cape Town: UCT Press, 72–91.

Nagahara, Yoko. 2016. "Land and 'Tradition': Authorities, Border and Gender in Namibia." Paper presented to Sam Moyo Colloquium, 28–29 November, University of Cape Town.

Ntsebeza, Lungisile. 2005. *Democracy Compromised: Chiefs and the Politics of Land in*

South Africa. Leiden: Brill Academic Publishers.

Oomen, Barbara. 2005. *Chiefs in South Africa: Law, Power and Culture in the Post-Apartheid Era*. Oxford: James Currey.

Peires, Jeff. 2014. "History versus Customary Law: Commission on Traditional Leadership: Disputes and Claims." *South African Crime Quarterly* 49 September: 7-20.

Turner, Robin L. 2013. "Land Restitution, Traditional Leadership and Belonging: Defining Barokologadi Identity." *Journal of Modern African Studies* 51(3) September: 507-531.

Zuma, Jacob. 2017. "President Jacob Zuma: 2017 State of the Nation Address", 9 February（http://www.gov.za/speeches/president-jacob-zuma-2017-state-nation-address-9-feb-2017-0000　2017.6.20アクセス）.

＜法律・判例＞

Communal Land Rights Act, 11 of 2004

The Constitution of the Republic of South Africa, 108 of 1996

Traditional Leadership and Governance Framework Act, 41 of 2003

Constitutional Court of South Africa. 2010. Stephen Segopotso Tongoane and Others v Minister for Agriculture and Land Affairs and Others. Case CCT 100/09,［2010］ZACC 10（http://www.saflii.org/za/cases/ZACC/2010/10.html　2015.12.17アクセス）

North Gauteng High Court. 2009. Tongoane and Others v National Minister for Agriculture and Land Affairs and Others（11678/2006）[2009] ZAGPPHC 127; 2010(8) BCLR 828（GNP）（http://www.saflii.org/za/cases/ZAGPPHC/2009/127.html　2015.12.25アクセス）

第 5 章

現代タンザニア土地政策の構図

—— 「慣習的」土地権と国土利用計画 ——

池 野 　旬

課題の設定

　タンザニアでは1999年に新たに土地にかかわる2本の法律が制定され，現在の土地法制の基盤となっている。その1本目の法律である「1999年土地法」(以下，土地法) では，タンザニア全土は大統領を管財人 (trustee) とする公有地 (public land) であると規定されており，公有地は，①村落地 (各村落が管理する土地)，②保護地 (国立公園，森林保護区，海洋公園など)，③一般地 (都市部など，①②以外の土地) の3種類に下位区分されている (Fimbo 2004, 20; McAuslan 2013, 98-99)。面積でみると，村落地が国土の70%，保護地が28%，一般地が2%を占める (NLUPC 2013a, xvi)。村落地は，約1万1000の村落の管理運営下にあり，各村落の村境内にある村落地は，①慣用地 (customary land——村落民などがすでに占有・利用している土地)[1]，②村落共同地 (communal village land——学校や診療所などの公共施設用地や共同利用地)，③他用地 (other land——村落が割当可能な予備地) の3つに下位区分される。1999年の土地にかかわる2本目の法律である「1999年村落土地法」(以下，村落土地法)[2] では，慣用地に分類された地片ごとに占有・利用する個人・集団の土地権が認定されて，それを証明する地券証書が適切に発行されることになっている。このような土地法令整備によって，タンザニアは慣習法を尊

重して，国民の既存の土地権を重視した土地法改革を行っている国であると，国際的にみなされている（Alden Wily 2013, 14; Fitzpatrick 2005, 465; Knight 2010, 151-211）。

　その国際評価にもかかわらず，タンザニアでは他のアフリカ諸国に比して決して少なくはないランドグラブ（land grabbing），すなわち「2000年代後半から顕著になった国際的な大規模土地収奪」（池上 2016, 325）が発生している。2017年1月12日にアクセスしたデータベース（Land Matrix）では，主として2000年以降に発生したランドグラブは全世界で2388件報告されており，このうちサブ・サハラ・アフリカ（島嶼部を含む）分は976件であった。サブ・サハラ・アフリカの36カ国で報告されており，最も件数が多かったのはモザンビークの134件，次いでエチオピアの118件，タンザニアは第3位の67件であった。このような土地収奪で広大な土地を入手している主体は，国内外の民間企業であると認識されている（Havnevik and Haaland 2011; Land Matrix; Locher and Sulle 2014）が，それとは別途に，たとえば筆者の調査地である北部タンザニアの都市近郊では，祖先から相続してきた農地が外部者に売却されて瀟洒な宅地へと変貌するような，個人間の小規模な土地売買も顕著に認められるようになっている。この小規模な土地売買も国際的な大規模土地収奪と相似して貧困者から富裕者への土地移転とみなせる事例が多く，土地市場が活性化されていると手放しで好意的な評価を下すことは危険ですらある。

　大規模なランドグラブや小規模な土地移転の発生という現状に接すれば，タンザニアでは慣習法を尊重した土地法制が整備され，そのもとで社会経済的に脆弱な国民の土地権が保護されているといった一般的な認識に，疑義が生じる。疑問点は，複数存在する。第1に，現行の土地法制は本当に慣習法を尊重した法令整備であるのかという疑問点である。第2に，慣習法を尊重しているか否かにかかわらず，現行の土地法制を遵守すれば望ましくない土地移転を防げるのかという疑問点である。そして，第1，第2の疑問点は，はたしてタンザニアの土地政策の主眼は国民の土地権を保証することにあるのかという第3の疑問点につながる。本論文は，これらの3つの疑問点を検

討していくことを課題としている。

　検討するにあたって留意すべきことは，タンザニアに限らずいずれの国に
おいても，土地政策とは，土地所有にかかわる法令整備を1本の柱とすれば，
土地利用にかかわる国土開発をもう1本の柱としていることである。1990年
代以降にアフリカ諸国で土地法の修正・整備が必要となった一因は，土地に
対する人口圧のさらなる高まりであり，土地不足，過剰利用，生態環境悪化
等の問題が深刻化したことである。つまり，土地に対する権利を強化したり
抹消したりするだけでは問題の解決とはならず，そのような新たな土地権の
設定を持続可能とするような，土地利用の構想が必要となる。逆もまた真で
あり，持続的な国土利用を達成するために，それを支える土地権の設定が必
要となる。一国の土地政策として，土地所有にかかわる施策である法令整備
だけではなく，土地利用にかかわる施策も必要であり，土地法制と国土利用
計画が土地政策の両輪となっているといっても過言ではあるまい。

　アフリカの土地政策に関する現行の議論は，あまりにも土地所有にかかわ
る側面のみを注目しすぎているのではなかろうか。タンザニアも例外ではな
く，国際的に注目されているのは土地所有をめぐる施策である。しかしなが
ら，それらはせいぜい土地法制の改革であり，土地所有状況に即座に実質的
な変更を加えるような土地改革ではない（Fimbo 2004, 1; Pedersen 2010, 5）。一
方，タンザニアの土地政策のうち，土地利用にかかわる施策は等閑視されて
きたように思われる。そのような施策を欠いてきたわけではなく，着々と整
備されてきている。むしろ，国際的な関心とは裏腹に，土地利用の施策がタ
ンザニアの土地政策の根幹を担いつつあるようにすら見受けられる。

　まさに，上述した3つの疑問点は，単に土地所有のみならず，土地利用の
側面も含めた土地政策全体に対する設問として検討されるべきであろう。こ
のように考え，以下の本文では，第1節で土地法制に関する論点を取り扱い，
第2節で土地利用に関する論点を取り扱いたい。このような考察を通じて本
論文では，ランドグラブや小規模な土地移転に伴う土地問題が発生する一因
として土地政策自身が位置づけられることを明らかにしていきたい。

176

第1節　慣習的な土地権認定のレトリック

1. 村落土地法の政策的含意

　村落土地法では，村落の行政を担っている村落評議会（village council/ *halmashauri ya kijiji*——英語名／スワヒリ語名。以下でも，必要に応じてスワヒリ語を斜字体で付記していく）に村境内の土地の管理運営の権限を認めている。中央政府によって村境が画定された村落は，中央政府の土地長官（Commissioner of Lands/*Kamishna wa Ardhi*）から，村落の所在地や面積等を明記した村落地証明書（Certificate of Village Land/*Cheti cha Ardhi ya Kijiji*）が発給される。この証明書の1ページ目には，村落評議会が遵守すべき事項が7項目列記されている[3]。その1番目に，「評議会は，土地が所在している地域で適用されている慣習法に従って，村落地を運営すること」と記されており，まさに村落土地法が慣習法を重視している証左のような文言となっている。しかしながら，以下で述べるような検討すべき論点が潜んでいる。

　まずは，村落土地法で頻出する，慣用地（customary land）の意味内容である。タンザニアでは，農村社会主義化をめざすウジャマー村建設のために1970年代（1970年1月1日～1977年12月31日）に強制的な集村化（villagization）が行われたが，その折に，既存の土地占有・利用が容認されず，村落政府による土地の再分配が往々にして発生した。安（1999）によれば，北部タンザニアのアルーシャ州ババティ県ゴロワ郡ボンガ郷ボンガ村では1974年に集村化が行われたが，それまでは「ボンガ村一帯では，入植に際してゴロワの首長と行政組織に対し開墾定住について申請し，許可を受ける手続きが必要であった。いったん土地が占有されると，通常その処分や譲渡の問題について首長や行政組織が細かく介入することは少なかった」が，1974年の集村化によって「この時期ボンガ村に住んでいた世帯のうち約8割が，何らかの形で保有地の一部あるいは全部を収用されて，代替地が与えられ」（安 1999, 39-

40) た。さらに同村では，「77年に，小規模ではあるが２度目の家屋の移動と土地収用が行われ…(中略)…公共施設建設のために再度，立ち退きを命じられたのである。しかしこの時，評議会（引用者注：村落評議会のこと）は代替地を用意することができないまま，住民を追い出す形で土地を収用した。従って立ち退きを余儀なくされた彼らは，自力で代替地を探す他はなかった」（安 1999, 40）のである。タンザニア全域で発生していた，このような事態を前提として，村落土地法は集村化の折に村落政府が行った土地再分配を正当なものと認定し，当該地にそれ以前に存在した権利・義務は消滅すると，明記している（同法２条，15条）。換言すれば，ウジャマー政策期に村落政府による再分配の対象となった土地も，その対象とならずに既存の利用者が占有・利用を続けた土地も，村落土地法では等しく慣用地という範疇にまとめられているのである。実際に1970年代の土地再分配とそれ以前の慣習法に基づく土地権の主張とがどれほど競合し土地紛争が発生してきたのかを示すデータを持ち合わせていないが，少なくともタンザニアの土地法改革が慣習法を重んじていると評価するには留保がいることは明らかであろう[4]。

　上記のような慣用地の占有者・利用者に対して，村落土地法では慣用占有権（customary right of occupancy）[5]なる土地権を認定することになっている。村落土地法の発効以降に，同法に基づいて村落評議会が他用地から新たに土地を割り当てた場合にも，当該地は他用地から慣用地へと土地区分が変更され，割り当てられた人物は慣用占有権を認められる。そして，慣用占有権の保持者には，いずれ慣用占有権証書（certificate of customary right of occupancy/ *hati ya hakimiliki ya kimila*）という地券証書が発行されて，慣用占有権は証拠文書を伴う土地権となることが想定されている。文書で土地権を保証しようとするこの措置によって，地券証書の保持者に土地権が一元化・固定化されることが容易に想定され，種々の地域的・時代的な差異を含みながらも多分に重層的な土地権の存在を前提としている慣習法と，慣用占有権証書の発行とは相容れない可能性がある。土地権の明確化による土地権の保証をめざす村落土地法に対して，慣習法によって個人の権利があいまいであるからこそ

土地売却が発生しにくく，村落民の土地権が実質的に保証されてきたという反論も十分にあり得よう（Pedersen 2012, 269-270）。

　村落土地法について，もう1点注意を喚起しておきたいことは，本節の冒頭で触れたように，村落に土地の管理運用の権限が付託されていることである。この点があまり疑問視されないことは，筆者にはむしろ不思議である。タンザニア国内各地の種々の慣習法では，必ずしも村落が土地管理運営の主体となってきたわけではない。クラン，リネージ，拡大家族といった血縁集団が土地管理運営の機能を担っていることがむしろ一般的であり，このような血縁集団の空間的広がりは村落の枠組とは必ずしも合致しておらず，複数の村落域にまたがって機能する1つの血縁集団が存在したり，また1村落のなかに複数の血縁集団が併存していたりする。両者が組み合わさって，複数の村落にまたがって機能する血縁集団が，1村落内に複数存在することも，タンザニアでは例外的なことではない。

　村落土地法の含意は，土地問題にかかわる日常業務を，中央から県へ，さらには村落へと地方分権化していき，地域の慣行と意向を反映しやすい制度設計を行うように装いながら，じつは末端行政組織である村落（評議会）へ血縁集団から土地運営の権限を委譲させることにあるともみなせる。同種の試みがなされたのは，集村化によってウジャマー村建設がめざされた1970年代である。ウジャマー村構想においては，土地の割当権も含めて村落政府に種々の権限を集中しようとしており，一見すると地方分権化の進展がめざされているようにみえるが，じつは中央政府の指揮命令系統の国内全域への浸透をめざす試みであったとの評価も少なくない（吉田 1997, 209-210）。その論拠の1つは，土地管理運営の権限を付託される村落がこの時期に再編されていることである。「1975年村落・ウジャマー村法」（Villages and Ujamaa Villages (Registration, Designation and Administration) Act, 1975）によって，村落は従来の平均的な規模を上回る最低250世帯をもって構成するように命じられた（同法4条1項）。そのために，集村化作戦により新開地に移住させられた250世帯以上で新たに村落が開設されたり，移住させられなかった場合にも既存の

居住地で数カ村が合併して250世帯を上回る規模の新たな村落が結成されたり，村落は地域社会の意見の代弁者というよりも中央政府の指揮命令系統下にある行政村という性格を強めている。ウジャマー村政策の失敗を受けて，1982年に新たな「地方行政組織法」（Local Government（District Authorities）Act, No.7 of 1982）が制定されるが，村落を「占有権の配分主体とする方針は変わらず」（吉田 1999, 16）維持された。

　さらにその後も，村落の行政村的な性格は強められる。1970年代の村落政府の役職者はいずれも村落民から選出されており[6]，村落民による自治という側面もあったが，現行の制度では村落行政の No.2 ともいえる村落行政官（Village Executive Officer/*Afisa Mtendaji wa Kijiji*）は，県が任命する地方公務員として役職を務めており，ときには隣接村に居住して当該村の村落民ではないこともある。国際社会の要請にも応じる形で，種々の分野での地方分権化を政策課題として推進してきたタンザニア政府であるが，村落行政官の存在は，中央政府の指揮命令系統を国内各地に行き渡らせる方策を工夫してきたともみなせる。あたかも1970年代の政策が継承・発展されているようにみえるが，1992年に複数政党制を導入したにもかかわらず，タンザニアでは現在に至るまで，1970年代にウジャマー村政策を担った革命党（Revolutionary Party/*Chama cha Mapinduzi*）が政権を担い続けていることとおそらく無縁ではあるまい[7]。

　以上の考察をふまえれば，村落土地法は慣習法を尊重したという国際的な評価はかなり疑問視すべきである。同法によってタンザニア政府は，1970年代の村落政府の土地割当を正当化することで土地権を確定して土地紛争の沈静化をはかり，さらに村落による土地管理運営を再確認していくことになろう。もちろん，これがタンザニア政府の編み出した土地権問題に対する解決策であり，慣習法を遵守していないとしても，それをもって非難されるべきではない。

２．慣用占有権証書の事例

慣用占有権の認定には，対象となる地片の境界画定・測量といった土地裁定（adjudication）作業が，土地登記（registration）作業に先立って必要となる。タンザニアにおける現行の土地裁定の方法は，２種類ある。第１の方法は，村落の一定地域内の複数の地片の占有権を同時に認定する，村落裁定あるいは体系的な裁定（village or systematic adjudication）と称される方法である。このような体系的な土地裁定の実施について村落内での合意が得られていない場合には，第２の方法として，特定の個別の地片に対する任意の土地裁定（spot or sporadic adjudication）が可能である（NLUPC 2013b, 13）。田中（2016, 287-288）によれば，タンザニア北東部のキリマンジャロ州モシ農村県の県土地局は「2012年，３年間のパイロット事業として，モシ市郊外の３村落を対象に土地測量を実施し，村人に土地所有証明書（引用者注：慣用占有権証書）を発行した。また，2025年までに161村落の土地測量と土地権の確定を行う計画を立てている」という。これはまさに体系的な土地裁定の事例であり，EU や世界銀行等の外部資金を得て，かなりの県で同種の計画が実施されている（Pedersen 2010）。

一方，以下で紹介する慣用占有権証書は，上記の第２の方法である任意の土地裁定によって慣用占有権が確定された事例である。村落土地法には村外者による土地取得を規制する条項が並べられており，一見すると村落民の土地権が保証されているとの印象を与える。しかしながら，日常的な生計費や多額な教育費あるいは緊急の医療費の捻出等のために村落民が土地の売却を希望した場合に，村落評議会や他の村落民が資金的な支援をなし得ないのであれば，村外者に対する売却希望を却下することは困難であろう。実態として，貧しい村落民から富裕な村外者へと土地移転が進行していくことになる。

土地移転の進行を直接的に示す資料ではないが，2012年人口センサスによれば，資産として土地を有する世帯はタンザニア全体（島嶼部のザンジバル

を含む）で70.4％であり，その内訳は農村世帯の85.9％，都市世帯の41.2％であった（Tanzania 2014, 39）。すなわち，すでに国全体で1/3の世帯が土地無し世帯であり，農村部においても7世帯に1世帯が土地無しである一方で，都市世帯の4割が土地を保有していたのである。

　さて，閲覧させてもらった慣用占有権証書は表裏2ページで構成されており，図5-1には原典の本紙1ページ目とその翻訳を示した（ただし，個人名，県名，村落名等は，匿名化してある）。この証書は，A郵便局に私書箱Bを有するC村において，H村区（sub-village/*kitongoji*——村落の下部行政単位）に所在する土地50.02エーカーに対して，村外に居住している個人であるD.E.に，2014年7月1日より無期限で慣用占有権を認めることを証明する文書である。以下では，この事例から指摘できる，いくつかの興味深い論点を紹介していきたい。

　第1に，上部の証書番号が空欄であり，また本文中の発行月日（2014年とは記入されている）も空欄であることから，この証書は有効となっていないことである。この証書は，村落土地法25条の規定に基づいて作成されており，同条1項には，「慣用占有権の譲与にかかわる契約が締結された場合には，村落評議会は締結から90日以内に，23条に規定されている条項を承認している申請者に対して，慣用占有権証書と称される地券証書を発行することで，慣用占有権を譲与しなければならない」と記されている。そして，図5-1の文書には，「2014年7月1日より無期限で慣用占有権を付与する」と記されており，同日から遡って90日以内にこの文書が作成されたものと思われる。証書の下方に記されている任意の土地裁定データの作成は県土地局職員が担当しており，当該証書の申請者が正規の手続きを踏んで申請していることは，県，村落ともに認知しているはずである。それにもかかわらず，本章を執筆している2017年7月時点でも証書は完成されていない。それに対して，この申請の承認作業は遅滞しているが土地権はすでに有効であるとD.E.は判断して，当該地に植林をはじめている。証書が完成していないことから，慣用占有権の条件として毎年課せられている2万5000タンザニア・シリングを，

182

図5-1 慣用占有権証書（本紙1ページ目）

(原典)

(翻訳版)

(出所) 筆者作成。

D.E. は2014〜2016年に一度も支払っていないという。

　第2に，申請者である D.E. は，村落評議会が譲与し得る上限をはるかに越える面積を入手しようとしていると推定されることである。図5-1の下方の表には D.E. が入手しようとしている土地50.02エーカーの位置を示す標識（コンクリート製で，ビーコンと称される）の座標が示され，また地図には周辺の土地権者の氏名と面積が記されている。D.E. の土地は三方を谷地に囲まれ，北を K.E. の土地49.88エーカーと接しており，さらにその北方には J.E. の土地30エーカーがある。K.E. は D.E. の配偶者であり，J.E. は成年に達した娘である。D.E. は，自らの申請時に K.E. と J.E. 名義の土地取得も同時に申請している。実質的は D.E. が近隣の49.88エーカーと30エーカーの土地もあわせて土地権を獲得しようとしているといえよう。村落ごとに条例で占有地面積の上限を決めてよいことになっているが，C 村の上限についての情報を入手し得なかったものの，合計130エーカーの土地の取得は上限を超えていると推定される[8]。世帯という単位でなく，個人という単位で土地権を確定していくのであれば，この事例のような事態が容易に発生することになろう。

　第3に，C 村の村落民でない D.E. が容易に慣用占有権を申請し得たことである。D.E. の配偶者の K.E. も，娘の J.E. も C 村に係累はいない。D.E. は，C 村の隣村に居住する知人から，C 村 H 村区の土地を売りたがっている人物がいるという情報を入手して，購入するに至ったそうである。たとえば投資目的で土地を入手することを意図している村外者が土地取得申請を行っても，村落土地法は有効な歯止めにならないであろう。むしろ，村落土地法に基づく慣用占有権の確定は，村外者への土地移転を促進する役割を果たしているともいえる。県土地局職員が正規の測量を行い，村落評議会が慣用占有権を認定することで，土地権の保証を得ることができるために，土地を取得しようとする村外者は慣用占有権証書の発行を積極的に求める。一方，村落民が従前の占有地を利用し続けるかぎり，慣用占有権を認定されても特段の変化を伴わず，自ら費用負担して慣用占有権証書を入手する誘因は乏しい。政府の構想では，体系的な土地裁定を経て慣用占有権証書を取得する場合に

は，証書の申請者は諸費用合計2750タンザニア・シリング（2013年8月時点の為替レートで約171円）を支払うことになっており，またそれとは別途に，村落が定める年額の土地使用料（annual land rent）を支払わねばならない（上記の事例では，少なくとも村外者に対しては2万5000シリング）（NLUPC 2013b, 63）。土地裁定の方法が任意の土地裁定の場合には，単独で行う土地測量の費用等の個人負担額がさらにかさみ，村落民が慣用占有権証書の申請を希望するとは想像しがたい[9]。上記の事例では，慣用占有権証書の発行に伴う諸経費を土地購入希望者である D.E. が負担したそうである。

第2節　国土利用の構想

1．土地利用計画の配置

タンザニアの1999年の土地法令整備が国際的に注目を集めているが，土地行政を管轄する土地・住宅・居住地開発省（Ministry of Land, Housing and Human Settlements Developments）の傘下にあって，深く土地行政にかかわっている国家土地利用計画策定委員会（National Land Use Planning Commission/ *Tume ya Taifa ya Mipango ya Matumizi ya Ardhi*——以下，国土委）なる政府機関の存在は，あまり話題にされることはない。国土委は1984年に設置されたものの，地方行政との連携が不備であったことも一因して実効的な活動を行えずにきた（NLUPC 2006, 32-33）が，2007年に新たに発布された「土地利用計画策定法」（Land Use Planning Act, No.6 of 2007）によって活動が活性化されている。そして，国土委は2013年に，『国家土地利用基本計画 2013～2033年』（NLUPC 2013a）（以下，国土計画あるいは国土計画書）という長期開発計画を公表している。

国土委は，国土を数地区に分割して管理する広域行政組織，州行政組織，県行政組織，村落行政組織に対して，なかでも土地利用計画の中心的な担い

手である県評議会（District Council/*Halmashauri ya Wilaya*）と村落評議会に対して，土地利用計画策定の指針を与え，土地利用計画策定に必要な基礎調査や測量に関する専門的な技能について指導する業務を担っている。土地利用計画策定の指針として，県に対しては2006年に『タンザニアにおける県土地利用基本計画の作成の指針』（NLUPC 2006）（以下，県土計画指針あるいは県土計画指針書）なる冊子を準備し，また村落に対しては1998年に『タンザニアにおける参加型村落土地利用管理のための指針』（NLUPC 1998。別途，スワヒリ語版もあり）を作成し，2013年にその英語版第2版である『タンザニアにおける参加型村落土地利用計画作成，運営ならびに管理のための指針』（NLUPC 2013b。同時期のスワヒリ版は第4版。以下，村地計画指針あるいは村地計画指針書）を作成している。

　つまりは，村落，県と積み上げ方式で国全体の土地利用計画が策定されているわけではなく，まずもって国全体の利用計画の概要が存在して，県，村落にその分担を求めるという構図になっている。地域ごとに固有な慣習法を生かした土地法制，換言すれば地方分権的な土地問題の解決という国際的な認識に合致しない，中央集権的な土地利用計画の策定と指導がなされているのである。以下では，国家，県，村落の土地利用計画に関連する上記の3点の文書の内容を瞥見して，タンザニア政府の土地利用に関する企図を推察してみたい。

　まずは，国全体を対象とした土地利用についてである。国土計画書の主眼は，国土の総合的な開発指針を示すことにある。農業，畜産，森林保全，野生動物保護，鉱物資源採掘等々の分野の開発を担当する政府省庁がそれぞれに独自の開発方針を策定すると，土地利用をめぐって相互に競合することは明らかであり，それらを調整して総合的な土地利用政策を策定する必要であるとの判断に基づいて，国土計画書が作成されている。国土計画書の第3表には，2002年から2012年の10年間で国土の利用はどのように変化したのかが示されており，また同書の第6表では現行の土地利用（2012年）が計画最終年の2033年にはどのように変化するのかが構想されている。同書の第3表と

第 6 表の2012年の土地利用状況は同一であるべきであるが，計算ミスもあり，また分類項目が相違することも一因となって，両者は一致していない。また，分類項目が完全に一対一で対応しているわけではなく，分類の境界線にずれが存在している。このような齟齬を勘案しながら，同書の第 3 表と第 6 表のおおよそ対応する分類項目を並べてみると，表5-1のようになる。表5-1では，A 欄に国土計画書第 6 表の2033年に予想されている分類項目名，面積，構成比，原典の備考を記載し，次いで B 欄に同表の2012年時点の分類項目名，面積，構成比を記載し，同様に C 欄と D 欄には同書第 3 表の2012年と2002年の分類項目名，面積，構成比を配列した。表5-1に引用した数値はそもそも概数であり，多少の相違は誤差の範囲内とみなせば，対応する項目の面積ならびに構成比には大きな変化がないように見受けられる。すなわち，農耕，牧畜，生態環境保全等の各分野を担当する省庁間の調整は至難の業であるために，国土委は2033年まで土地利用区分に大きな変化を与えず，現状維持を基本方針としたとも読みとれるのである。

　しかしながら，表5-1の A 欄の 2 番目の項目である「大規模な商業的農耕・牧場地域」（2033年の構成比18.7％）は，原典の備考欄に「大きな変化なし：増大する需要を相殺する集約化と土地資源の適正利用」と記載されているが，B 欄の2012年時点の土地利用区分は「人口希薄な村落居住地，農耕および放牧地域」（同21.0％）であり，C 欄でも「人口希薄な居住地および農耕地域」（2012年，同18.3％），D 欄でも「人口希薄な村落居住地，農耕および鉱山地域」（2002年，同21.0％）となっている。面積こそ大きな変化はないが，内実は大きく異なっているのではないだろうか。人口希薄な居住・農耕・牧畜・鉱山地域に，大規模な商業的農耕・牧場地域を開発していこうとしているように読みとることが可能である。この土地利用区分と土地法での 3 区分（村落地，保護地，一般地）との対応は明らかではないが，「人口希薄な居住・農耕・牧畜・鉱山地域」は，村落地に含まれると考えるのが妥当であろう。すなわち，いずれかの村落評議会が管理運営を付託されている土地で，大規模な商業的農耕・牧場を展開することが想定されていることになる。その場

合に，土地は村落地にとどまり，村落評議会が管理運営を続けるのか，あるいは村落地から一般地に土地区分の変更がなされ，村落評議会から県評議会や中央政府に管理運営が移行されるのかは定かではなく，また大規模な商業的農耕・牧場の展開の担い手は誰であるのかについて，国土委の計画案には言及はまったくない。

　次いで，表5-1のA欄4番目の「地域社会による牧場地域」と7番目の「地域社会による保全地域」とは，地域社会が活動の主体となることが期待されており，両地域を合わせると18.8％となり，A欄1番目の「農耕・放牧・居住の集約化地域」17.5％を上回る。これら2つの土地利用区分に該当する土地は村落地にとどまり，単独か複数の村落評議会が土地の運営管理に当たるものと推定される。そのような土地利用区分を国家が大枠として想定している地域については，当該地が所在する県ならびに村落はそのことを勘案して自らの土地利用計画を作成しなければならない。そのために，国土委は，上述した県土計画指針書ならびに村地計画指針書を通じて，自らの意向を貫徹し得るような土地利用計画の策定を県ならびに村落に要請していくことになる。

　このうち，県土計画指針書では，県土計画作成の目的として，地域社会の関心と中央政府の開発の優先順位とをとり結ぶことが謳われている。そして同書では，県土計画を作成することで，遊牧民の放牧地，水源地，大規模な保全計画，灌漑計画，再入植計画，インフラや社会経済施設の提供など，単独の村落評議会の行政範囲と能力を超えて数カ村にかかわるような課題に，県評議会が対応することが意図されている（NLUPC 2006, v）。県土計画指針書には，県土計画を策定する10点の意義が記載されているが，重要な論点は以下のとおりである（NLUPC 2006, 2-7）。

　まず，県内の公有地の下位区分の決定である。すでに触れたように，タンザニア全土が公有地と看做されており，それは村落地，保護地，一般地の3つに下位区分されるが，各県内に存在する公有地の下位区分への振り分けとその境界は，県土計画で決定される。県行政の各分野の担当者は，この土地

188

表5-1　タンザニア全土

A) 2033年（予定）土地利用区分 Land Use Type	km²	（%）	原典の備考欄	B) 2012年（現行）土地利用区分
農耕・放牧・居住の集約化地域 Areas for intensification of crop cultivation, grazing and settlement	165,605.0	17.5		都市居住地，農耕および放牧地域 Urban settlements, agriculture and grazing
大規模な商業的農耕・牧場地域 Areas for large scale commercial crop cultivation and ranching	176,747.0	18.7	大きな変化なし：増大する需要を相殺する集約化と土地資源の適正利用	人口希薄な村落居住地，農耕および放牧地域 Scattered village settlements, agriculture and grazing
沿岸部の居住および生態的諸機能活用地域 Coastal settlements and ecological functions	4,112.0	0.4	居住・放牧・空閑地・生態的諸機能活用地から分離された新規の土地利用区分	
地域社会による牧場地域 Community ranching areas	123,460.0	13.1	（主としてかつての「鳥獣管理地域」GCA から分離された）特定地域における地域社会による牧場のための新規の土地利用区分	放牧，狩猟，保全地域 Grazing, hunting and conservation
空閑地および生態的諸機能活用地 Open land uses and ecological function	77,101.0	8.2	旧区分の「空閑地および生態環境維持地域」の一部	空閑地および生態環境維持地域 Open lands and ecosystem maintenance
水資源地域 Water resources	63,172.0	6.7	大きな変化なし：「水資源地域」の一部は，「地域社会による保全地域」に含まれている	水資源地域 Water resources
地域社会による保全地域 Community conservation	53,464.0	5.7	かつての「鳥獣管理地域」GCA から分離・創設された「野生生物管理地域」WMA を中心とする新規の土地利用区分	保全地域 Conservation
保護地域（生物多様性の保全）Reserved lands（Conservation of biodiversity）	281,357.0	29.7	大きな変化なし：野生動物移動用の回廊，湿地帯，水源地を含む	
合計 Total	945,087.0[1]	100.0		

（出所）　National Land Use Planning Commission, Tanzania, 2013. National Land Use Framework Plan 2013-2033, Volume I, pp. 10, 43-44.

（注）　アフリカ大陸内にあるタンザニア本土部分のみならず，インド洋上の島嶼部であるザンジバルも含んだタンザニア全土を対象としている。

の土地利用区分に基づく分類

km²	(%)		国土計画書　第3表での比較				
		C)　2012年 土地利用区分	km²	(%)	D)　2002年 土地利用区分	km²	(%)
161,584.9	17.1	居住地および 農耕地域 Settlement and agliculture	203,250	21.5	都市居住地， 農耕および鉱山地域 Urban settlements, agriculture and mining	160,388	17.0
198,532.8	21.0	人口希薄な 居住地および 農耕地域 Scattered settlements and agriculture	172,583	18.3	人口希薄な村落居住地， 農耕および鉱山地域 Scattered village settle- ments, agriculture and mining	198,253	21.0
95,441.3	10.1	放牧地 Grazing	98,297	10.4	村落居住地， 放牧，狩猟および 木材・非木材利用地域 Village settlements, grazing, hunting and non woody and product harvesting[2]	97,568	10.3
155,332.4	16.4	木材および非 木材利用地域 Woody and non woody harvesting	117,415	12.4	木材および非木材利用 地域 Woody and non woody production	154,181	16.3
63,334.1	6.7	水域 Water bodies	58,610	6.2	水資源利用地域 Water resource use	62,865	6.7
270,861.6	28.7	保全地域 （保護地域） Conservation (Protected areas)	294,932	31.2	保全地域 Conservation	271,832	28.7
945,087.0	100.0		945,087	100.0		945,087	100.0

1）945,087.0と記されていたが，各分類の合計値は945,018.0となる。

2）第3表には Village settlements, grazing, hunting and non woody and product harvesting と
記載されていたが，woody product harvesting が抜けており，正しくは Village settle-
ments, grazing, hunting and woody and non woody product harvesting となる。

利用区分を尊重して，自らの分野の活動を策定していくことが求められる。

　次いで，土地利用に関する紛争の解決に資することである。タンザニアにおいて土地利用をめぐる最も一般的な紛争は，遊牧民と農耕民のあいだの諍(いさか)いである。それ以外に，居住地の新設，都市域の拡大，鉱物資源の採掘が紛争の火種を提供し，森林，野生生物，水源の保護地が不明瞭な境界設定のために蚕食されている。県土計画の策定は，県当局に紛争解決の論拠を提供し，土地利用をめぐる紛争を対応可能な量に縮小することが期待されている。

　そして，土壌劣化，過放牧，火入れ，生物多様性の減少，水資源の劣化等が問題として意識されてはいるが，その規模について県当局はほとんど把握できておらず，県土計画を策定することによって，原因解明，救済策作成，持続的な利用に資することが企図されている。

　さらに，投資用の土地の確保である。国内外の投資家に提供し得る土地を確保しておくことは県評議会の使命であり，県土計画によって利用度の低い土地を同定しておくことが可能となる。投資用地は，各村落評議会が管理する村落地ではなく，一般地として確保される可能性が高い（Locher and Sulle 2014, 572）。

　一方，県と並んで土地利用計画策定の中心的な役割が期待されている村落に対しては，村地計画指針書で以下のように規定されている。村落行政を担っている村落評議会は，村落の最高議決機関である村落総会（village assembly/*mkutano wa kijiji*）に村落土地利用計画（以下，村地計画）を提起し，その承認を受け，実践する権限を，村落土地法12条および13条で付与されている。村地計画の目的は，土地利用者に最善の土地利用を促すことである。また，村地計画は，宅地，森林，放牧地，農耕地，水源涵養地(かんようち)，学校・診療所・家畜防疫施設などの公共利用の土地，村落の将来の拡大用地のような種々の利用目的のために土地を仕分けることを含む。村落評議会にとって，村地計画は村落の土地資源を適切に運営するための道具であり，村地計画は，当該村落で利用可能な土地資源の量，質ならびに潜在力について，村落評議会ならびに村落民一般に情報を提供するものでなければならない。また，村

地計画は，種々の利用と必要のために土地を割り当てる過程で，意思決定過程を明示する手助けとならねばならない。村落地に関するすべての決定は，村落評議会と村落総会で認識され承認されていなければならない（NLUPC 2006, ix）。

　さて，村地計画指針書では，参加型農村評価手法（PRA）を用いて，すべての利害関係者が参加して資源の賦存状況をまず確認し，次いで土地権の調停や上記のような村地計画の策定を行うことになっている。村地計画指針書ではこの過程があたかも和気あいあいと進められるかのように描写されているが，対立的な利害調整を必要とする事態も十分に想定され，融和的な状況ばかりとはとても思えない。そして，村地計画の策定にあたっては，上位組織である国全体の土地利用計画と整合的であること，そして県の土地利用計画担当官の指導を受けること（NLUPC 2013b, 10, 14）という上意下達的な規定が，足かせともなっている。その結果，慣用占有権証書の発行に先立つ作業である体系的な土地裁定の，さらに前段階に位置づけられる村地計画を策定した村落は，2010年6月段階で705村（タンザニア本土全体で約1万1000村）にすぎず（Pedersen 2011, 2），また2012年頃の数値と思われるが，タンザニア全土で約2500万筆と推定される地片のうち20万件弱にしか慣用占有権証書が発行されていなかった（Byamugisha 2013, 57-58）。

2．翻弄される都市近郊地域

　すでに述べてきたように，国土の70％を占める村落地については各村の村落評議会のもとで土地利用計画の作成と土地権の確定作業が行われることになっているが，その対象とならない地域が都市の市街地近郊に広がっている。タンザニアの独立後の人口センサスによれば，1967年に32であった都市数は2012年には600近くに増大し，人口も同時期に68万5092人から1270万1238人に急増して，総人口に占める都市人口の比率も5.7％から29.1％に急進しており（Wenban-Smith 2014, 5, 7），すでに総人口の1/3近くが都市に居住してい

ることになる。このような都市化の進展は，タンザニア国内各地で多数の都市行政域が新設され，また既存の都市行政域が拡張されてきたことを意味している。

　都市本体およびそれに併呑された近郊地域は，都市に適用される土地法と土地利用計画の対象地となる（McAuslan 2013, 181-186）。すなわち，村落で適用される慣用占有権ではなく，認可占有権（granted right of occupancy——植民地期のヨーロッパ人入植地に淵源を有する土地権概念）が適用される地域であり，また都市計画地（planning area）という土地利用計画の枠組が適用される。都市計画地に指定されるやいなや，当該地に対する既存の権利や土地利用が制限され（Rwegasira 2012, 77），予定されている都市計画が優先されることとなる。筆者の調査地であるキリスィ（Kirisi）集落周辺地域も例外ではない[10]。キリスィ集落は，北東部タンザニアのキリマンジャロ州ムワンガ県の県庁所在地であるムワンガ町の郊外に位置する。キリスィ集落が含まれるヴドイ（Vudoi）村区は，他の3村区とともにキルル・ルワミ（Kiruru Lwami）村を構成していたが，1990年代初期に北隣のムワンガ町の行政域が拡張され，キルル・ルワミ村の村域はすべて組み込まれてしまった。吸収合併後も，ムワンガ町から徒歩40分ほどにあるキリスィ集落の周辺では農牧地が広がる景観に変化はなく（図5-2），乾季には筆者が観察を続けてきた灌漑作が実施されていた。すべての農牧地は，植民地期に草分けのクランの長老によって他クランの移入者にも割り当てられ，さらに父系で相続されてきた土地であり，土地の売買は皆無であった。1970年代のウジャマー政策期には，村内に綿の共同農場を設営したり，共同放牧を試みたりしたそうであるが，村落が土地を再分配することはなく，慣習的な土地権が継続していた[11]。

　景観に顕著な変化がみられるようになったのは，キリスト教系の女子中学校が，学校建設用地として約400メートル四方の15ヘクタール強におよぶ範囲の多数の圃場群を買収した2006年以降である。2017年時点で，学校の敷地以外にも近隣の圃場が虫食い状に切り売りされて，瀟洒な民間住宅が建造され，住民全員がイスラーム教徒であるキリスィ集落の脇に養豚場も建設され

第5章　現代タンザニア土地政策の構図　193

図5-2　キリスィ集落周辺の土地利用の変化（A）

（出所）　筆者撮影（2006年3月15日）。
（注）　女子中学校の建設がまさに始まろうとしている時期の写真である。資材保管小屋以外は一面の囲場であった。

ている。また，一定間隔で設置されたコンクリート柱で囲い込まれた3ヘクタール近い地所が存在するが，キリスィ集落住民はその使途を知らない（図5-3）。

　キリスィ集落周辺のこのような景観の変化は，土地利用政策にかかわっている。キリスィ集落を含む旧キルル・ルワミ村はムワンガ町の行政域に組み込まれているがゆえに，いずれかの村落評議会による村地計画が適用される地域ではなく，ムワンガ県の県土計画下にあるムワンガ町の都市計画が適用される地域となっている。旧キルル・ルワミ村の全域がムワンガ町の都市計画地に指定されており，ムワンガ県土地局職員（ムワンガ町に配属されている職員を含む）が都市計画の見取り図を作成中である。担当職員からの聞きとり（2016年8月5日）によれば，旧キルル・ルワミ村の最南端のムタランガ

図5-3　キリスィ集落周辺の土地利用の変化（B）

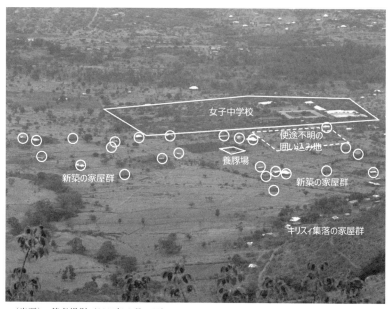

(出所)　筆者撮影（2017年2月24日）。
(注)　原図に，女子中学校の敷地，使途不明の囲い込み地，養豚場，多数の新築の家屋（小さな丸）を示した。

村区の都市計画図の作成は完了し，その北に位置するヴドイ村区部分を作成中である。ムタランガ村区の都市計画図を閲覧させてもらったが，住宅区画，商業区画，学校，警察派出所等が整然と書き込まれていた。この未来予想図と現行の土地権者との関係は説明を聞いても判然としなかったが，ムタランガ村区の住民はいずれ父祖伝来の土地において従来の農牧業を行えなくなることは，確かである。このような背景を知れば，キリスィ集落で宅地化が進んでいることは，まさにムワンガ町当局の希望する土地利用に合致した地目転換が始まっていることになろう。

　ここで紹介したのは筆者の調査地の具体的な現況であるが，人口増加とくに都市人口の増加という情勢下で，同種の事態がタンザニアのあらゆる都市近郊の農耕・牧畜地ですでに発生しており，また今後多発する可能性が高い。

タンザニアの土地政策のうち，土地利用政策には上意下達的な印象を払拭しがたいと指摘したが，都市近郊地域はその最たる事例であろう。「計画立案担当者ほかの官僚が計画を作成し，民衆はその計画に従わされるという植民地期の権威主義的構造」（McAuslan 2013, 197）が，継続されている。

結語にかえて

慣習法を尊重した土地法改革を行ったというタンザニアに対する国際的な評価は，地域住民の既存の土地権を尊重して土地法令の整備がなされたと認識されていることを含意していよう。そのタンザニアにおいて，ほかのアフリカ諸国と変わらないランドグラブが起こるのはなぜかという疑問が解明されねばならない。慣習法が地域住民の土地権を保護し得るという前提はそもそも正しいのかが問われるべきであるが，本章では論点を半ば意図的に移行して，タンザニアの土地法改革が慣習法を尊重しているという認識に錯誤があることを明らかにした。すなわち，1970年代の社会主義政策推進期に村落政府が割り当てた土地の権利を追認するとともに，村落に土地の管理運営の権限を一元化しようとする土地法制改革であり，慣習法と一般的に考えられている土地権の存在形態と合致しない法整備であることを説明した。村落土地法は土地権の個別化を促進し，土地が容易に村外者に流出するような土地市場の成立に貢献している可能性が高い。そして，もし村落土地法が地域住民の土地権に対して保護的に働くとしても，その対象から外れる都市周辺農耕地域が存在することを，筆者の調査地の事例で紹介した。都市行政域の拡大は今後も継続する趨勢であり，タンザニアの各地で土地をめぐる軋轢が発生する可能性が高い。

このような土地法制の含意のもとで，土地市場が展開し土地移転が進行していくことは，むしろタンザニア政府が予期し期待するところではないだろうか。その論拠は，国土委による国土利用の長期計画策定ならびに，県およ

び村落の土地利用計画策定の指導である。国土委は，商業的な農耕・牧場地域を現在の人口希薄な居住・農耕・放牧・鉱山地域に展開することを意図しており，また投資用の土地を確保しておくことをめざしている。そのような背景のもとで，資金を有する村外者が村落地を入手することや，都市近郊の農耕地が宅地化することは，タンザニア政府の期待に合致する展開であるとみなせる。非合法のランドグラブの発生はさておき，合法的な土地収奪が発生する余地を現行法制は容認しており，タンザニア政府はむしろその余地を最大限に利用する土地政策の展開をめざしていると解釈することも可能である。地域住民の既存の土地権の保証ならびに土地利用の安定化よりも，いわゆる効率的な土地利用を指向する国家の意図が透けてみえる。

＜謝辞＞

　本論文の資料収集にあたっては，日本学術振興会の科学研究費助成事業である「アフリカにおける地方経済活性化と資源保全に関する実証研究——タンザニアの事例——」（課題番号：25257107。研究代表：池野旬）で実施したタンザニア現地調査の機会を利用させていただいた。また，タンザニア現地調査時には，京都大学に留学して博士号を取得しているニンディ（S.J. Nindi）国土委長官から興味深いお話を伺うことができた。記して，謝意を表したい。

〔注〕————————————————

⑴　customary land に一般的な訳語である「慣習地」を当てなかった理由は，本文で後述するごとく，いわゆる慣習法に基づいて占有・利用されている土地以外に，1970年代のウジャマー村政策期に村落政府によって割り当てられた土地が含まれているためである。

⑵　村落土地法については，昨年度の中間報告（池野 2016a）でも利用した，Vedasto（2014, 177-274）に採録されている2010年修正法を典拠とした。

⑶　北東部タンザニアのキリマンジャロ州ムワンガ県ムクー村で閲覧を許可された村落地証明書の原典による。

⑷　F. S. レリセ（Lerise 2005）は，北東部タンザニアの灌漑計画地域で，同一

地片に対して異なる人物がそれぞれ，植民地期に首長に認められた土地権，ウジャマー村政府の土地割当による土地権，さらに灌漑計画に伴う圃場区画の土地権を主張している事例を報告している。すでに村落土地法が発効している時期の事例であると思われるが，州や県の高級官僚，また彼らの下僚も，同法を根拠に一刀両断に裁定しようとはしていない。奇しくも同一地域を対象として，田中（2016）は女性の土地権の伸張という視点から，土地権の錯綜した状況を紹介している。田中の強調点とは一致しないが，土地権の名義変更がなされない事例が少なからず存在することと，同地においてかなりの貧富の差が存在することが印象的である。

(5) customary right of occupancy を池野（2015）では「慣習占有権」と訳したが，池野（2016b）では「慣例占有権」と訳し直した。いわゆる慣習法に基づく土地権以外に，1970年代の集村化期に村落政府に割り当てられた土地に関する権利も含まれているというニュアンスを込めるためであるが，さらに「慣用占有権」のほうがふさわしい訳語と判断し，本章で採用した。

(6) 1975年村落・ウジャマー村法10条では，村落評議会の構成員が互選で村落評議会議長と村落評議会書記を選出することになっている（Bugengo et al. 1976, Appendix B）。

(7) 正確には以下のような経緯があった。1961年に英信託統治領から独立したタンガニーカはタンガニーカ・アフリカ人民族同盟（Tanganyika African National Union: TANU）が政権与党であり，1964年にザンジバルと合邦してタンザニア連合共和国になった後も，旧タンガニーカに相当するタンザニア本土ではTANUが，ザンジバルではアフロ・シラズィ党（Afro-Shirazi Party）が政権を担い続けた。両党は1977年に合併して，新規に革命党を結成した。1992年の複数政党制導入後，1995年，2000年，2005年，2010年，2015年に連合共和国大統領選挙と国会議員選挙が行われているが，いずれも革命党が勝利している。

(8) 村落土地法30条4項a号には，慣用占有権の譲渡に関して，譲受者の専有面積が当該村落で規定した上限を超える場合には譲渡は認められないと記されており，面積の上限について具体的な数値は挙げられていない。一方，32条5項c号には，村落総会の承認と土地長官の助言のもとで，村落評議会は30ヘクタール（約75エーカー）以上の派生権（derivative right）を譲与できると記されている。この数値から判断すれば，慣用占有権についても30ヘクタール以上には規制がかかるのではないかと推察される。

(9) 政府の試算では，1200筆を有する村落で体系的な土地裁定を経て慣用占有権証書を発行する場合に，1筆当たり1万6700シリング（2013年8月時点の為替レートで約1037円）の経費が必要である（NLUPC 2013b, 63）。申請者が2750シリングを負担したとしても，多額な行政費をとうてい賄いきれないこ

とになる。国家レベルでも多額の経費負担が土地権認定作業の進展を遅らせている一因となっている（Pedersen 2010）が，この点については本章では考察しない。

⑽　キリスィ集落の社会経済変容の詳細については，拙稿（池野 2010; 池野 2016a）を参照されたい。

⑾　キリスィ集落周辺の草分けクランの現在の長老であるオマリ（Hamisi Omari）氏と，1990年代初期にムワンガ町に吸収合併される直前までキルル・ルワミ村の村長を務めていたマリジャニ（Salim Marijani）氏からの聞きとり。

〔参考文献〕

＜日本語文献＞

池上甲一　2016.「土地収奪と新植民地主義——なぜアフリカの土地はねらわれるのか——」石川博樹・小松かおり・藤本武編『食と農のアフリカ史——現代の基層に迫る——』昭和堂　325-345.

池野旬　2010.『アフリカ農村と貧困削減—タンザニア　開発と遭遇する地域—』京都大学学術出版会.

——— 2015.「タンザニアにおける土地政策の変遷——慣習的な土地権に着目して——」武内進一編『アフリカ土地政策史』アジア経済研究所　121-145.

——— 2016a.「農村世帯の独立自営と協調行動——北部タンザニア都市近郊農村の水資源利用の軌跡から——」高橋基樹・大山修一編『開発と共生のはざまで——国家と市場の変動を生きる——』京都大学学術出版会　59-90.

——— 2016b.「タンザニアの『村落土地法』（抄訳）——customary という単語をめぐる試訳——」武内進一編『冷戦後アフリカの土地政策——中間成果報告——』調査研究報告書　アジア経済研究所　131-162（http://www.ide.go.jp/library/Japanese/Publish/Download/Report/2015/pdf/B101_ch04.pdf）.

田中由美子　2016.『「近代化」は女性の地位をどう変えたか——タンザニア農村のジェンダーと土地権をめぐる変遷——』新評論.

安洋巳　1999.「土地囲い込みとしての植林行動——タンザニア中央部集村の事例——」『アフリカ研究』（54）　3 月　35-53.

吉田昌夫　1997.『東アフリカ社会経済論』古今書院.

——— 1999.「東アフリカの農村変容と土地制度変革のアクター——タンザニアを中心に——」池野旬編『アフリカ農村像の再検討』アジア経済研究所　3-58.

第5章 現代タンザニア土地政策の構図 199

＜外国語文献＞

* 略称：DSM = Dar es Salaam, DUP = Dar es Salaam University Press, NLUPC = National Land Use Planning Commission

Alden Wily, Liz. 2013. "Enclosure Revisited: Putting the Global Rush in Historical Perspective." In *Handbook of Land and Water Grabs in Africa*, edited by Tony Allan, Martin Keulertz, Suvi Sojamo and Jeroen Warner. Abingdon: Routledge, 11-23.

Bugengo, James, J.P.B. Mutangira and J.B.K. Rwelengera. 1976. *The Nyarubanja System and Ujamaa Village Development in West Lake Region*, Economic Research Bureau Paper 76.1. DSM: University of Dar es Salaam.

Byamugisha, Frank F.K. 2013. *Securing Africa's Land for Shared Prosperity*. Washington, D.C.: World Bank.

Fimbo, Gamaliel Mgongo. 2004. *Land Law Reforms in Tanzania*. DSM: DUP.

Fitzpatrick, Daniel. 2005. "'Best Practice' Options for Legal Recognition of Customary Tenure." *Development and Change* 36(3) May: 449-475.

Havnevik, Kjell and Hanne Haaland. 2011. "Biofuel, Land and Environmental Issues: The Case of SEKAB's Biofuel Plants in Tanzania." In *Biofuels, Land Grabbing and Food Security in Africa*, edited by Prosper B. Matondi, Kjell Havnevik and Atakilte Beyene. London: Zed Books, 106-133.

Knight, Rachael S. 2010. *Statutory Recognition of Customary Land Rights in Africa: An Investigation into Best Practices for Lawmaking and Implementation*, FAO Legislative Study 105. Rome: FAO.

Land Matrix. *Global Observatory* (http://www. landmatrix.org/en/get-the-detail/all/ 2017年1月12日アクセス).

Lerise, Fred Simon. 2005. *Politics in Land and Water Management: Study in Kiliman-jaro, Tanzania*. DSM: Mkuki na Nyota Publishers.

Locher, Martina, and Emmanuel Sulle. 2014. "Challenges and Methodological Flaws in Reporting the Global Land Rush: Observations from Tanzania." *Journal of Peasant Studies* 41(4) June: 569-592.

McAuslan, Patrick. 2013. *Land Law Reform in Eastern Africa: Traditional or Trans-formative?: A Critical Review of 50 Years of Land Law Reform in Eastern Africa 1961-2011*. Abingdon: Frank Cass.

NLUPC (National Land Use Planning Commission), Tanzania. 1998. *Guidelines for Participatory Village Land Use Management in Tanzania*. DSM: NLUPC.

―――― 2006. *Guidelines for Preparation of District Land Use Framework Plans in Tanzania*. DSM: NLUPC.

———— 2013a. *National Land Use Framework Plan 2013-2033: Volume I*. DSM: NLUPC.

———— 2013b. *Guidelines for Participatory Village Land Use Planning, Administration and Management in Tanzania*. DSM: NLUPC.

Pedersen, R.H. 2010. *Tanzania's Land Law Reform; the Implementation Challenge*, DIIS Working Paper 2010:37. Copenhagen: Danish Institute for International Studies (DIIS).

———— 2011. "The Forgotten Villages: Land Reform in Tanzania." *DIIS Policy Brief* (Oct. 2011). Copenhagen: Danish Institute for International Studies, 1-4.

———— 2012. "Decoupled Implementation of New Wave Land Reforms: Decentralisation and Local Governance of Land in Tanzania." *Journal of Development Studies* 48(2) February: 268-281.

Rwegasira, Abdon. 2012. *Land as a Human Right: A History of Land Law and Practice in Tanzania*. DSM: Mkuki na Nyota Publishers.

Tanzania, United Republic of. 2014. *2012 Population and Housing Census: Basic Demographic and Socio-economic Profile: Key Findings* (http://nbs.go.tz/nbs/takwmu/census2012/Basic_Demographic_and_Socio-Economic_Profile_PopularVersion-KeyFindings_2012_PHC_EnglishVersion.pdf　2017年 1 月18日アクセス).

Vedasto, Audax Kahendaguza. 2014. *Auda's Compilation of and Commentary on Selected Tanzania Statutes: Volume 1: The Land Act and 6 Other Land Statutes Incorporating Amendments up to October 31, 2014*. DSM: IDEA International Publishers.

Wenban-Smith, H.B. 2014. *Population Growth, Internal Migration and Urbanisation in Tanzania, 1967-2012: A Census Based Regional Analysis*. International Growth Centre (http://www.theigc.org/wp-content/uploads/2014/09/Wenban-Smith-2014-Working-Paper.pdf　2017年 1 月18日アクセス).

第6章

モザンビークにおける土地法の運用と政治力学

網 中 昭 世

はじめに

　モザンビークにおける土地制度改革は，モザンビーク民族解放戦線
（Frente de Libertação de Moçambique: FRELIMO）とモザンビーク民族抵抗
（Resistência Nacional de Moçambique: RENAMO）による紛争（1977～1992年）終
結後の平和構築と民主化のなかで同時並行的に進められた。モザンビーク政
府が民主化後初めて発表した1995年の「国家土地政策」（Política Nacional de
Terras, Resolução n°. 10/95）は，土地に対する権限の確立を通じて，国民なら
びに投資家に土地資源の利用を保証し，両者のあいだにパートナーシップを
構築するために，土地用益権の移譲のための原則づくりを行うことを改革の
方針としている。

　海外直接投資を経済復興の呼び水とするという方向性は，政府が1984年に
世界銀行（以下，世銀）と国際通貨基金（International Monetary Fund: IMF）と
の交渉を経て1987年に構造調整政策を導入して以来の既定路線である。その
ために投資の対象となる土地資源の管理に対して世銀をはじめとする国際的
ドナーの政策は大きく影響を及ぼしている（Burr 2005; de Renzio and Hanlon
2007; 井上 2016）。主導的ドナーである世銀の土地政策の方針は，1990年代以
降，農村部の土地に対する個人的な所有権を確立することで土地を担保とし
た貸付を可能にし，農民の資金調達を可能にして貧困削減に資するというも

のである。その一方で，アフリカにおける共同体的所有という慣習的制度が
土地なしの貧困を回避させる役割を担うことを認めている（本書序章）。

　こうした国際的な土地政策の潮流に乗り，社会主義期以来の土地法を改正
した現行法が，農村部の土地資源の管理に関する1997年の「土地法」（Lei de
Terras, Lei nº. 19/97）および1998年の「土地法細則」（Regulamento da Lei de
Terras, Decreto nº. 66/98），そして2000年の「村落地境界画定に関する技術的
付録」（Anexo Técnico para a Delimitação das Terras das Comunidades, Diploma Ministral
nº. 29-A/2000）である[1]。一連の法律は土地の所有権は国家に帰属することを
旧法から引継ぎ，土地の売買を禁じた一方で，公用地を除く土地は，個人・
法人のほか，新たに村落共同体（comunidade）[2]が土地用益権（direito de uso e
aproveitamento de terra: DUAT[3]）証書を取得することを認めた。そして，人口
のおよそ7割が居住する農村部の村落地に関して農民の慣習的用益権を認め，
初めて境界画定に関する細則を設けた。なお，村落共同体やそれに属する個
人によるDUATの取得は義務ではなく，DUATを取得せずとも用益権が認
められている。

　土地法の成立当初，村落地における土地資源の管理と土地紛争に関して
「慣習的な規範と実践」（normas e práticas costumeiras）に基づく慣習法が適用
されたという先進性と，国民に開かれた討論を経たという参加型のプロセス
は，紛争終結後の民主的社会のあり様を体現し，ドナーのみならず，民主化
の過程で成長して議論に参加してきた国内の市民社会からも高い評価を得て
きた（Tanner 2002）。それにもかかわらず，近年のモザンビークでは大規模
かつ商業的な土地取引がアフリカ地域のなかでも極めて多く，土地収奪を引
き起こしていると批判されている（本書序章，ならびにOakland Institute 2011;
Muianga 2015）。こうした状況が発生する原因として，政策立案者らはDUAT
を申請する投資家と，土地の用益権をもつ村落共同体とのあいだに存在する
法的リテラシーの圧倒的な格差を指摘している。そして法的リテラシーの格
差を解消するため，農村部で土地法を普及させる実務補助員を養成するとい
う対策をとっている（Tanner and Bicchieri 2014）。

たしかに法の普及が極めて不十分なことは事実だが，モザンビークで発生する土地紛争の根底にある問題は，法が普及すれば解決されるという技術的なものにとどまらない。より深刻な問題は，国家が民主化後の地方分権化という体裁をとりながら，実際には上意下達の政治権力構造のなかに村落行政機構を位置づけたことによって，民主的な意思決定や公正な利益の分配がより困難になっているという点にある。モザンビークの場合には，国家が土地資源の管理に慣習的な要素をとり入れて国家と村落社会の関係を再構築したことで，その傾向がいっそう強まったと考えられる。これはまさに武内（2015, 265）が指摘するとおり，土地資源の管理を通じた農村部の統治を政治権力構造と切り離して技術的な問題として扱うことの危険性を示している。

そこで本章では，土地法の運用に際して発生する問題の一因が村落レベルにまで浸透した政治権力構造にあることを示したい。第1節では，慣習法を司るとされる「伝統的権威」（autoridade tradicional）が土地法を運用するうえで重要な「共同体権威」（autoridade comunitária）の一員として復権する過程をみることで，村落社会の政治権力構造の成り立ちを確認する。第2節では，土地法の制定後もさらなる改革と性急な運用を要請する国際的状況を示す。そして第3節では土地制度改革に対する国際的な要請が集中する一方で，政治権力構造の特徴が最も顕著にみられるであろう与野党競合地域としてナンプラ州（Nampula）を本章の調査地に設定し，ナンプラ州モナポ（Monapo）郡の調査村におけるローカルな政治力学に照らし，土地法の運用上の問題点を提示する。

第1節　土地資源の管理と再集権化

1.「伝統的権威」の復権と国内の政治力学

土地法に関して慣習にのっとり土地資源の管理を行う「伝統的権威」レグ

204

ロ（régulo）[4]はキー・パーソンであるが，レグロ自体が歴史的に政治性をはらむ存在である。レグロはこれまでにも植民地行政に利用され，独立後の社会主義期には FRELIMO 政権によって権威を剝奪され，内戦時には FRELIMO 対 RENAMO の複雑に入り組んだ勢力分布によって支持政党の傾向が分かれてきた。さらに民主化後には，地方分権化や開発行政の文脈のなかで2000年の「国家行政機構と共同体権威の接合に関する布告」（Formas de articulação dos órgãos locais do Estado com autoridades comunitárias, Decreto nº. 15/2000）によって村落行政を担うために新設された「共同体権威」の一員として国家に承認されている。とりわけ内戦末期からこの2000年の布告に至る政治過程は以下で詳述するとおり，民主化後の FRELIMO と RENAMO 双方の関心を映し出している。

　内戦終結を見越した1991年から，フォード財団（Ford Foundation）や米国国際開発庁（United States Agency for International Development: USAID）が資金を拠出し，国家行政省（Ministério da Administração Estatal: MAE）がレグロの社会的位置づけに関する調査プロジェクト「分権化と伝統的権威」（Descentralização e Autoridade Tradicional）（1991〜1998年）を実施した（Serra 2014）。この時期には1998年に第1回地方選挙，1999年に第2回国政選挙が行われ，土地法とそのなかでの「伝統的権威」レグロの役割は選挙の争点の1つとなっていた。1997年時点の国民議会における審議で RENAMO は，過去においてFRELIMO が「伝統的権威」の権限を剝奪してきたことを指摘し，私有権の確立に賛成すると同時に「伝統的権威」の権限の拡大を支持していた。これに対して FRELIMO は当初「伝統的権威」も利己的な行動により，必ずしも農民の守護者とはなり得ないと否定的な見解を示していた（AIM 1997; Kloeck-Jenson 2000）。

　しかし，「伝統的権威」の復権に対する FRELIMO の否定的立場は，1999年の大統領選で FRELIMO 候補のシサノ（Joaquim Chissano）と RENAMO 候補のデュラカマ（Afonso Dhlakama）の得票率が4.6％の僅差となったことで「伝統的権威」の復権を擁護する立場へと大きく変化した。農村部で敗北し

たFRELIMOは,「伝統的権威」の権力を強化して支持を得ることで「伝統的権威」の集票力を利用することが重要だという認識を強めた。このような集票はすでにRENAMOが実践していた手段であり,両党ともにそれぞれが政治的利害関係にある「伝統的権威」を国家の行政機関の末端部として組み込むことで支持基盤の強化を図るという点では利害が一致していた。

　こうして翌2000年の「国家行政機構と共同体権威の接合に関する布告」によって,「伝統的権威」レグロは「共同体権威」の一員として公的に承認された。ただし,同じ布告によって,社会主義時代の村落レベルの行政執行機関である事務局長(secretário)や,FRELIMO軍・国軍の退役軍人や除隊兵士がその多くを務める集落の代表者「コミュニティ・リーダー」などが同じく「共同体権威」となったことは重要である。つまり,「共同体権威」の実態は村落行政における政治任用である[5]。

　なお,2000年の布告によって定められた「共同体権威」の役割は次のようなものである。それは州・郡レベルの行政機関との合意のもとで社会秩序の維持,共同体裁判所との連携,道路や給水施設の建設・管理,生産地域の拡大のための住民の動員と組織化,公衆衛生環境の改善,自然資源の持続可能な利用に関する市民教育,納税への動員と組織化,初等教育普及のための啓蒙,法令の普及といった役割である。

　さらにこの「共同体権威」は2003年に法的に定められた村落行政に関する共同体諮問評議会(Conselho Consultivo de Povoação e de Localidade)の中核的な構成要素と位置づけられ,2005年には国章の使用が認められ,給与と制服が支給されることになった(Lei nº. 8/2003, Decreto nº. 11/2005)。ただし,「共同体権威」を中核とする共同体諮問評議会も,全体の構成としては明らかにFRELIMO支持者が多数を占めている。そのなかにあって,土地関連法の整備によって,土地資源の管理に関して慣習に基づいた判断を下すことが期待されることになったレグロの政治的立場が大多数の構成員とは異なる場合,土地法の運用にどのような差異が現れるのかは,第3節で検討する。

　以上の経緯から,モザンビークの国内政治の観点に立てば,土地制度改革

に際して慣習法の役割を認めるという国際的な潮流が農村部における政治的影響力を深化・拡大するうえで利点を見い出されていたといえよう。結果的に，国家に接合された共同体諮問評議会や「共同体権威」の構成には，当該共同体が FRELIMO と RENAMO のあいだで辿ってきた紆余曲折の政治過程がそのまま投影される。この事実をふまえたうえで，その政治権力構造が土地法の運用に及ぼす影響を理解する必要があるだろう。しかしながら，こうした国内の政治過程は，次節でみるように，土地資源の管理を主導する国際的ドナーによる政策立案に際して十分に考慮されているとは言い難い。

2．土地法における「共同体権威」の位置づけ

土地関連法が運用段階に入り，DUAT の取得申請に際してしばしば問題が顕在化するのが，行政が対象地域の村落の住民やその代表者と直接接点をもつ共同体コンサルテーションの段階である[6]。コンサルテーションの運営主体である共同体諮問評議会は，1998年の土地法細則と2000年に「村落地境界画定に関する技術的付録」のなかで想定された組織が2003年・2005年に具体的に法制度化され，設置されたものである（Lei nᵒ. 8/2003, Decreto nᵒ. 11/2005）（Forquilha 2010）。コンサルテーションの運営主体となる共同体諮問評議会の議長は郡長が務める。そして共同体諮問評議会の構成員である「共同体権威」に含まれるのは，往々にして支持政党が FRELIMO・RENAMO に二分される「伝統的権威」レグロ，FRELIMO 支持者である村落レベルの事務局長とコミュニティ・リーダーなどである。前述のとおり，事実上の政治任用にあたる「共同体権威」が中立的に公共の利益に資する存在であるかのように村落行政を担い，結果的に利益の配分が極めて政治的に行われるという弊害は，すでに指摘されてきた（Orre e Forquilha 2012）[7]。

DUAT の申請に際しては，まず，コンサルテーションの対象となる共同体を特定するために，DUAT の申請の対象となる土地の画定が行われる。1998年の土地法細則によると，民間資本による DUAT の申請に対して，当該行

政機関，土地登記機関が対象となる共同体の合意のもと，申請者が共同で事前に当該 DUAT の対象となる土地の区画を特定し，土地所在地の概要と地図を含む陳述書を作成することを求めている。その際には，ジェンダー，年齢など，属性の異なる成員グループの代表者を含む住民が参加することを通じて，該当する土地の歴史，文化および社会構造，土地およびその他の自然資源の活用と諮問・紛争解決のメカニズムといった情報が提供され，盛り込まれることになっている。そして境界画定の申請書類には，続く共同体コンサルテーションの概要と同様に，共同体の公的集会で選出された共同体の成員最少 3 人，最大 9 人の署名が求められ，実際にはこの役割を「共同体権威」が担うことになる。この土地の区画の特定に続いて，対象となる共同体に対するコンサルテーションが行われる。共同体コンサルテーションの目的は，対象となる領域の人々に対して土地の用益権の移譲によって生じ得る利益と不利益についての情報を提供し，意見聴取を行うことである。

　しかし，村落行政を担う共同体権威および共同体諮問評議会それ自体，極めて中央集権的な指揮系統に組み込まれている。モザンビークにおける行政機構長の任命経路では，以下の図6-1に示すとおり，大統領が州知事および内務大臣を任命し，州知事の推薦に基づき内務大臣が郡長および区長を任命することになっている。さらに郡長の推薦に基づき，州知事が村長を任命する。つまり，中央政府から指揮系統が一貫した地方行政の末端として共同体諮問評議会や「共同体権威」を設定することで，中央における政治的対立が村落レベルにおいて容易に波及する構造となっている。村落レベルの意思決定機関を設定することで地方分権化の体裁をとりながら，政治的影響力を強化すべく集権化を促したのが実態である。

図6-1 行政機構と任命経路

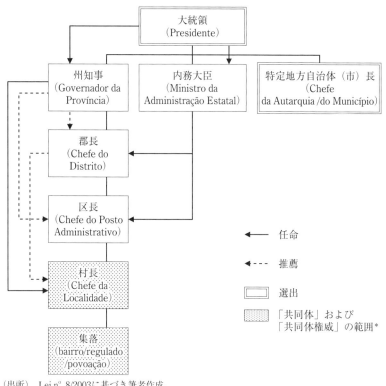

(出所) Lei nº. 8/2003に基づき筆者作成。
(注) 2000年に新設された枠組み「共同体権威」は,世襲制である「伝統的権威」レグロの ほか,もともとは社会主義時代の行政執行機関である常設の事務局長(secretário),多くが FRELIMO軍・国軍の退役軍人が務めるコミュニティ・リーダーなどで構成される。
 *1997年土地法と2000年「国家行政機構と共同体権威の接合に関する布告」(Decreto nº. 15/2000) が定義する「共同体」および「共同体権威」の対象範囲。

第2節 土地制度改革をめぐる国際的潮流とモザンビーク

モザンビーク政府は1995年に発表した国家開発計画に即して,農業省が土地を含む資源管理を通じて小農の資源へのアクセスを保護し,その生産性を高めることを目標とした「農業開発計画1998～2005年」(Programa de Desenvolvimento da Agricultura: PROAGRI 1998-2005）を実施した。だが，2007年から2008年にかけての世界的な食糧価格の高騰を受け，農業政策の志向性は大規模農業投資へと転換した。2008年には農業省が「モザンビークにおける緑の改革戦略」（Estratégia da Revolução Verde em Moçambique）を発表して農業投資の受入れをいっそう促進した結果（MINAG 2008），その直後の農業分野に対する投資額は図6-2に示すとおり高く，2009年の投資総額に占める農業関連の投資額の比率は85.5％にもおよび，それ以降の年と比較しても突出している。こうした状況のなかで植物燃料の栽培を中心とした土地用益権の取得申請が急増する一方，投資家の契約不履行といった問題が顕在化した。頻発する土地問題に対するモザンビーク政府の認識も高まり，政府は DUAT 発行に慎重を期すために2009年末から2011年10月まで1000ヘクタールを超える大規模な DUAT の発行を停止した（Oakland Institute 2011）。

　政府はその間に大規模農業だけでなく，中小規模の商業的農業の振興も含めるよう農業政策に修正を加え，共同体コンサルテーションの実施回数を増やすなど，手続きを見直した。同時期の2010年には世銀が『責任ある農業投資のための基本原則』（Principles for Responsible Agricultural Investment: PRAI）を発表し，それに続く形でモザンビーク政府が DUAT の発行を再開した2011年に，政府は FAO の技術・資金協力によって農業省が2007年から策定していた「農業部門開発戦略計画2011〜2020年」（Plano Estratégico de Desenvolvimento do Sector Agrário: PEDSA 2011-2020）を発表している。PEDSA の内容に PRAI が明示的に反映されているわけではないが，いずれの策定にも FAO がかかわることから，FAO およびモザンビーク農業省の政策立案者らは PRAI による国際的な共通認識が形成されることを期待し，それに続く形で PEDSA を発表したものと考えられる。PEDSA の目標は，食糧安全保障，栄養改善および世界的農業市場への参画に持続的に対応し得る競争力と持続性を兼ね備えた農業部門の改革とされている。そして，その内容には土地利用計画を含む水，漁場，森林といった資源管理の改善が含まれ，土地については村落地を保護するために登記を推奨している。さらに民間部門の拡大に

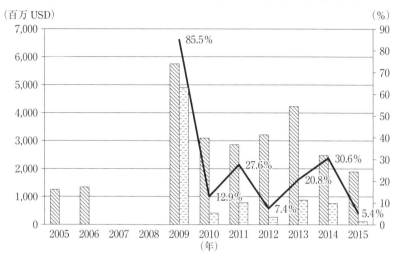

図6-2 モザンビークでの総投資額に占める農業関連投資額の推移

（出所） INE（2006; 2007; 2011-2014a, 2015a; 2016）より作成。
（注） 2007年および2008年に関してはいずれのデータも得られていない。

ともない，植物燃料原料の生産が重視されているほか，中小規模農家の支援として，国際的な需要が拡大する大豆，カシューナッツ，ゴマなどの個人もしくは組合との契約栽培を挙げている（MINAG 2011）。

　モザンビーク政府は同時期にドナーから土地法のさらなる改革を求められている。USAID は土地を担保とした融資を可能とし，DUAT そのものの売買を可能にすることをモザンビーク政府に要求している（USAID 2007; 井上 2016）。さらに米国を含め2012年の主要国首脳会議 G 8 で立ち上げられた援助枠組み「食糧安全保障および栄養のためのニュー・アライアンス」（New Alliance for Food Security and Nutrition——以下，ニュー・アライアンス）[8]において，モザンビークは農業開発の潜在性が高いとみなされた対象国アフリカ10カ国に含まれている。ニュー・アライアンスでは主要ドナー 7 カ国が対象国と国

別協力を行うが，モザンビークを担当するのは米国と日本である。対する日本は食糧価格の高騰直後から北部のニアサ（Niassa）州，カボ・デルガド（Cabo Delgado）州，ナンプラ州を対象とする「日本・ブラジル・モザンビーク・三角協力によるモザンビーク熱帯サバンナ農業開発プロサバンナ」（PROSAVANA-JBM）計画を検討しており，2015年4月にPEDSAをふまえて作成したマスタープランを公表した。これと歩調を合わせるかのように，2015年6月にはUSAIDも同地域を対象とした食糧安全保障の推進のためにブラジルとの連携を発表した[9]。

　さらに，モザンビークでは土地・環境・村落開発省（Ministério da Terra, Ambiente e Desenvolvimento Rural: MITADER）が2016年に「農業・天然資源景観管理プロジェクト」（Agriculture and Natural Resource Landscape Management Project）を策定した。これは世銀による投資プロジェクトの影響を受ける脆弱な立場にある人々と環境を守るための環境・社会政策を見直し，強化することを目的とし，世銀が新たに設定した援助枠組み「環境・社会管理枠組み」（Environmental and Social Management Framework: ESMF）に沿って借入れ各国が策定を義務づけられた各国版である。その内容は，土地の境界画定を通じて村落地ならびに私有地の権限を強化し，村落および個人が土地を必要とする投資家との交渉能力を高め，さらに非自発的住民移転に伴う補償および法整備の費用を負担するというものである。具体的にモザンビークについては，2015年から2019年までのあいだに北部ナカラ（Nacala）開発回廊に位置するザンベジア州およびナンプラ州の一部を対象におよそ450カ村のうち270カ村，50％以上の村落地の境界画定をめざし，村落レベルでの土地利用計画の策定を支援することが盛り込まれている（MITADER 2016）。2017年現在，これに従って村落地の境界画定と登記が進められている。

　上述のとおり，モザンビークでは国際的な要請が圧力となって急速な法整備と運用が進められ，それは現在も進行中である。この状況を1995年以来の国家の経済開発の方針に照らせば，投資を呼び込み，マクロ経済成長を達成する原動力となってきたことは確かである。しかし，その一方で，村落地に

暮らす大多数の国民の生存にかかわる土地資源の管理のあり方次第では，ミクロな村落の現場から経済成長の大前提となる社会秩序の安定を揺るがしかねない。2012年以降のRENAMOの武装勢力と国軍の武力衝突をめぐる和平合意交渉の過程でも土地資源の管理は争点の１つとなっており，RENAMOが土地資源を管理する権限の一部を大統領によって任命される州知事ではなく，選出議員が構成する州評議会へ委譲すること，資源管理を通じて得られる税収の一部を州政府の財源とすることなどを要求している（MNRC 2015; 網中 2017）。こうしたRENAMOの要求は，土地資源の管理にとりわけ顕著に表れる集権化に対する反発であり，直近の2014年の国政選挙でも支持を回復するなど，一定の支持を得ていることは看過すべきではない。

第３節　ナンプラ州モナポ郡の今日的状況

1．社会構造と土地利用の変化

　本節では，土地資源の管理に対する国際的な要請が集中する一方で，与野党競合地域であることから政治権力構造の特徴が最も顕著にみられるであろうナンプラ州に注目する。調査地であるナンプラ州モナポ郡は図6-3に示すとおり，東アフリカ有数の水深を誇るナカラ港から州都ナンプラを経由してマラウイ，ザンビアへ至るナカラ開発回廊の第１級幹線道路上に位置する。そのため，ナンプラ州内でも比較的アクセスがよい地域ではすでに複数の農業投資が行われている。以下では，まず調査地の農地の主たる耕作者である住民の社会経済的環境と土地の利用状況について概観する。

　人口密度の推計は2017年で全国平均１平方キロメートル当たり34人，ナンプラ州の人口密度64人に対してモナポ郡の人口密度は109人と高い（INE 2014b）。識字率はナンプラ州全体で42.7％だが，男性が56.2％であるのに対して女性は25.3％と男女間の格差が著しい（INE 2011）。平均的な世帯構成は

第6章　モザンビークにおける土地法の運用と政治力学　213

図6-3　ナンプラ州モナポ郡

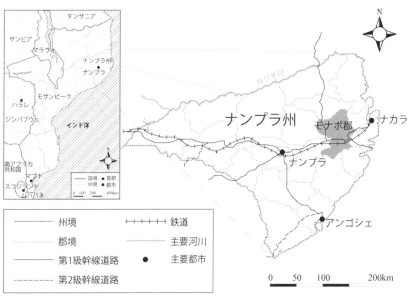

(出所）筆者作成。

　成人3人を含む5人で98％の世帯主が男性であり，世帯主の職業は7割から8割が農民．平均就学歴は初等教育2年である（Strasberg and Kloech-Jenson 2002）。営農規模をみると，全国レベル同様にナンプラ州の耕作面積の9割以上が10ヘクタール以下と小規模である。国内でも南部と比較するとナンプラ州は農業外収入を得る機会が少なく，国内総生産の平均額は388USDと南部州の1/3程度であり，生計を維持するうえで農業の重要性は極めて高い（INE 2010; 2012; 2015b）。小農による農地利用についてみると，元来の植生は森林・雑木林地帯，草地である。これを開墾し，土壌保全・改良策として有効であるだけでなく，労働節約的であることから，豆，落花生といったマメ科の窒素固定作物とメイズ，ソルガムなどの穀物あるいはキャッサバなどの塊茎植物との混作が行われ，化学肥料の利用はほとんどみられない。保有されている家畜は，家禽とヤギといった小型家畜が中心で放牧地としての土地

の利用はなく，牛耕も行われていない。よって農地の開墾や耕起作業は基本的に小農世帯内の労働力に依存している。こうした営農形態が主流であった地域に対して植民地期に換金作物栽培が導入され，その生産形態は，次の3つの点で今日まで影響を及ぼしている。

第1に，植民地期に接収され，綿花栽培区域と指定された土地が今日まで残存し，次項で詳述するとおり，近年の国内外からの投資の対象となる商業的農業開発の足掛かりとなっている。また，調査地であるモナポ郡でも2014年には植民地期の特許会社に起源をもつ企業が資本の一部をなすバナナ・プランテーションを開き，現在およそ2400ヘクタールで生産を行っているほか，南アフリカ資本からなる同じ系列企業Ｘ社が各450ヘクタールからなる区画2カ所で試験的に大豆，カシューナッツの生産を開始している[10]。換金作物栽培のために植民地期に接収された土地は，慣習法が適用される村落地のなかに偏在し，その土地利用に重要な役を担ってきたのが，つぎに述べるレグロである。

第2に，綿花栽培区域にかかわる土地資源や労働力の動員と生産管理に，レグロを仲介役とする手法が現代も踏襲されている。綿花は1930年代に導入されて以来，綿花会社が綿花栽培区域を5～6ヘクタールの区画に分割し，レグロを通じて小農に割り当てて，食糧および綿花最低1ヘクタールを生産させた。綿花会社の経営主体は，植民地期，社会主義期，民主化後と幾度となく変化しているが，農民に綿花の播種，買い付けの時期といった情報を伝達し，種子および殺虫剤，出荷用の麻袋の配布等を行い，播種，除草，収穫の時期をレグロに監督させるという手法は受け継がれている（Pitcher 1998; Dinerman 2001）。

第3に，換金作物の生産は農民の土地用益権に対する認識を変化させた。綿花栽培区域では食糧生産は禁じられてはいなかったものの，農民は過去に接収され，割当区画が変更される可能性のある土地では永年作物を栽培せず，損失の比較的少ない単年作物のみを生産している。その結果，1995年時点でモナポ郡の慣習地では永年作物のカシューナッツの100％，単年作物の食糧

の90％，同じく単年作物の綿花の60％が生産されていたのに対して，綿花栽培地区では単年作物の食糧の10％，綿花の40％が生産されていた（Strasberg and Kloeck-Jenson 2002）[11]。別の視点からみれば，永年作物の栽培は，その土地において農民が土地用益権をもつと認識する指標になる。次節の事例1に示されるのは，これが侵害される事例である。

　さらに，これまでの土地利用の変化に加え，2000年代以降はゴマ，大豆といった新たな換金作物が導入され，綿花に代わりつつある。たとえば，国レベルでも綿花の栽培面積は2000年の7万518ヘクタールから2010年の2万2445ヘクタールに減少している一方で，それまで栽培されていなかったゴマの栽培面積が2万8513ヘクタールへと大幅に増え，さらに4ヘクタールとわずかながら大豆が加わっている。ゴマの生産は全国レベルでも95％以上，大豆の81％以上が耕作地面積10ヘクタール以下の小農による生産であり，ナンプラ州におけるこれらの生産も小農によるものが主流である（INE 2001; 2011）。これは第2節で言及したPEDSAに先行し，国際的な需要が拡大する換金作物の契約栽培が拡大していること意味している。いずれも食糧とはいえ生産者であるモザンビークの小農の食糧ではなく，輸出を志向したものである。これが，綿花栽培区域で生産されているものか，あるいは慣習地で生産され，拡大の傾向にあるのかは今後も継続した調査が必要である。

2．土地法の運用と政治的磁場

　ここまではナンプラ州の全般的な土地の利用状況をみてきたが，以下では，ナンプラ州モナポ郡モナポ地区およびイトクロ（Itoculo）地区の2つの調査村における土地紛争について検討する[12]。モナポ郡はモナポ，イトクロ，ネティア（Netia）の3つの地区で構成されている。各地区はさらに複数の村落および集落から成り立っているが，調査村はいずれもそうした村落の1つである。

　まず，独立以降のモナポ郡の政治的な位置づけをみると，社会主義初期の

農業政策が失敗した後，1986年から1987年にかけて，FRELIMO政府が経済開発・軍事防衛という観点から開発プログラムが優先的に実施された４つの郡のうちの１つであった。しかし，それが必ずしもFRELIMOの支持獲得につながったわけではなかった。モナポ郡は国内でも人口密度が高い郡の１つであり重要な票田だが，以下の表6-1に示すとおり，内戦終結直後1994年のFRELIMOの得票率は３割に満たず，2009年の選挙でRENAMOが大敗するまではRENAMOが複数回勝利していた地域である。

　FRELIMOの支持獲得をねらった2000年の「共同体権威」に関する布告，2003年・2005年の共同体諮問評議会の設置に関する法律を受けて，モナポ郡では2005年に「共同体権威」の名簿が作成されている。それによると2005年時点で「共同体権威」の一部である伝統的権威として合計42人が国家行政省によって認知され，そのうち34人（うち，32人がレグロ，２人が女王(rainha)）が名簿に登録されているが，残る８人に関しては登録されていない（MAE 2005）。このうちの女性２人は，地縁・血縁集団の長ムエネ（muene)[13]である可能性があるが，それは「共同体権威」全体のうちのごく少数にとどまっている。

　なお，2012年以降，2017年現在まで北中部州を中心として，モナポ郡に隣

表6-1　国民議会選挙におけるFRELIMOおよびRENAMOの得票数

	1994年		1999年		2004年		2009年		2014年	
	FRELIMO	RENAMO	FRELIMO	RENAMO	FRELIMO	RENAMO-UE	FRELIMO	RENAMO	FRELIMO	RENAMO
全　　国	44.3	37.8	49.0	39.0	62.0	29.8	74.7	17.7	56.0	23.5
ナンプラ州	32.3	48.9	39.2	44.0	50.0	39.5	63.7	27.3	44.6	44.3
ナンプラ市	43.8	44.6	51.0	41.6	54.4	39.1	74.6	23.0	－	－
モナポ郡	22.5	55.7	25.0	54.1	41.0	46.6	59.7	31.9	－	－
モナポ地区	25.3	48.3	28.0	52.1	37.0	51.2	63.1	30.5	－	－
イトクロ地区	29.7	51.1	28.1	52.1	31.5	54.4	54.3	35.4	－	－

（出所）　Resultados Eleitoral より作成（http://www.iese.ac.mz/eleicoes-resultados/）。
（注）　2009年以前のデータでは全投票所のデータが取得できるが，直近の2014年選挙データは全投票所から抽出した１割のデータにとどまり，本章の調査対象地域に特定した数値は得られなかった。

接する他郡も含めた広い地域で RENAMO の武装勢力による行政施設や鉄道に対する襲撃，村落のコミュニティ・リーダーなども含む政党関係者の殺害事件が頻発しており，村落レベルでも緊張が高まっている。

　2つの調査村はどちらも植民地期に労働力調達の効率化を目的とした集村化に起源があり，領域内に綿花栽培区域が存在するだけでなく，1997年土地法施行以降に同一の民間企業 X 社による農業投資の対象となっているという点で共通の要素がある。そしていずれの村でも「共同体権威」にはレグロが含まれる一方で，A 村のレグロは FRELIMO 支持者であり，B 村のレグロは RENAMO の支持者である。そのため，農村社会の末端の権力構造のなかでレグロの政治的属性に起因してどのような政治力学が働くのかを比較するために選定した。なお，2000年の「国家行政機構と共同体権威の接合に関する布告」でレグロが改めて国家に承認されたのち，A 村のレグロ OM は2002年に，B 村のレグロ JJ は2004年にモナポ郡役場に登録され，2005年に国家行政省が作成したモナポ郡の社会経済開発状況に関する報告書の「共同体権威（伝統的権威）」の名簿には OM，JJ どちらの名前も記載されている。同報告書は，2003年に共同体諮問評議会が法的に設けられ，2005年にその構成員に対する制服・給与の支給が決定されたことを受け，共同体諮問評議会を村落行政・農村開発の中心的な担い手と位置づけ，郡レベルの開発計画を策定する下地として作成されたものである。以下では，具体的に X 社という外部者による DUAT 取得をめぐる村落行政と住民の対応を記す。

⑴　事例１：A 村

　A 村は，ナカラ開発回廊と重なる第１級幹線道路上に位置し，幹線道路から700メートルほど入ると綿花栽培区域が開けている。この綿花栽培区域では，前項で述べた X 社が2013年に DUAT を取得している。X 社は当初，450ヘクタールの耕作地の一部を利用して大豆を生産したが，2016年時点ではカシューナッツの栽培に切り替え，苗木を植えている。X 社は A 村の耕作地を将来的には2000ヘクタールにまで拡張する予定であったが，A 村住民の反

対運動によって拡張には至っていない。現在，南アフリカ人農場主がポルトガル語と英語の通訳を兼ねた南部イニャンバネ（Inhambane）出身のインド系モザンビーク人を農場監督官として，数人のモザンビーク人を雇用し，およそ120ヘクタールを耕作している。

　X社の耕作地の拡張が阻まれた経緯は，次のとおりである。まず，DUATの取得のプロセスでは，対象地域にある共同体に対してコンサルテーションを行い，合意を得て，共同体の代表者最少3人，最大9人の署名が必要となる。そこでX社はコンサルテーションを実施する際に，レグロOMを含む共同体の「代表者」3人のみを招き，彼らの署名を得てDUATを取得した。コンサルテーションの実施は事前にも事後にも住民に周知されることはなく，当該地域が整地される段階になって住民は初めてこの問題を知った。X社による当初の整地は綿花栽培区域の一角であり，それまで同地域で耕作を行っていた者は立ち退いたが，X社の整地は2015年8月に住民が綿花栽培区域ではなく慣習地と認識して永年作物のカシューナッツを栽培してきた領域にまで及び，耕作地をもつ農民を強制的に排除する形で拡張された。この結果，現在，X社農場の農場主住宅・事務所兼倉庫のある土地には生産可能な複数のカシューナッツの成木が残されたまま，周囲は金網で囲われ，外部者の立ち入りは不可能となっている。

　こうした強引な拡張が推し進められ，対象地域に耕作地をもっていた住民に対する事前の説明も合意もなかったことから，A村住民はコンサルテーションに招かれた3人の共同体の「代表者」は買収されたと判断している。そのなかにはレグロOMも含まれていた。土地利用に関して前述したとおり，レグロは，綿花栽培区域であれ，慣習地であれ，土地資源を管理する人物として外部から認識されていることから，コンサルテーションに招かれたものと思われる。X社の開発地域およびその周辺に耕作地をもつ住民らは，この事態に対処するために農民組合，教会組織，NGO組織を通じて郡役場および農場主に訴えた。当初は住民による働きかけは郡レベルで行われたが，そもそも郡役場もX社のDUAT取得を承認している当事者であるため，事態

第6章　モザンビークにおける土地法の運用と政治力学　219

は好転しなかった。最終的に住民は州政府に陳情し，その後，X 社の整地の拡張は停止された。

　A 村の住民の運動は，X 社の整地拡張を阻止するだけにとどまらず，副次的な結果をもたらした。陳情を通じて事態の詳細が州政府に伝えられ，レグロ OM が罷免されたのである。なお，この展開のなかで，A 村のコミュニティ・リーダー自身も X 社による開発対象地域に耕作地をもつ当事者であったが，コンサルテーションには招かれず，村落行政の経路を通じても情報は共有されていなかった。後述する B 村のコミュニティ・リーダーと比較するならば，その動員力は極めて低かった。なお，罷免されたレグロはコミュニティ・リーダーともに FRELIMO 支持者であるが，政治的属性が一致し，村落行政における地位が比較的近しくとも情報が共有されることはなく，後者は住民運動に参加し前者を訴えることになった。

(2)　事例 2 : B 村

　B 村は，5 段階に分類されている幹線道路のうち未舗装の第 4 級道路までおよそ 7 キロメートルの場所に位置し，A 村よりも交通の便が悪い。B 村の一部は内戦中には三度 RENAMO の武装勢力に襲撃され，家屋が焼き払われている。B 村のレグロ JJ は，2004年に行政に承認され，2005年時点の国家行政省作成の名簿に記載されている。JJ は RENAMO 支持者であったが2015年に亡くなり，B 村レグロの座は同年中に継承された。継承者は FRELIMO 支持者である。なお，内戦中の RENAMO による襲撃と前レグロ JJ の政治的立場の関係について，住民はレグロ JJ の管轄領域に居住するものの，FRELIMO を支持していたために標的にされたと認識している。また，B 村の現コミュニティ・リーダーは社会主義期の FRELIMO の民衆動員組織（Grupos Dinamizadores）の構成員として他地域から派遣された人物であった。コミュニティ・リーダーは他地域で活動したのち，1997年から B 村に配属され，同職を務め，その地位は2003年の共同体諮問評議会の設置にともない，村落行政のなかに法的に位置づけられていると同時に，村落内で高い動員力

を発揮していた[14]。

B村では，X社に先立って，ドバイ資本の企業Y社が綿花栽培区域で DUATを取得し，農業生産を行った事例があった。その際，Y社はB村の住民のうち一部の男性と話し合いの場をもち，数人の住民の署名を得て綿花栽培区域でのDUATを申請し，住民とY社のあいだに対立は生まれなかった。Y社による当該地域の利用は2000年から2001年にかけてのことであるから，DUATの取得は共同体諮問評議会によるコンサルテーションが義務づけられる以前の関連法に従ったものである。Y社は村の住民を雇用し，435ヘクタールを耕作して豆（lentil pea）を生産したが，収量が芳しくなかったためか耕作は初年度のみで現在はなにも生産されていない。

つぎに，A村に進出していたX社がB村の綿花栽培区域で450ヘクタールのDUATを取得し，将来的には800ヘクタールにまで拡張する予定となった。B村におけるX社のDUAT取得の時期は，2013年から2015年のあいだ，つまりRENAMO支持者であるレグロJJの在任期間中である。そして，2015年に農業生産に先行して取水のための井戸の掘削作業が始められたが，その段階でB村の住民から反対運動が起きた。住民が反対した理由は，レグロJJを含むB村のいずれのレベルにおいてもX社による開発に関する情報を与えられていなかったためである。X社はB村と隣接するC村のあいだに位置する綿花栽培区域の一角に対してDUATを申請する際，対象とする土地が属するB村ではなく，C村に対して共同体コンサルテーションを行い，署名を得た。B村住民はC村住民を通じてX社がB村に属する綿花栽培区域で井戸の採掘を始めたという情報を得て，初めて現地を確認し，モナポ郡を管轄する農民組合組織を通じて，当該企業がA村近隣で操業するX社であることを含めた全般的状況を把握した。同時に，A村で住民運動を支援した農民組合を通じて郡行政に対してもX社の進出が不当なものであると訴えた。その後，2016年8月時点で井戸の掘削跡が残るのみでほかの整地作業などは行われていない。

(3) 考察

　上記の土地紛争の事例からは，次の３つの点が指摘できるだろう。第１に，郡役場という行政組織の中立性の欠如である。村落地で1000ヘクタール以下のDUATを申請する場合，郡役場には，その土地資源あるいはその管理から得られる利益の配分をめぐって，申請者と対象となる共同体を仲介し，両者をつなぐオリエンテーションを行うことが期待される。その経路はどの共同体に対しても同等に設定されるはずである。しかし，実際には，郡役場はA村に対してはこの経路を開いた一方で，B村に対してはこの経路を設定することを避けた。その理由の１つとして考え得るのは，郡役場は，共同体諮問評議会の構成員として土地資源の管理に関する慣習法を司るB村のレグロJJがRENAMO支持者であることに起因して，利益配分の経路の設定自体を拒んだということだ。2012年以降，農村部を中心にRENAMO武装勢力と国軍・警察との武力衝突が散発的に起こる状況に照らせば，この要素は排除できない。この点は，行政機能を村落レベルにまで深化させつつ，中立性を欠いた行政機構が政権与党に与するという実態的な集権化が進んでいることを示している。

　第２に，村落行政におけるレグロの代表性に関する問題である。利益配分の経路が設定されたA村での土地法の運用の事例では，共同体諮問評議会のうちDUAT申請に必要とされる最少人数が非公開でこの経路にアクセスした。この時点でレグロOMを含め，制限された経路にアクセスした人物は共同体の利益を代表しておらず，さらにDUAT申請に対して彼らの下した判断は慣習的な土地保有を認める慣習法に従ったものではなかった。土地法の運用という文脈のなかで，レグロは慣習法の執行者であることによって正当性を与えられているが，A村の事例ではその役割を果たさず，慣習法の執行者としての立場だけを利用して個人的利益を得ていた。1997年の土地法が慣習法をとり入れたことで実現されたのは，慣習地の保護よりもむしろ村落社会と行政の密接な接合であった。

　第３に，レグロとコミュニティ・リーダーとの関係性からはFRELIMOの

意図がうかがえる。レグロが FRELIMO 支持者である A 村の場合には，コミュニティ・リーダーの動員力は弱いが，レグロが RENAMO 支持者である B 村の場合には，コミュニティ・リーダーの動員力は強力であった。B 村のコミュニティ・リーダーが B 村出身ではなく，1997年，すなわち1998年の第 1 回地方選挙と1999年の第 2 回国政選挙直前に他地域から B 村に派遣されたことにかんがみると，RENAMO 優勢の地域で RENAMO 支持者であるレグロと競合し，住民の FRELIMO に対する支持を獲得すべく，動員力のある人物を配置する積極的な戦略であったと考えられる。こうしたコミュニティ・リーダーが2000年代にレグロとともに「共同体権威」として承認され，給与が支給されていることは FRELIMO の支持を拡大するための功労に対する報酬ととれるだろう。

むすびにかえて

　モザンビークの1997年の土地法は，慣習法を先進的に適用し，国民に開かれた討論を経たという参加型のプロセスを含めて国内外から高い評価を得てきた。しかし実際には，ほかのアフリカ諸国と比べても大規模なランドグラブが発生し，その後も主要ドナーからの外的要請を受けて法制度のさらなる改編と村落地の境界画定が進められている段階である。手続きの効率化を求める法改正と性急な運用が迫られる一方で，運用に際して浮き彫りになるのは，「伝統的権威」の承認や，村落行政機構の整備といった，一見すると民主化後の包括的な地方分権化プログラムのなかに埋め込まれていた要素によって進む集権化の実態である。

　まず，土地法の成立当初，国際的な潮流に照らして先進的と評された慣習法の採用に対する評価は再考されるべきだろう。なぜならば，本章で指摘したとおり，モザンビーク国内の政治力学に照らせば，1997年の土地法に慣習法をとり入れた FRELIMO の政治的動機は，FRELIMO 政権の影響力が極め

て強い国家の行政機構と村落社会とを接合することにあったからである。この動機に基づき，FRELIMO 政権は，土地関連法の立案と同時期に矢継ぎ早に村落行政機構にかかわる法整備を行った。そこでは村落行政の担い手としてレグロやコミュニティ・リーダーを「共同体権威」という末端行政職として据え直し，権限を与え，給与を支給して直接的に政府から経済的資源を分配した。これによって FRELIMO 政権は国家と新たに設けた村落行政機構を強力に結び付け，上意下達の国家行政機構の構築を貫徹させたのであった。

　さらに，その結果として FRELIMO と RENAMO の対立は村落社会にも波及し，土地資源の管理さえもしばしば RENAMO 支持者を排除する形で行われている。こうした実態的な集権化は，現 FRELIMO 政権の意図するところである。このような政権の意図に照らせば，モザンビークにおいて村落地の土地権の強化が住民の必要とする土地資源の保護につながるとは言い難く，むしろ，現状は対象地域の人々の土地に対する権利を不安定化させている。それは翻ってローカルなレベルから国政に至る政治権力構造に組み込まれた対立を先鋭化させる。

　社会的に正当であると思われてきたものを国家が承認する場合には，社会の国家に対する評価は高まり，国家と社会の関係は安定するだろう。それとは逆に，国家が承認するものが明らかに特定の政治性を帯びる場合，国家に対する社会の評価は低下し，不満は噴出する。当然ながら社会による評価の低下は国家・社会関係の安定性に資するものではなく，今日のモザンビークの情勢を不安定化させる一因となっている。しかし，近年の FRELIMO 政権はその情勢の不安定化をむしろ RENAMO を一掃する好機ととらえてきた。つまり，それは民主化に伴う複数政党制の導入以来，FRELIMO 政権が国家権力を掌握するために進めてきた戦略の一環にほかならない。国際的な潮流にのっとって導入された1997年土地法ではあるが，政策立案者らの元来の意図とは離れ，それが導入されるモザンビークでは，FRELIMO 政権の性質によって政策自体が国内の政治資源として活用されてきたのである。

〔注〕

(1) 都市部の土地資源の管理は，1994年の「地方自治体法」（Lei dos Distritos Municipais, Lei nº. 3/94）によって特定地方自治体の業務として定められ，2006年に「都市土地細則」（Regulamento do Solo Urbano, Decreto nº. 60/2006）が設けられている。本章では農村部を対象とした関連法のみを分析の対象とする。

(2) モザンビークの行政単位は第1節の図6-1に示すとおり，州（província），市（município），郡（distrito），区（posto administrativo），区は都市部もしくは農村部であるかによって地区もしくは村落（localidade）に分割され，それらはさらに集落（bairro/regulado/povoação）に分割される。1997年土地法の定義によれば「共同体」（comunidades）とは，そのうち村落（localidade）もしくはより小規模な領域で，居住地，農地，森林，文化的重要地，放牧地，水源および開拓地の保全を通じて，住民にとっての公共の利益を保護し，生活する世帯および個人の集団である（1997年土地法第1条）（網中 2016）。

(3) 原語表記には，使用を意味する"uso"のみならず，活用を意味する"aproveitamento"が併記されているが，本章では便宜上「用益」と訳す。なお，DUAT自体は，都市部・農村部を問わず土地用益権およびその証書を示す。

(4) レグロは，ポルトガル語で「小国の王」を意味する。植民地支配下の1907年の行政改革では，アフリカ人「原住民」を対象とした行政区分レジェドリアが設けられ，その長としてレグロが植民地政府によって任命された（Serra 2014, 59）。植民地期から社会主義期を経て民主化に至るまでの「伝統的権威」の社会政治的立場の変遷については網中（2016）を参照されたい。

(5) たとえば，2014年10月時点でナンプラ市では326人のコミュニティ・リーダーが登録されているが，その9割が独立解放闘争もしくは内戦でFRELIMOあるいは国軍として従軍した退役軍人や元除隊兵士である（Verdade 2014）。

(6) 代表的な事例として，カボ・デルガド（Cabo Delgado）州パルマ（Palma）郡における液化天然ガス加工施設建設用地7000ヘクタールのDUAT取得をめぐる問題がある。この事例は，今後のモザンビークの経済成長を牽引する一大産業でありながら，共同体コンサルテーションの過程で住民との対立を引き起こし，プロジェクトの大幅な遅延の一因となっている（Centro Terra Viva 2015）。

(7) とりわけ2006年から全国の各郡に配分されている地方交付金「郡開発基金」（Fundo de Desenvolvimento Distrital: FDD）の郡内での配分をめぐり，共同体諮問評議会がその対象案件の採択を審議し，決定する役割も担うことから多くの批判がある。

(8) G 8 New Alliance for Food Security & Nutrition. n.d. *Cooperation Framework*

第 6 章　モザンビークにおける土地法の運用と政治力学　225

to Support the New Alliance for Food Security & Nutrition in Mozambique（https://
www.new-alliance.org/sites/default/files/resources/Mozambique%20Coop%20Frame-
work%20ENG%20FINAL%20w.cover%20REVISED1.pdf　2017.2.20アクセス）.

(9)　USAID. 2015. "United States and Brazil Expand Partnership to Promote Food
Security in Mozambique"（https://www.usaid.gov/news-information/press-
releases/jul-1-2015-united-states-and-brazil-expand-partnership-promote-food-
security　2017.2.20アクセス）.

(10)　これ以外のプランテーション型の土地利用状況についてみると，州内沿岸
のアンゴシェ（Angoche）郡のサイザル麻加工工場が独立以来閉鎖されていた
が国際価格の上昇にともない2000年に再開され，2003年にはモナポ郡のプラ
ンテーションが再開された。2010年時点でその合計耕作面積は8498ヘクター
ルである（INE 2012）。

(11)　同報告書は，1997年土地法の立案にもかかわったウィスコンシン大学土地
保有センター（Land Tenure Center）が1994年から1996年にかけてモナポ郡を
含むナンプラ州およびカボ・デルガド州の綿花栽培地域521世帯を対象として
小農の土地所有権に対する認識に関する調査をまとめたものである。同報告
書では，小農が綿花栽培区域の土地割当は変更される可能性があるとリスク
を認識している一方で，契約書の有無にかかわらず，長年にわたる栽培契約
の期間中に土地の用益権が自らに属すると認識して契約解除に際して合意に
至らず，土地紛争が発生することも指摘されている。

(12)　以下，出典の言及がないかぎり，2016年8月にグループおよび個人に対し
て実施した聞きとり調査を基にしている。

(13)　ムエネはモザンビーク北部の主要民族言語マクア語（Makua）で首長を意味
する。ムエネは，植民地行政の任命したレグロとは別のものであり，地理的
境界で画定される領域と住民の土地の分配とそれに関する紛争，離婚といっ
た問題の解決，儀礼を慣習法のもとで司る。ムエネの地位は母系相続によっ
て母方のオジからオイへ受け継がれ，男性であることが多いが，女性である
こともある。ムエネの下位の地位ピアムエネ（piamuene）にはそのオバもし
くは年長の姉がつき，女性に関する問題や特定の儀礼をとり仕切る。そのほ
かにムエネを補佐する組織として領域内の支配的な家系を代表すると同時に，
祖母を同一にする世帯主から構成される合議の場がある。しかし，この組織
も，レグロを含む「共同体権威」ならびに共同体諮問評議会とは全く別のも
のである。

(14)　B村のコミュニティ・リーダーの動員力の高さは，調査時の村民の動員規
模，集会の運営の手際の良さに顕著に表れていた。2つの調査村での聞きと
り調査ではコミュニティ・リーダーを通じて調査の実施を村民に周知し，集
団・個人インタビュー対象者を募り，集会の開催を事前に依頼していた。ど

ちらの村でも調査の実施初日は平日の同時間帯であったが，初日にコミュニ
ティ・リーダーの呼びかけに応じた村民の人数はA村で5人，B村では43人
であった。調査村の立地に照らし，第1級幹線道路沿いに位置するA村住民
が農業以外の雑業で多忙であった可能性を差し引く必要はあるものの，その
数に大きな差がでた。

〔参考文献〕

＜日本語文献＞

網中昭世　2016.「モザンビークにおける土地政策の変遷」武内進一編『冷戦後ア
　　フリカの土地政策――中間成果報告』アジア経済研究所　69-95（http://
　　www.ide.go.jp/library/Japanese/Publish/Download/Report/2015/pdf/B101_ch02.
　　pdf　2017.2.20アクセス）.

―――　2017.「モザンビークにおける政治暴力発生のメカニズム――除隊兵士と
　　野党の役割――」『アフリカレポート』55　5月　62-73（http://hdl.handle.
　　net/2344/00048900　2017.06.19アクセス）.

井上泰子　2016.「REDD+『ランドスケープ・アプローチ』とアフリカの土地をめ
　　ぐるオバマ政権期の情勢――モザンビーク『土地なし農民ゼロ』法の攻防
　　――」『国際農林業協力』39(3) 9-27.

武内進一　2015.「アフリカの国家建設と土地政策」武内進一編『アフリカ土地政
　　策史』アジア経済研究所　255-269.

舩田クラーセンさやか　2007.『モザンビーク解放闘争史――「統一」と「分裂」
　　の起源を求めて』御茶の水書房.

＜外国語文献＞

AIM（Agência de Informação de Moçambique）. 1997. *AIM New Report*, No.114.（http://
　　www.poptel.org.uk/mozambique-news/newsletter/aim114.html#story 6
　　2017.2.20アクセス）.

Burr, Kendall. 2005. "Note: The Evolution of the International Law of Alienabilit:
　　The 1997 Land Law of Mozambique as a Case Study." *Columbia Journal of
　　Transnational Law* 43(3): 961-997.

Centro Terra Viva. 2015. *Avaliação jurídica independente aos processos de licenciamento
　　dos projectos minerais e de hidrocarbonetos*. Maputo: Centro Terra Viva.（http://
　　www.oam.org.mz/wp-content/uploads/Avaliacao-Juridica-Independente-aos-
　　Processos-de-Licenciamento-dos-Projectos-Mineiros-e-Hidrocarbonetos-.pdf
　　2017.2.20アクセス）.

第 6 章　モザンビークにおける土地法の運用と政治力学　227

de Renzio, Paolo and Joseph Hanlon. 2007. "Contested Sovereignty in Mozambique: The Dilemmas of Aid Dependence." Managing Aid Dependency Project GEG Working Paper 2007/25. Oxford: Department of Politics and International Relations, University College Oxford.

Dinerman, Alice. 2001. "From 'Abaixo' to 'Chiefs of Production' : Agrarian Change in Nampula Province, Mozambique, 1975-87." *The Journal of Peasant Studies* 28(2) January: 1-82.

Forquilha, Salvador Cadete. 2010. "Governação distrital no contexto das reformas de descentralização administrativa em Moçambique." em *Desafios para Moçambique 2010*, organizado pelos Luís de Brito, Carlos Nuno, Castel-Branco, Sérgio Chichava, António Francisco. Maputo: IESE (Institute de Estudos Sociais e Económicos).

INE (Instituto Nacional de Estatística). 2001. *Censo Agro-Pecuário 1999-2000*. Maputo: INE (http://www.instepp.umn.edu/sites/default/files/product/downloadable/Mozambique_1999-00.pdf　2017.2.20アクセス).

―― 2006. *Anuário estatístico 2005*. Maputo: INE.

―― 2007. *Anuário estatístico 2006*. Maputo: INE.

―― 2010. *Indicadores socio-demográficos distritais: Província de Nampula*. Maputo: INE.

―― 2011. *Censo agro-pecuário 2009-2010*. Maputo: INE (http://www.fao.org/fileadmin/templates/ess/ess_test_folder/World_Census_Agriculture/Country_info_2010/Reports/Mozambique_2010CAP_VF.pdf　2017.2.20アクセス).

―― 2012. *Estatística do distrito Monapo, Novembro 2013*. Maputo: INE.

―― 2013. *Anuário estatístico 2012*. Maputo: INE.

―― 2014a. *Anuário estatístico 2013*. Maputo: INE.

―― 2014b. *População projectada por distritos: Nampula 2007-2040*. Maputo: INE. (http://www.ine.gov.mz/estatisticas/estatisticas-demograficas-e-indicadores-sociais/populacao/projeccoes-da-populacao　2017.2.20アクセス).

―― 2015a. *Anuário estatístico 2014*. Maputo: INE.

―― 2015b. *Relatório final do inqérito ao orçamento familiar – IOF2014/15*. Maputo: INE.

―― 2016. *Anuário estatístico 2015*. Maputo: INE.

Kloeck-Jensen, Scott. 2000. "Locating the Community: Administration of Natural Resources in Mozambique." Working Paper No.32. Madison: Land Tenure Center (http://nelson.wisc.edu/ltc/publications/index.php　2017.2.20アクセス).

Kloeck-Jensen, Scott, John Bruce, and Susana Lastarria-Cornhiel. 1998. "Analise do projecto dos reegulamentos para a Lei de Terras em Moçambique: A necessidade de se ser mais específico." Maputo: Land Tenure Center（http://pdf.usaid.gov/pdf_docs/pbaaa750.pdf　2017.2.20アクセス）.

MAE（Ministério da Administração Estatal）. 2005. *Perfil do Distrito de Monapo Província de Nampula*. MAE（http://www.nampula.gov.mz/informacao/perfil-dos-distritos/Monapo.pdf　2016.8.6アクセス）.

MINAG（Ministério da Agricultura）. 2008. "Estratégia da revolução verde em Moçambique." documento aprovado na XXVI Sessão do Conselho de Ministros do dia 2 de Outubro de 2007（http://www.fda.gov.mz/　2017.2.20アクセス）.

──── 2011. *Plano estratégico para o desenvolvimento do sector agrário: PEDSA 2011-2020*. Maputo: MINAG（http://www.open.ac.uk/technology/mozambique/sites/www.open.ac.uk.technology.mozambique/files/pics/d130876.pdf　2017.2.20アクセス）.

MITADER（Ministério da Terra, Ambiente e Desenvolvimento Rural）. 2016. *Agriculture and Natural Resource Landscape Management Project: Environment and Social Management Framework: ESMF*. Maputo: MITADER.

MNRC（Mozambique News Reports and Clippings）. 2015. "Renamo proposal for provincial autonomy." No.282, 19 March（http://www.open.ac.uk/technology/mozambique/news-reports-2015-0　2017.2.20アクセス）.

Muianga, Carlos. 2015. "Dinâmicas acturais de aquisição de terra para investimento em Moçambique: tendências, escala, factores, actors e questôes para análise." em *Desafios para Moçambique 2015*, organizado pelos Luís de Brito, Carlos Nuno Castel-Branco, Sérgio Chichava, Salvador Forquilha, e António Francisco. Maputo: IESE, 201-221.

Oakland Institute. 2011. *Understanding Land Investment Deals in Africa-Country Report: Mozambique*. Oakland: Oakland Institute.（https://www.oaklandinstitute.org/sites/oaklandinstitute.org/files/OI_country_report_mozambique_0.pdf 2017.2.20アクセス）.

Orre, Aslak e Salvador Cadete Forquilha. 2012. "Uma iniciativa condenada ao sucesso: o Fundo Distrital dos 7 milhões e suas consequências para a governação em Moçambique." em *Moçambique: descentralizar o centralismo? Economia política, recursos e resultados*, organizado pelos Bernhard Weimer. Maputo: IESE, 169-196.

Pitcher, M. Anne. 1998. "Disruption without Transformation: Agrarian Relations and Livelihoods in Nampula Province, Mozmabique 1975-1995." *Journal of Southern African Studies* 24(1) March: 115-140.

Serra, Carlos Manuel. 2014. *Estado, Pluralismo e Recursos Naturais*. Lisboa: Escolar Editora.

Strasberg, Paul J. and Scott Kloeck-Jenson. 2002. *Challenging Conventional Wisdom: Smallholder Perceptions and Experience of Land Access and Tenure Security in the Cotton Belt of Northern Mozambique*, Working Paper No.48. Madison: Land Tenure Center, University of Wisconsin-Madison.

Tanner, Christopher. 2002. "Law-Making in an African Context: The 1997 Mozambican Land Law." *FAO Legal Papers Online* 26 (http://www.fao.org/fileadmin/user_upload/legal/docs/lpo26.pdf　2017.2.20アクセス).

Tanner, Christopher and Marianna Bicchieri. 2014. *When the Law is Not Enough: Paralegals and Natural Resources Governance in Mozambique*, FAO Legislative Study 110 (http://faolex.fao.org/docs/pdf/moz104298.pdf　2017.2.20アクセス).

USAID (U.S. Agency for International Development). 2007. "Land Use Rights for Commercial Activities in Mozambique." (http://www.tipmoz.com/land 2017.2.20アクセス).

Verdade. 2014. "Líderes comunitários exigem salários em Nampula." *Verdade*, 1 de Outubro (http://www.verdade.co.mz/economia/49355　2017.2.20アクセス).

* INE 2001, 2011以外の報告書については，以下の国立統計局ウェブサイト (http://www.ine.gov.mz/) で入手可能である。

第 7 章

土地関連法制度改革を通じた
紛争抑止の試みとその限界

——ケニアの事例から——

津 田 み わ

はじめに

　長らく土地の私的所有制の導入が進んでこなかったサハラ以南アフリカ諸国のなかで，ケニア共和国（以下，ケニア）の土地政策の歴史は，顕著な例外の１つでありつづけてきた（武内編 2015）。ケニアでは，植民地支配下にあった1950年末には，土地政策における人種主義が撤廃され，アフリカ人[1]に土地の近代的な私的所有制（フリーホールド，リースホールド）が導入された。土地の私的所有制は，植民地期の王領地だけでなく，植民地期に「アフリカ人地域」[2]とされていた領域にも同様に適用され，慣習地でも同様に近代的な私的所有権を設定する動きがおこってきた。（たとえば目黒 2015）。

　土地の私的所有制を導入することで，自由な土地市場は形成されるのか，土地所有者の権利は安定するか——ケニアの経験は，土地政策をめぐる実験場ともいうべき稀少性を帯びた。しかし，多くの先行研究が示すように，その成果は芳しくない（とくに重要なものとして Migot-Adholla, Place and Oluoch-Kosura 1994; Kanyinga 2000; McAuslan 2013; Boone 2014）。本章がとりわけ注目するのは，土地の私有化が，ケニアにおいては武力紛争の主要な背景の１つとなっている事態である。より競争的な国政選挙が回復された1990年代以後の

ケニアでは，自由な土地取引が「地元民」「よそ者」という対立軸を形成する背景となり，選挙に伴う政治的動員に利用されることで暴力的排斥が引き起こされてきた。土地の私有化に取り組み始めたばかりのアフリカ諸国のなかで「先を行く」ケニアは，土地問題を背景とした武力紛争という課題に取り組まざるを得なくなっているのである。

　排斥にあった住民は避難を余儀なくされ，自らの私有地に紛争後何年たっても帰還できない場合が少なくない。ケニアにおいて近代的な土地の私的所有制の導入が平和時でも土地権の強化に必ずしも結び付いていないことは，すでに1990年代央から指摘されてきたが[3]，「よそ者」というレッテルを貼られればたとえ土地登記をすませていても民族を旗印とするような暴力的排斥の対象になり避難を余儀なくされる，というこの新たな事態は，土地の私有化を土地権の強化からますます遠ざけた。

　ケニアで独立後初の土地政策，「国家土地政策」(National Land Policy) が採用されたのは，2009年のことであった。そこでは，こうした土地問題と紛争の存在を背景として，ケニアに「歴史的土地不正」(historical land injustices) が存在するとされ，過去に遡って土地に関する所有権を調査し問題を是正するとの方針が新たに示された (ROK Ministry of Lands 2009, 1, 40-60; 津田 2015, 49-50)。ケニアで言及されるこの「歴史的土地不正」とは何だろうか。そしてその「歴史的土地不正」問題は，実際にいかに取り組まれて——あるいは取り組まれずに——いるのだろうか。本章では，紛争と土地政策の問題に直面してきたケニアを対象に，新たな土地政策の制定とその実施に携わってきた歴代政権ごとにこの「歴史的土地不正」への取り組みをみていくことにしたい。それにより，序章で武内が述べている土地政策への取り組みにおける政権の「本気度」を，紛争予防への関心と関連させながら考察することができるだろう。

　本章ではまず，ケニアの土地政策と紛争の結び付きを1991年の複数政党制の回復との関連で整理したのち（第1節），2002年の政権交代をきっかけに進行した歴代政権期の不公正な土地分配問題の顕在化と，土地問題対策の始

まりを振り返る（第2節）。つづいて，2007年末に発生した大規模な国内紛争の後，紛争調停の産物として連立政権が成立した流れを示し，連立政権のもとで採択された「国家土地政策」と関連法制度を「歴史的土地不正」への取り組みに焦点を当てて整理する（第3節）。最後に焦点を当てるのは，2013年に発足した新政権のもとでの「歴史的土地不正」問題への取り組みの実態である。ここでは，法制度の枠外で取り組みが進んだ事例と，法制度そのものの変更をとりあげて論じ（第4節），ケニアにおける土地政策について，紛争再発予防の観点からその達成と課題の考察を試みたい。

第1節　ケニアの土地政策と紛争：
KANU 政権（1960年代～2002年）

　ケニアの土地政策と紛争の結び付きには，大きく2つの土地政策の影響が見て取れる。その第1が，上述の土地の私有化政策である。中央州[4]からリフトバレー州中部にかけて広がる希少な農耕適地は，植民地期に白人専用高地（いわゆるホワイトハイランド）に指定され，人種主義の廃止とともに再分配が着手されたが，政策担当者側にはこれによってアフリカ人の階層分化を促し，アフリカ人エリート層を生成する意図があった（McAuslan 2013, 47; 池野 1990）。実際にホワイトハイランドの大農場は，一部は小農を念頭においた入植事業の対象とされたものの，その他は温存され，アフリカ人大農場主が生まれていった（池野 1990）。ケニアの初代大統領となったジョモ・ケニヤッタ（Jomo Kenyatta——中央州出身，キクユ人）とその近縁者たちもその大農場主に名を連ねた。さらに，入植事業においても，初代大統領のもと，ホワイトハイランドだけでなくコースト州などにおいても農業適地への入植農民の民族構成が農耕民，とりわけ大統領と同じキクユ人に偏った。土地の私有制のもとで，大統領を頂点とする一部のキクユ人——ひいてはその他の農耕民——を主たる受益者とする偏った富の再分配が進行したのだった（高橋

2010, 307-317)。

　紛争の背景をなした第2の土地政策が，地方レベルの土地管理である。土地の私有化を進めた政策担当者側には，一方でアフリカ人農民が土地権を過度に喪失してしまうことへの危惧もあった（McAuslan 2013, 47; Migot-Adholla, Place and Oluoch-Kosura 1994, 124）。このため，歴代の法制度は，地域レベルの組織を設けて当該地域における土地取引の監視・調停機能を付与してきた。たとえば県レベル土地管理委員会の設置を定めた「1967年土地管理法」（Land Control Act, 1967）や，「コミュニティ」の「長老会議」（panel of elders）を認知し，土地関連紛争の申し立ての最初の段階で調停作業にあたらせるとした「1990年土地紛争裁定法」（Land Disputes Tribunals Act, 1990）がこれにあたる。こうした地方レベルの土地管理を促進する法制度のもとで発生したのは，「よそ者」を排除し「地元民」にだけ土地取引を許すという，土地市場の形成とは逆行する事態だった[5]。

　これらを背景に，数十年にわたる土地の私有化の試みにかかわらず，自由な土地市場の形成には至らず，かわりにケニアでは，民族的な主要居住地域の布置——たとえば中央州とリフトバレー州中部ではキクユ人，ニャンザ州ではルオ人，西部州ではルヒャ人，東部州ではカンバ人，リフトバレー州の残りの領域ではカレンジン人がそれぞれ人口の多数を占める。より小さな行政区分では偏りはさらに顕著である——は基本的に崩されることなく，県／カウンティ，ひいては州／リージョンの民族化ともいうべき現象が起こってきた。その一方で農耕適地を中心として，市場を通じた売買や政府の入植事業などによる新たな土地所有者の流入そのものは続いた。その典型的な結果が，旧ホワイトハイランドに移り住んだキクユ人ら「移住農耕民」と，カレンジン人，マサイ人，トゥルカナ人，サンブル人ら「先住牧畜民族」のリフトバレー州における「混在」であり，またコースト州に移り住んだキクユ人，ルオ人，カンバ人ら「内陸出身者」とコースト州人口の多数を占めるミジケンダ人の「混在」である[6]。

　ケニアにおいては，こうした「混在」が，政治的動員と結び付けられたこ

とで紛争につながっていった。1960年代から長らく与党「ケニア・アフリカ人全国同盟」(Kenya African National Union: KANU) による一党制が続いたが、国内の民主化運動と、冷戦終結によるドナーの民主化圧力を受けて第2代大統領ダニエル・アラップ・モイ (Daniel arap Moi——リフトバレー州出身、カレンジン人) は、1991年末に一党制の放棄を余儀なくされ、以後は複数政党制のもとほぼ5年おきに定期的な大統領選挙、国会議員選挙が実現されるようになった。

この民主化により、とくに1990年代のKANU政権期に発生したのが与党側による民族排斥的な選挙運動であった。住民や候補者の民族的属性は顕著に政治化され、野党支持者とレッテルづけられた特定民族に属する住民はしばしば暴力的に——脅迫、放火、身体的暴力などの手段を用いて——排斥された。民主化後のケニアでは、選挙をきっかけとする数多くの「民族紛争」が観察されるようになったのである。たとえばリフトバレー州とその周縁出身のKANU国会議員たちは、野党支持層を「よそ者」「非カレンジン人、非マサイ人」と決め付け、民族排斥的な煽動演説を繰り返した。その結果1990年代を通じて頻発したのが、いわゆる「エスニック・クラッシュ」であった (ROK National Assembly 1992; Klopp 2001)。「エスニック・クラッシュ」により、リフトバレー州では、1990年代に少なくとも数百人が殺害され、国内避難民の規模も数千人に達した (Africa Watch 1993; ROK 1999)。コースト州沿岸部でも1997年には「内陸出身者」を標的とする大規模な住民襲撃事件 (いわゆる「リコニ事件」) が発生した。(KHRC 1997; Kanyinga 2000; 津田 2003)。

1991年の複数政党制回復後におこった「エスニック・クラッシュ」に代表される民族排斥的な住民襲撃事件によって、国政選挙において野党支持層の有権者登録や投票はより困難になった。「エスニック・クラッシュ」は政権側にとっては選挙時に有利に働くものにほかならず、モイ政権下においては、住民襲撃事件そのものはおろか、その背景とみられた土地問題に関しても目立った取り組みはなされなかった。モイ大統領が任命した「ケニアにおける部族抗争にかんする司法調査委員会」(Judicial Commission of Inquiry into Tribal

Clashes in Kenya——通称，アキウミ委員会）は報告書のなかで，歴史的な土地問題の存在が暴力の主要な背景だとしたうえで，民族排斥的な煽動の禁止や治安強化に加え，「部族に基づく」入植事業は中止すること，私有化した元国有地に土地権証書を発行することなどを提案した（ROK 1999, 285-286）が，モイ政権下でこの提案は実行に移されなかった。

第2節　KANU 政権の終焉と土地問題：
NARC ＝キバキ政権（2002〜2007年）

　これを変えたのが，2002年の政権交代だった。2002年の国政選挙では，モイが政治家としてのキャリアの浅いウフル・ケニヤッタ（Uhuru Kenyatta——初代大統領の実子，中央州出身，キクユ人）を後継指名したことを主因とするKANU の分裂，加えて野党側による統一大統領候補の擁立と新党「国民虹の連合」（National Rainbow Coalition: NARC）の結成によって，独立後初めてKANU の大統領候補が落選し，国会でも KANU が与党の地位から転落する事態が起こったのである。

　かわりにケニアの第3代大統領に当選したのは，複数政党制の回復後にいち早く野党を結成し活動を続けてきたムワイ・キバキ（Mwai Kibaki——中央州出身，キクユ人）であった。新党 NARC の中核には，傘下の各野党を率いた主要な政治エリートが集っていた。NARC の中央執行委員会は，第3代大統領に就任したキバキ，ライラ・オディンガ（Raila Odinga——ニャンザ州出身，ルオ人）をはじめ多様な民族構成を有し，主要な支持基盤はほぼ全国に広がっていた。一方，分裂した KANU の支持層であり続けたのは，ケニヤッタ候補の出身地である中央州の一部と，モイの出身地であるリフトバレー州にとどまり，野党側がキバキを擁立したことで中央州とリフトバレー州のキクユ人票が分裂したことも加わって，KANU は数的に劣勢に回ったのだった。

　この NARC ＝キバキ政権下で進んだのが，歴代 KANU 政権下で独立以来

土地の不正取引が行われてきたとしてその調査と対策を推進する動きだった。就任から間もない2003年，キバキ大統領は「公用地の不正分配に関する調査委員会」(Commission of Inquiry into the Illegal and Irregular Allocation of Public Land——通称，ンドゥング委員会) を発足させ，初代大統領および第2代モイ大統領の統治下における土地の不適切な分配への調査を指示した。

　当時の法制度上の分類では，ケニアの土地は，植民地時代の王領地を継承し大統領が譲渡などの決定権を独占していた「国有地」(Government Land)，植民地期のアフリカ人地域を継承した慣習地である「信託地」(Trust Land)，フリーホールドなど近代的土地所有権のもとにある「私有地」(Private Land)の3分類のもとにあり，ンドゥング委員会の名称に用いられた「公用地」(Public Land) という分類は存在しなかった (「国有地法」2〜3条，信託地を定めた1969年憲法第114条)。このため，ンドゥング委員会はまず，国有地だけでなく，信託地，さらにはリースホールドを付与する形で私有化された元国有地と元信託地をも調査対象に含めるとした。委員会は加えて，それらの土地について違法に土地権が移転されたケースや，入植や資源開発など用途を限定して所有権を移転したはずの土地がその用途を外れて利用されているケースはすべて「公用地の不正分配にあたる」と定義した (ROK 2004, 43-63，ならびに1969年憲法第117条)。同委員会は，2004年には合計で2000ページを超える詳細な報告書を大統領に提出し，不正な土地権移転を受益者の個人名入りでリスト化したうえで，国有地ならびに信託地において，大統領，土地局局長 (Commissioner of Lands)，土地関連の大臣，慣習地の分配を管理してきた地方議会 (county councils) が関与して土地の政治的褒賞化あるいは投機目的などによる私有化を大規模に行ってきたと断罪した。

　ンドゥング委員会はそのうえで，土地にかかわる不正の追及と事態の正常化のために，まずは植民地期から更新のない土地政策にかわる，新たな土地政策の制定が必要であるとした。また，これまで大統領以下がさまざまな不正分配を行えたのは，土地行政に特化した専門的かつ集権的機関が設けられてこなかったためだとして，新たに「国土のすべての土地問題を取り扱う組

織」として「国家土地委員会」(National Land Commission) を設けるべきであり，「国有地法」を改正して大統領と土地局局長の国有地配分権を廃止し，慣習地についても新設の国家土地委員会が分配と管理を監督するべきとした (ROK 2004, 189)。ここではンドゥング委員会が，(1) 元国有地・元信託地の私有地をも不正分配是正の対象にすべきとしたこと，そしてそれゆえに (2) 新設する国家土地委員会を国有地のみならず全国土を対象に土地問題を取り扱う機関だと考えていたことに留意しておきたい。

　NARC ＝キバキ政権時代の土地省は，ンドゥング委員会の提言を実行に移し，新しい土地政策の草案を2007年5月に完成させた。土地政策草案は，独立年である1963年以後を射程とする，私有地を含む全土地に関する所有権の洗い直しが必要であるとし，過去の土地問題について補償，不平等の是正，少数者権利保護などを行うという政府方針を実現するため，中央・地方行政から切り離して国会に報告義務を負う国家土地委員会を新設することをおもな内容としていた (Boone 2012, 90)。草案段階では引き続き，ンドゥング委員会の提案どおりに私有地は所有権洗い直しの対象とされ，国家土地委員会の政権からの独立性が重視されていた。ただし，この草案完成時に次の国政選挙実施はほぼ半年後に迫っており，土地政策の制定は2007年末に予定されていた大統領選挙後に持ち越しとなった。

　紛争と土地政策という観点でケニア史を再構成するなら，この2007年大統領選挙はその最も重要な画期の1つになったといえるだろう。ケニアでは，この2007年大統領選挙をきっかけに2007年末から2008年初頭にかけて独立後最悪の国内紛争，通称「選挙後暴力」(Post Election Violence) が数カ月にわたって続く事態になった。2007年大統領選挙では，事前の世論調査や投票後数日間の速報では野党側のオディンガ大統領候補が優位とされていたが，キバキ大統領が任命した当時の選挙管理委員会委員長は，現職のキバキ大統領が再選したとの結果を発表した。野党支持層にこの「結果」は受け入れられず，不正選挙だとして抗議の暴動が発生し，さらにはキバキと同じキクユ人をおもな標的とした大規模な住民襲撃事件がナイロビ，ニャンザ州，リフト

バレー州，コースト州の主要都市を中心に広がった。またリフトバレー州中部の農耕適地では多数のキクユ人入植者が襲撃された。死者は1000人以上，国内避難民は最大時で60万人以上となった。

この「選挙後暴力」について土地問題の観点から注目すべきであるのは，リフトバレー州における住民襲撃事件が，都市部での抗議の暴動やキバキ支持とみられたキクユ人住民に対する暴力とは異なって，不正選挙への抗議という側面を外れ，「先住牧畜民族」による「入植農耕民」の排斥という性格を強く帯びていたことであった。リフトバレー州における住民襲撃事件では，襲撃者が大規模かつ組織的であったことが報告され，また襲撃対象の家屋に事前にマークが付されていた例や，コード・ランゲージを用いた民族排斥的な宣伝がなされるなど，1990年代の「エスニック・クラッシュ」との高い類似性もみられた（ROK 2008; 津田 2009）。

このため「選挙後暴力」の調停においても，自ずと国政選挙の正常化を含む民主化推進だけにとどまらず，1990年代以来繰り返し指摘されてきた，紛争の重要な背景としての土地問題が取り組むべき柱の１つとされていった。国際調停によってキバキとオディンガのあいだで結ばれた合意文書では，紛争の根本原因について (1) 貧困，(2) 資源の不公平な分配，(3) 社会的排除の存在と並んで (4)「歴史的不正がある」との認識があることだと明記され，紛争の再発防止のための長期アジェンダとして，土地改革への着手が「とりわけとり組まれるべき」項目の１つとされたのであった（KNDR 2008）。

第3節　連立政権成立と新たな土地政策：
キバキ＝オディンガ政権（2008〜2013年）

一時は正統な政権が事実上存在しない状態にまで追い込まれたケニアだったが，国際調停を経て，キバキとオディンガが権力を分掌するために暫定憲法体制に移行し，与野党の連立によるキバキ＝オディンガ政権が2008年に発

足した。具体的には，キバキについて大統領への再選が追認された一方で，新設ポストとして「首相」（Prime Minister）がおかれ，そこにはオディンガが就任した。暫定憲法体制では大統領の権力行使にあたっては基本的に首相と協議し合意することが必須とされたほか，閣僚の人数も大幅に増やされてキバキ側とオディンガ側から同数が——大統領と首相の合意のうえで——任命される体制となった。このため国会も，政権担当政党に属しているという意味では全議員（222人。人数は当時）の8割以上が「与党」議員という，過去に例をみない体制になった。当時のケニア憲法の定めでは，国会における通常の議決は出席議員の過半をもって採択でき，憲法改正案についても全議員の65％の賛成で採択できた（1969年憲法第47，54条）が，そのすべてが「与党」議員のみの賛成で達成できたのである。こうした特徴をもつ連立政権下で，紛争調停文書での合意事項に沿った改革が，少なくとも法制度制定というレベルでは順調に実行に移されていった。土地問題への取り組みもその一環だった。

　調停文書で合意された期限からはやや遅れたものの，植民地期末期の土地政策以来，初めての新たな土地政策である「国家土地政策」が，政府が提案し国会が圧倒的多数の賛成で承認する形でまず2009年に制定された（津田2015; McAuslan 2013）。「選挙後暴力」勃発以前に完成していた土地政策の草案にはなく，「選挙後暴力」後に最終的に制定されたこの国家土地政策で初めて言及されたのが，植民地期をも射程に含んだ「歴史的土地不正」だった。言及箇所をみてみよう。

　　「歴史的土地不正とは，すなわち，不満（grievances）である。諸コミュニティから大規模な土地を収奪した植民地期の土地に関する法制度とその施行にまで遡るこれら不満は，現在に至るまで十全に解決されていない。ケニア政府は，1895年以後に発生してきた歴史的な土地に関するクレーム（historical land claims）を解決するためのメカニズムを構築する。1895年が，ケニアがイギリスの東アフリカ保護領に組み込まれた年

であり，これにより英国王の法および政策の支配下に入ったからである
…（ケニア政府は）歴史的土地不正を悪化させた歴代の独立ケニア政権
によるすべての法と政策を再検討する」（ROK Ministry of Lands 2009, 42）

　国家土地政策は，「歴史的土地不正」についてより具体的には，（1）植民
地支配により白人入植者を優位におく人種差別的な土地制度が施行されたこ
と，そして（2）土地に関するイギリスの法制度がアフリカ人社会に既存の
土地制度に優越して導入，施行されたことが「不満」の起源（genesis）であ
るとした（ROK Ministry of Lands 2009, 6, 13）。そのうえで国家土地政策は，
「歴史的土地不正」の射程を，植民地化によるホワイトハイランドの制定，
「原住民居留区」をはじめとし私的所有権がないものとされた多様なアフリ
カ人地域の設定，コースト州沿岸部で事実上アラブ系住民のみに土地の私的
所有権を与えたこと[7]など，植民地支配によるアフリカ人住民の土地権喪失
に加え，独立後の歴代政権による旧ホワイトハイランドへの入植事業，貧困
層や土地無し層への土地再分配の遅れ，森林や海岸を含む国有地の保全など，
土地に関する極めて広範かつ多数の問題においた。
　上でも触れたが，第3代キバキ大統領が任命したンドゥング委員会が2004
年に提出した報告書は，取り組みの対象は独立後のみとし，植民地期にまで
は踏み込まなかった。また，同じキバキ政権下での新たな土地政策の策定過
程で編まれた草案でも，射程は独立年の1963年以後とされた。これらと異
なって，国家土地政策は「歴史的土地不正」を，1895年の東アフリカ保護領
化で始まったケニアの植民地支配に端を発するさまざまな「不満」という
個々人の認識に由来する問題だとし，そうした不満を独立後の歴代政権が解
消していないとして現在進行形の問題だと認め，クレームに対処していく方
針を示したのである。
　そもそもキバキ＝オディンガ連立政権は，1990年代の「エスニック・ク
ラッシュ」を上回る規模で大勢のキクユら「入植農耕民」がリフトバレー
州で暴力的に排斥された2007/08年の「選挙後暴力」の終結と再発防止を急

242

務として発足した政権であった。連立政権にとっては，入植の主たる背景を
なした植民地時代の人種別土地政策の影響に対する取り組みを抜きにした土
地政策を記述すること——その取り組みの実現性は措くとしても——が，紛
争抑止の関心から困難だった可能性がある。国家土地政策の大風呂敷的とも
いえる対象拡大の背景には，頻発する土地紛争の抑止には，独立後でなく植
民地支配によるホワイトハイランドの設置を含む人種別土地政策にまで踏み
込んだ配慮と対策を「提唱しておく」必要があるとの共通認識が，政府国会
の双方にあったことが見て取れるのである。その意味で新たな国家土地政策
は，少なくとも「歴史的土地不正」への取り組みに限っていえば，そもそも
実現可能性を二の次にした内容だったとすらいってよいのかもしれない。

　連立政権下でつぎに行われたのは，この国家土地政策を実行に移すための
法制度整備だった。憲法の民主化など広範な法制度改革そのものが，紛争調
停の長期アジェンダでは土地問題と並んで取り組むべき，優先かつ必須の課
題とされていたこと，紛争調停の産物という連立政権そのものの性質，そし
て国会における「与党」議員の圧倒的多数などが背景にあり，キバキ＝オ
ディンガ連立政権期における土地関連の法制度整備は順調に進んだ。

　紛争後の法制度改革は，まずは2010年の新憲法（以下，2010年憲法）制定
として結実した。前年に制定された国家土地政策もこの2010年憲法に盛り込
まれた。2010年憲法は「歴史的土地不正」について，新しく「国家土地委員
会」(National Land Commission) という政府・国会から独立した組織を発足さ
せて，政府にかわって「公用地」(public land)[8]を管理するだけでなく，「現
在もしくは歴史的な土地不正」(present or historical land injustices) に対する調
査を独自にもしくは訴えに基づいて開始し，適切な補償を提言するとした
（第67条(2)(e)）。

　2010年憲法はまた，国会による関連法の制定期限を憲法施行（2010年8月）
後1〜5年の幅でそれぞれ厳しく制定した（付則5）。憲法は，必要な土地関
連の新法を憲法施行から18カ月を期限として（すなわち2012年2月までに）制
定するものとし，「国会による立法期限の延長は一度のみ，延長は最大で1

年」（2013年２月まで）として，多数の法律の草案作成，検討，修正，国会での十分な審議には不十分な「非現実的な」（McAuslan 2013, 145）スケジュールを設定した（第261条）が，連立政権下ではその後もこのスケジュールが忠実に守られていった。

国会は2012年初頭に立法期限を60日間延長して2012年４月までとした。その2012年４月には，土地に関する最初の法案が国会を通過し，土地登記の地方分権化を主内容とする「2012年土地登記法」（Land Registration Act, No.3 of 2012）が５月に施行された。2012年に４月にはまたその他２つの土地関連法案が期限に間に合わせる形で国会を通過した。２つの新法は大統領の承認を経ていずれも５月に施行された。１つが国家土地委員会を定める「国家土地委員会法」（National Land Commission Act, No.5 of 2012），いまひとつが憲法で義務化された土地関連立法の多数の項目——土地管理行政，強制収用と補償，所有規模制限，土地カテゴリーの変更方法，相続など——を１つの法に入れ込んだ「土地法」（Land Act, No.6 of 2012）であった（McAuslan 2013, 147）。

紛争調停によって発足にこぎつけた連立政権のもとで，同じ紛争調停の産物でもある2010年憲法の規定が忠実に実行に移され，国会の圧倒的多数を占めた与党議席数を背景に土地関連の新法が矢継ぎ早に制定されたことがわかる。新設の組織である国家土地委員会も，2013年２月末に発足した。しかし，この連立政権の任期終了はこの時目前に迫っていた。2008年１月に就任した国会議員の任期は５年後にあたる2013年１月に終了し，国家土地委員会の発足時にはすでに国会は解散していた。2013年３月，2010年憲法下で初となる大統領選挙，国会議員選挙が実施されて新政権が発足すると，連立政権を成立させていた暫定憲法体制は終了し，このキバキ＝オディンガ連立政権も終了した。

第4節　変容する「歴史的土地不正」への取り組み：
ケニヤッタ＝ルト政権（2013年〜）

1．取り組みの政治化

2013年3月に行われた大統領選挙では，接戦の末オディンガ候補が再び落選し，ケニヤッタ候補（第1節で述べた2002年大統領選挙の落選者）が当選したほか，2010年憲法で採用されたランニング・メート方式に従い，ケニヤッタとともに選挙協力組織（coalition）の「ジュビリー連合」(Jubilee Alliance)を率いたウィリアム・ルト（William Ruto——リフトバレー州出身，カレンジン人）が副大統領に就任した。

この，ケニヤッタとルトという組み合わせは，粗さを恐れずに整理するなら，ケニヤッタの属するキクユ人コミュニティとルトの属するカレンジン人コミュニティの双方を支持基盤に包摂する組み合わせであった。それはすなわち，上でみてきたように，ホワイトハイランドの再分配をめぐって長らく利害を対立させてきた「移住農耕民」と「先住牧畜民」の双方を包摂する組み合わせでもあり，また一方では，独立以来の歴代KANU政権下で行われた土地の不正分配で受益者を輩出してきた中央州とリフトバレー州双方の住民を包摂する組み合わせでもあった。ケニヤッタ大統領自身が，その初代大統領の実子であることも重要である。こうしたケニヤッタ＝ルト政権の性質にかんがみるなら，どのように取り組んでも自分たちの支持基盤の双方に，もしくはどちらか一方に，ひいては自分自身の私有財産に不利益が出ざるを得ない「歴史的土地不正」問題の是正を，この政権に期待すること自体に無理があったというべきかもしれない。ケニヤッタ＝ルト政権下での「歴史的土地不正」問題への取り組みについて，その特徴を大づかみに述べるとすれば，第1にそれは「取り組みの政治化」であり，第2には，全体としての「制度的取り組みの遅れ」であった。以下順にみていこう。

第7章　土地関連法制度改革を通じた紛争抑止の試みとその限界　245

　国家土地政策の制定後に「歴史的土地不正」問題が解消に向かった数少ない事例として注目したいのが，コースト州のいわゆる「ワイティキ農場」（Waitiki farm）問題だった。これは，コースト州の「地元民」「よそ者」対立が投影された問題でもあり，また1990年代の紛争によって国内避難民化した住民にとっての私有地の処遇をめぐる問題でもあった。経緯は以下のようになる。

　第1節で触れた1997年の「リコニ事件」により土地を追われた国内避難民の1人に，エヴァンス・ワイティキ（Evans Waitiki——出身州不明，キクユ人）という人物がいた。彼が国内最大の港湾を有するケニア第2の都市モンバサの南部に位置するリコニ（Likoni）という地域に私有していた960エーカーの広大な農場（以下，ワイティキ農場）は，同事件で襲撃を受けたワイティキが避難したことで所有者不在となった。リコニ事件による国内避難民の組織代表も務めたワイティキは，事件から十年以上経っても農場に帰還できなかった。ワイティキ農場にはこの間に多くの住民が移り住んで——ワイティキによれば「不法侵入して」——いった（たとえば，Munyanga 2016）。ワイティキは，国内避難民となって以後，この問題について繰り返し法的手段に訴え，2001年，2012年にはワイティキ農場の住民を「不法占拠者」とする認定とその排除命令を勝ちとっていた。これに対しては，リコニを選挙区とする現職下院議員（当時）がその司法判断に抗議して紛争再発への懸念を表明したほか，住民の抗議行動も発生した。排除命令は実施されないままに終わった。

　一方，2013年3月に発足したケニヤッタ＝ルト政権下では，コースト州のミジケンダ人ら「地元民」の土地権が不安定なままにとどめおかれている「土地無し層問題」（ROK 2009, 43）に取り組むとして，政権発足間もない2013年から土地省を通じて，数万の単位で土地権証書（title deeds）を「地元の」住民に配付し，土地権を与える施策がとられてきた。政権の中心的支持基盤は上で触れたように中央州とリフトバレー州であり，一方でコースト州，西部州，東部州，ニャンザ州は2013年大統領選挙で多くの票がオディンガ候補に投じられるなどいずれも野党支持が強い地域であった。なかでもコース

246

ト州は目立った野党活動家が当時まだ不在だったこともあり，2017年大統領
選挙での再選を確実にするためには，ケニヤッタ＝ルト側にとってはぜひ支
持を伸ばしたい地域だった。コースト州で始まった土地権証書の配付には，
当時5年後に控えていた次回大統領選挙での再選を視野に入れた野党側支持
基盤の切り崩しとしてのねらいが透けてみえる。

　そのケニヤッタ＝ルト政権がワイティキ農場の問題について採用したのは，
同農場を買いとり，「占拠者」であるコースト州住民へ土地権証書を配付す
る――すなわち土地を再配分する――という方法だった。ワイティキは，
2014年にも再びケニア高裁で勝訴し，高裁は政府に対してワイティキ農場の
「不法占拠者」の排除を実行する命令を発した。ケニヤッタ＝ルト政権は命
令を実行に移さず，他方で2015年になると土地省とワイティキとのあいだで
有償での土地権売買について交渉が進められた。その間，「政府に土地権を
無償で委譲することでワイティキと合意した」と国家土地委員会が発表した
のに対し，ワイティキが合意を否定するなど，混乱も生じた。最終的にワイ
ティキとのあいだで農場買いとりに合意したのは，ケニヤッタ大統領であっ
た。2015年11月に成立したその合意では，大統領が総額11億シリング（約11
億円）の買いとり価格を提示したとみられる（ネーション紙，2015年11月19日
第10面）。

　この過程では，国家土地委員会は基本的に話し合いから排除され，大統領
が任命したコーディネーターが発言したように，このワイティキ農場の再分
配は，土地関連の法制度に基づくものではなくあくまで「大統領事業」
（Presidential project）だとされた。同「事業」では，土地権証書を受けとる住
民は，負担金として3年以内に1人当たり一律18万2000シリング（約18万円）
支払うよう命じられた。ワイティキ農場は，市場価格であれば1エーカー当
たり最低でも250万シリングの価値があるとされており，さらには面積でな
く1人当たりで設定したこの負担金は市場価格からみて極端に割安だった
（ネーション紙，2016年1月4日第3面）[9]。

　2016年1月，「不法占拠」していた住民は土地を分配され，認定された約

8000人に土地権証書が大統領によって配付された。これにより住民の「不法占拠」状態と，ワイティキの国内避難民状態の双方が終了した。2016年3月に財務大臣が公表した「補完的予算案」(Supplementary Budget estimates) によれば，ワイティキ農場問題の予算的手当としては13億シリングが計上されており，その大部分がワイティキからの私有地買い上げに充当されたとみられる。

　終わってみればこの「事業」は，紛争による国内避難民（ワイティキ）から，その私有地を国家が相当な金額で買い上げ，コースト州で当該土地を「占拠」していた「土地無し層」に土地権証書を発行して私有地として当該地片を分配する，というものであり，「歴史的土地不正」問題への取り組みにほかならなかった。しかし，今みてきたとおり国家土地委員会はこの取り組みにおいてほとんど機能しなかった。ワイティキ農場問題への取り組みは非制度化されていたことに加え，取り組み対象の選択には政権の恣意が入り込んでいたといってよい。多額の予算が必要とされる事業でもあり，こうした私有地買いとりによる「歴史的土地不正」問題の「処理」がなされたのは，これまでのところおそらくこのワイティキ農場問題一例にとどまっている。ワイティキ農場が選ばれた背景には，上でみたように，再選に向けて支持を広げたいケニヤッタ＝ルト政権側の政治的動機があることが看取される。このワイティキ農場の事例から見て取れるのは，「歴史的土地不正」問題への取り組みのケニヤッタ＝ルト政権下での政治化，非制度化にほかならない。

2．制度的取り組みの後退

　ケニヤッタ＝ルト政権において，他方で着手されたのが，「歴史的土地不正」に関連する法制度そのものの変更であった。ワイティキ農場問題の事例で垣間見えたように，国家土地委員会の新設以後，土地省と同委員会とのあいだには権限の重複に由来する混乱が続き，両者の争いは法廷にまで持ち込まれた。土地省との権限の腑分け問題に決着はついていなかったものの，国

家土地委員会は，「2012年国家土地委員会法」が定めた法案提出期限の2015年2月には国会下院の司法委員会に「2015年歴史的土地不正に関する調査・裁定法案」(Investigations and Adjudication of historical land Injustices Bill, 2015) を提出した。同法案は，(1)「特殊土地関連請求上訴法廷」(Special Land Claims Appeal Tribunal) を新設すること，(2) 同法廷への訴え期限を5年間とすること，(3) 同法廷の裁判官は憲法の規程にのっとってすでに設立された中立の機関である司法サービス委員会 (Judicial Service Commission) が決定すること，(4)「歴史的土地不正の結果として土地に関する権利を失った人は，この法に基づいて請求訴訟を行う資格をもつ」こと，(5)「紛争裁決局」(Disputes Adjudication Board) を新設し，同局が請求を他の裁定メカニズム (other resolution mechanisms) に付すべきかどうかを決定すること，(6) 紛争裁決局が損害賠償金の認定，土地の返還命令，被害者の再定住，不法に取得された土地権の無効化，被害者への賠償金支払い命令を行うことなどを内容としていた（ネーション紙，2015年2月7日第4面および，NLC n.d.）。

　しかし，その後下院において国家土地委員会作成の歴史的土地不正に関する法案が提出されたり審議されたりした記録はなく，「2015年歴史的土地不正調査・裁決法案」は審議入りまでのいずれかの段階で廃案になっている。一方，時をおかずして下院与党代表は，別の土地関連諸法の修正法案を国会に提出した。下院与党代表が提出する形で与党側が2015年8月に国会下院に提出したこの修正法案は，3つの土地関連法——上述した「2012年土地登記法」「2012年国家土地委員会法」「2012年土地法」——を対象に，それらの内容を大幅に改正する「土地関連諸法（修正）法案」(Land Acts (Amendment) Bill, 2015) だった（ネーション紙，2015年8月19日）。法案を提出した下院与党代表は，おもなねらいが，国家土地委員会と土地省への委任事項 (mandate) を明確化することであったとし，3つの土地関連法には国家土地委員会と土地省の職務や権限における土地登記に関連する事項についての重複があり，それが二者間の紛争の原因になったとの認識も示した（The Land Laws (Amendment) Bill, 2015, 3128-3129）。

ただし，「重複を是正し，両者の役割を明確化する」との名のもとで与党
側が実際に提案したのは，端的にいえば，国家土地委員会の役割縮小にほか
ならなかった。与党側提出のこの法案は，連立政権時代の法制度整備で国家
土地委員会に与えられていた財政面の権限を縮小しただけでなく（修正法案
96条），地方政府レベルの公用地の管理運営のために国家土地委員会が設立
するとされ，実際に2015年から国家土地委員会が優先的に設立に取り組んで
いた「カウンティ土地管理局」（county land management boards）を廃止する
（修正法案39, 42条）など，国家土地委員会の権限を縮小し，土地省と重複し
ていた権限については基本的に土地省に権限を委譲する内容であった。

　「歴史的土地不正」取り組み関連の条文も例外ではなかった。与党側提出
の修正法案は，まず2010年憲法とその後に制定された土地関連諸法では慣習
地や私有地をも含むと解釈され得た国家土地委員会の機能のおよぶ範囲を，
厳格に公用地のみに限定した（修正法案43条）。修正法案はさらに「歴史的土
地不正」に関する法律制定に関する国会への提案義務（「国家土地委員会法」
15条）を廃止したうえに，一方的に「歴史的土地不正」への取り組みに関す
る詳細を定めた内容になっていた（修正法案38, 44条。内容詳細は制定法段階で
後述する）。

　国家土地委員会および野党側は，与党側提出の「土地関連諸法（修正）法
案」は国家土地委員会の中立性，独立性を損ねるものであるうえに，国家土
地委員会，各カウンティ政府いずれとの協議も経ていないとして批判を開始
した（ネーション紙，2015年10月6, 10日）。一方，司法判断は与党側に味方し
た。2015年12月，ケニア最高裁は，土地権証書の交付について国家土地委員
会には交付権限がなく，交付は土地省の大臣（Cabinet Secretary）のみに権利
があるとの判断を示し，加えて国家土地委員会の権限は公用地のみにおよぶ
との解釈を示したのであった（オンライン版 Star 紙，2015年12月2日）。

　国会下院では審議が2016年3月になっても続き，野党側は修正法案が国家
土地委員会の独立性を謳った2010年憲法に違反しているなどとして反対した
が，国会での数的優位は崩せず，2016年5月に法案は若干の修正を経たうえ

で与党側の賛成多数により採択された[10]。こうして，2010年憲法が制定期限としたまさにその2016年8月，ケニヤッタ大統領の承認を受けて「2016年土地関連諸法（修正）法」（Land Laws (Amendment) Act, 2016）は制定された[11]。

この土地関連諸法（修正）法により，「歴史的土地不正」への取り組みに関して定めていた「2012年国家土地委員会法」の15条はどう変わっただろうか。新15条は，「歴史的土地不正」を，1895年6月15日の東アフリカ保護領化以後に発生したものとする点では国家土地政策に従った。しかし新15条は「歴史的土地不正」発生の最終日を2010年8月27日の2010年憲法公布までと設定した。これは「歴史的および現在の」と明記した憲法とも，「1895年以後」とするのみで最終日を限定しなかった国家土地政策とも異なって，2010年以後の土地不正を国家土地委員会への委任事項から外す変更であり，国家土地委員会の権限の縮小にほかならなかった。

また，新15条は，歴史的土地不正問題に特化した法廷は設立しないものとした。さらに新15条は，歴史的土地不正に関する請求（claim）にさまざまな条件を付し，まず（1）既存の司法制度を通じた請求訴訟が必要だとした。そのうえで，新15条は，（2）「歴史的土地不正」の行為が実証可能である（verifiable）こと，かつ（3）発生時に合法だったかあるいは時効が成立しているために既存の司法制度を通じた救済ができないこと，（4）土地の所有者あるいは用益者本人のみが請求すること，（5）請求は，請求者側の作為・不作為のいずれによっても土地に対する権利放棄に結び付かなかった場合に限定することとした。そして，（6）国家土地委員会に対する請求申し立ての期限は，「土地関連諸法（修正）法」の施行（2016年9月21日）から5年間とされ，（7）国家土地委員会は，認定した歴史的土地不正の申し立てについて調査のうえで，土地の返還，賠償，代替地への移住，土地権の取消と土地再分配，土地を購入した第3者への返金などの救済措置を勧告するものとされた。また（8）国家土地委員会が救済措置を決定した後は，担当機関は勧告に沿った救済を3年以内に行わなければならないとされ早期の救済が義務化されたこととあわせて，（9）この「歴史的土地不正」の認定と救済措置に至る

手続きを定めた新15条自体が10年間をもって削除される時限立法とされた。

　本人の申し立てのみとし，既存の司法制度を通じた訴えを基本として専用の法廷は設置せず，実証可能性を必須要件としたうえで，申し立て期限を5年のみとしたこの法律のもとで，いったいどれほどの「歴史的土地不正」が申し立てられ，国家土地委員会の認定を受け，実際に救済措置を受けるところまで達するか，法律が施行されたばかりの現段階で見通すことは難しい。法律の条文そのものが削除される2026年9月は刻々と近づいてくるが，これまでのところ，報道を通じて伝えられてきたのは，国家土地委員会による歴史的土地不正への取り組みが進んでいない事例に偏っている。比較的近年の事例では，2015年12月，コースト州北部において「歴史的土地不正」があったとして私有地に1000人ほどの住民が入り，建造物を建てようとするなどしたとして5人が逮捕される事件が発生した。これに対し，国家土地委員会の委員長の示した認識は，「私有地への不法侵入であり，犯罪者だ」「私有地の所有者との話し合いで譲歩が得られないため，国家土地委員会にできることはない」という後ろ向きなものであった。住民側によれば，2015年4月に住民側は国家土地委員会に調査を依頼しており「6カ月以内に回答する」との返答を得たが期限を過ぎても約束の返答はなく，6カ月を待った後に住民らは侵入を開始していた（ネーション紙，2015年12月14日第26面）。

　以上みてきたように，ケニヤッタ＝ルト政権下で進んだ法制度整備では，国家土地委員会の権限は公用地のみにおよぶと限定された。そしてこの限定は，国有地および慣習地の私有地化が植民地支配以来不適切に行われてきたことを問題とする「歴史的土地不正」への取り組みを事実上否定したに等しい。国家土地委員会が設置され，少なくとも公用地については分配を管理する法的権限を付与されたことで，今後の不正分配の抑止力にはなるが，「歴史的な」土地不正分配の是正が実現される見通しは明るいとはいえない。その一方でケニアでは，上述したように，再選をめざすケニヤッタ＝ルト政権下で「歴史的土地不正」への救済が「大統領事業」として遂行された。取り組みは制度外であり，かつ取り組み対象選定の基準も明らかでない。「歴史

的土地不正」への取り組みが，現職大統領をはじめとする時の政治権力者によって恣意的に利用される新たな「政治的褒賞」に変化する可能性すら否定できない。

おわりに

　ケニアでは，植民地末期に土地政策における人種主義が撤廃されて以来，アフリカ人住民も対象とする，土地の近代的な私的所有制が始まった。その一方では「農民の過度な土地権喪失」の予防が必要との見地から，地域レベルでは土地所有に対する参入障壁を形づくる仕組みが整えられてきた。ケニアにおいては，この私有化とあわせた参入障壁形成という政策のもとで，コミュニティ単位の住み分けが進む一方で，帰属コミュニティを異にする「よそ者」が売買や入植事業を通じて土地所有権を当該領域に得ていった。土地の私有化は，それが進めば進むほど，土地の私的所有権をもたない／もてない住民，「よそ者」との共存を強いられる住民，私有地を獲得したにもかかわらず排斥により帰還できない住民など，さまざまなレベルにおいてそれぞれの不満の原因を形成していった。冷戦後のケニアにおける国内紛争は，第一義的には民主化による選挙関連紛争であるものの，他方では多くの場合，そうした「よそ者」に対する暴力的排斥の要素を含み込んできた。独立後最悪の国内紛争となった「選挙後暴力」でもやはり，民主化を求める抗議の暴動と並んで顕著だったのは，「よそ者」の暴力的排斥であった。

　紛争調停の産物として2008年に発足した連立政権は，重要課題の1つに「歴史的土地不正」への取り組みを掲げた。制定された「国家土地政策」には，KANU 政権期のみならず19世紀初頭の植民地化にまで遡った「歴史的土地不正」への取り組みが盛り込まれた。しかし，そもそもその性質上，「歴史的土地不正」はパンドラの箱に近いものであった。土地に関する不満を解消しようとすればするほど，エスニックな住み分けと「よそ者」排斥を

助長しかねず，新たな排斥があれば，排斥された側にまた新たな不満をもたらすことは必至である。その一方，取り組みがなければ，歴史的に行われてきた土地不正や「よそ者による土地収奪」への不満が解決されることはない。是正しても不満，是正しなくても不満——全面解決が望めない以上，「歴史的土地不正」問題への取り組みは，問題の所在自体を認め，解消の必要性に公式文書で言及するにとどめることが，紛争抑止の観点からすれば最もリスクの少ない方法ですらあるのかもしれない。

　本章でみてきたように，2013年大統領選挙，国会議員選挙を経て発足した新政権のもとでは，国家土地政策で謳われた「歴史的土地不正」への制度的取り組みは，個別の修正法レベルで有名無実化されていった。同政権下では加えて，コースト州の一私有地が政権側に恣意的に選択され，「よそ者」の暴力的排除や住み分けの追認という重大な意味をもつにもかかわらず，同私有地にまつわる「歴史的土地不正」の解消がほぼ達成された。ここに見て取れるのは，取り組みの「政治的褒賞化」の萌芽にほかならない。ワイティキ農場の事例は，紛争予防の観点からしても決してコースト州の治安に寄与するものとはいえないが，政権側からその問題に対する説明はない。

　土地の私有化政策，過度な土地権喪失を予防しようとした地域レベルの土地管理制度の導入，過去に遡って不満に対処しようとする「歴史的土地不正」の是正——ケニアではこれらが並存して取り組まれつつあるが，本章でみてきたように紛争予防策としての土地政策改革の有効性は未知数である。政治化著しい「歴史的土地不正」への取り組みと，弱体化したとはいえ政権にかわって公用地管理を担う国家土地委員会による取り組みの行方が今後も引き続き注目される。

254

〔注〕────────────

⑴ 植民地時代に採用されていた「人種」に基づく土地政策では，ヨーロッパ系，アジア系，アラブ系を除くアフリカ系住民に対し「原住民」等の呼称をあて，長らく土地の私的所有制の主体から排除してきた。本章では，そうした制度史とそこでの用語法にかんがみ，人種別の土地政策に関連して住民に言及する際は「白人」「アフリカ人」「アジア人」「アラブ人」の名称を用いる。

⑵ 便宜的な総称であり，植民地支配で導入された人種別土地政策においてアフリカ人が居住する地域として設定され，さまざまな名称を与えられてきた全てのカテゴリーを含む。アフリカ人地域をはじめ王領地，私有地を定めた植民地時代の土地制度について，詳細は津田（2015）を参照されたい。

⑶ 世界銀行がスポンサーになって行われた「ケニアにおける土地権利の安定と土地生産性」調査は，土地に関する紛争の大部分が近代的な土地所有権が設定された後だったとして，土地登記が土地紛争の削減に貢献するというデータは得られなかったと結論づけた。ミゴット＝アゾラらはこれに関連して「土地についての近代的所有権の設定が，信用取り付け，投入，土地改良などの効果を通じてより多くの収量に結び付く」という仮説を支持するデータも，土地の私有化開始から20年以上を経てなお得られなかったとしている（Migot-Adholla, Place and Oluoch-Kosura 1994, 124, 134, 138-139）。

⑷ 州県制は2010年に廃止され，新たに47のカウンティからなる地方分権制が採用された。その一方で，2013年に発足した中央政府は，旧州を「リージョン」（region）と呼び替え，各「リージョン」ごとにコミッショナーを任命して行政にあてる体制を整えつつある。本章では簡便のため双方ともに「州」と呼ぶ。なお，2016年1月のコミッショナー人事では新たに「リフトバレー北部」（North Rift region）「リフトバレー南部」（South Rift region）という2つの領域が設定されそれぞれにコミッショナーが任命された。リージョン分割の可能性があるが，本章では便宜的にリフトバレー州と総称する。リージョンの区割りを定めた法制度は確認できていない。

⑸ ケニアにおいて土地私有化政策と地域レベルでの土地管理政策という，相矛盾した2つの政策がとられてきたことについて詳細は，Migot-Adholla, Place and Oluoch-Kosura（1994）ならびにMcAuslan（2013）を参照されたい。

⑹ 「先住牧畜民族」「移住農耕民」について詳しくは松田（2000）を参照されたい。

⑺ コースト州沿岸部の帯状地域（ten mile strip）は「ケニア植民地」とされた内陸部とはちがい1920～1963年まで「保護領」指定を受け，土地政策でも内陸部と異なってザンジバル・スルタン統治下の土地の私的所有制度が追認された。この結果が事実上アラブ系住民にのみ土地の私的所有権が認められるという事態であった。一方で，コースト州住民の多数を占めたミジケンダ人，

タイタ人，ポコモ人らには内陸部のアフリカ人住民と同様に土地の私的所有権が認められなかった。1963年の独立後も，アラブ系住民の私有地が温存されミジケンダ人らが慣習的に有していた土地権は認められなかったことに加え，地権者による土地の転売によって，当該土地を用益してきたミジケンダ人らが強制排除される問題が深刻化した。

⑻　ンドゥング委員会が定義した「公用地」と英文表記は同一だが異なる定義に基づく異なるカテゴリーである。2010年憲法が採用した新しい土地の3区分の1つであり，1969年憲法における「国有地」を基本的に継承する。ただし，同じ2010年憲法が採用したカウンティを単位とする地方分権制のもとで，2010年憲法での公用地は中央政府だけでなく各カウンティ政府がそれぞれ保有するものとされた。詳細は2010年憲法第62条。

⑼　その後の1年間で，土地の配分をうけた住民の7割が負担金全額の支払いを終了している（ネーション紙，2016年12月5日）。

⑽　2010年憲法はまた，40年ぶりに二院制を採用した――実施は2013年国会議員選挙以後――ので，この選挙以後ケニアには上院と下院が設置されたが，「ジュビリー連合」傘下の政党に公認をうけた国会議員の数は，憲法改正に必要な3分の2にこそ届かなかったものの，上下両院のいずれにおいても過半に迫る最大勢力となった。

⑾　国会は2010年憲法が定めた制定期限である「憲法の制定（2010年8月28日）から5年」に間に合わないとして，2015年8月に制定期限を1年間延期していた。

〔参考文献〕

＜日本語文献＞

池野旬　1990.「ケニア脱植民地過程におけるヨーロッパ人大農場部門の解体」『アジア経済』31(5) 5月　6-26.

高橋基樹　2010.『開発と国家：アフリカ政治経済論序説』勁草書房.

武内進一編　2015.『アフリカ土地政策史』アジア経済研究所.

津田みわ　2003.「リコニ事件再考――ケニア・コースト州における先住性の政治化と複数政党制選挙――」武内進一編『国家・暴力・政治――アジア・アフリカの紛争をめぐって』アジア経済研究所　219-261.

――― 2009.「暴力化した『キクユ嫌い』――ケニア2007年総選挙後の混乱と複数政党制政治」『地域研究』9 (1) 3月　90-107.

――― 2015.「ケニアにおける土地政策――植民地期から2012年の土地関連新法制定まで――」武内進一編『アフリカ土地政策史』アジア経済研究所　31-61.

松田素二 2000.「日常的民族紛争と超民族化現象：ケニアにおける1987～98年の
民族間抗争事件から」武内進一編『現代アフリカの紛争：歴史と主体』ア
ジア経済研究所 55-100.
目黒紀夫 2015.『さまよえる「共存」とマサイ：ケニアの野生動物保全の現場か
ら』新泉社.

＜外国語文献＞

Africa Watch. 1993. *Divide and Rule: State-Sponsored Ethnic Violence in Kenya*. New
York, Washington, Los Angeles, London: Human Rights Watch.

Boone, Catherine. 2012. "Land, Conflict and Distributive Politics in Kenya." *African
Studies Review* 55(1) April: 75-103.

―――― 2014. *Property and Political Order in Africa: Land Rights and the Structure of
Politics*. New York: Cambridge University Press.

Kanyinga, Karuti. 2000. *Redistribution from Above: The Politics of Land Rights and
Squatting in Coastal Kenya*. Uppsala: Nordiska Afrika Institutet.

KHRC (Kenya Human Rights Commission). 1997. *Kayas of Deprivation, Kayas of Blood:
Violence, Ethnicity and the State in Coastal Kenya*. Nairobi: KHRC.

Klopp, Jacqueline M. 2001. "'Ethnic Clashes' and Winning Elections: The Case of
Kenya's Electoral Despotism." *Canadian Journal of African Studies* 35(3): 473-
517.

KNDR (Kenya National Dialogue and Reconciliation). 2008. Agenda Item Three: How
to Resolve the Political Crisis (http://www.dialoguekenya.org/docs/14_Feb_008_
TsavoAgreement.pdf アクセス日2010年1月5日).

McAuslan, Patrick. 2013. *Land Law Reform in Eastern Africa: Traditional or Trans-
formative?: A Critical Review of 50 Years of Land Law Reform in Eastern Africa
1961-2011*. New York: Routledge.

Migot-Adholla, Shem E., Frank Place and W. Oluoch-Kosura. 1994. "Security of Tenure
and Land Productivity in Kenya." In *Searching for Land Tenure Security in
Africa*, edited by John W. Bruce and Shem E. Migot-Adholla. Dubuque: Kendall/
Hunt Publishing Co., 119-140.

Munyanga, Philip. 2016. "Waitiki loses case against state agency." *Daily Nation* 21 July
(http://www.nation.co.ke/counties/mombasa/Waitiki-loses-case-against-state-
agency/-/1954178/3305012/-/11uaf43/-/index.html アクセス日2016年7月22
日).

NLC (National Land Commission). n.d. National Land Commission Mid-Term Review,
n.a: NLC.

ROK (Republic of Kenya). 1999. *Report of the Judicial Commission Appointed to Inquire*

第 7 章　土地関連法制度改革を通じた紛争抑止の試みとその限界　257

into Tribal Clashes in Kenya. Nairobi: Government Printer.

——— 2004. *Report of the Commission of Inquiry into the Illegal/ Irregular Allocation of Public Land*. Nairobi: Government Printer.

——— 2008. *Report of the Commission of Inquiry into Post Election Violence（CIPEV）*. Nairobi: Government Printer.

ROK, Ministry of Lands. 2009. *Sessional Paper No.3 of 2009 on National Land Policy*. Nairobi: Government Printer.

ROK, National Assembly. 1992. *Report of the Parliamentary Select Committee to Investigate Ethnic Clashes in Western and Other Parts of Kenya 1992*. Nairobi: National Assembly.

第8章

土地政策と農村変容

——ルワンダ，ブルンジ，コンゴ民主共和国西部——

武 内 進 一

はじめに

アフリカの農村が，とくに土地にかかわる局面で近年急速に変容していることは，序章で示したとおりである。その要因として，政策介入はどの程度重要なのだろうか。政策介入だけが農村変容の要因ではない。市場の動きや生産要素賦存の状況変化（人口増など）によっても農村社会は変わる。政策介入が大きな効果をもち農村を変える機動力となる場合もあれば，それがほとんど効果をもたないこともある。どのような場合に政策が効果をもち，またもたないのかを検討することは，今後いかなる政策をとるべきかを考えるために必須の作業である。序章で述べたように，昨今のアフリカにおける農村変容のスピードは劇的であり，そのなかで小農や牧畜民のような相対的貧困層の土地に対する権利が脅かされる恐れがある。こうした状況下，政策的関与のあり方を検討する作業は不可欠である。

しかしながら，農村変容に政策が与えた影響を厳密に測定することは困難である。それを農村変容のほかの要因——たとえば，市場動向や生産要素の賦存状況など——から切り離して測定することは，不可能であるばかりか意味がない。政策とはそもそもそうした要因を勘案して策定され，そこに働きかけて社会を変えることを目的とするものだからである。本章は，政策効果

の厳密な測定を意図してはいない。ここでの目的は，政策，政策遂行主体の性格，要素賦存などの面で顕著な共通性と対照性をもつルワンダ，ブルンジ，コンゴ民主共和国（以下，コンゴ）の3カ国を対象として，どのような土地制度改革が実施されたのか，そしてそこで現在どのような農村変容が生じているのかを明らかにすること，それによって政策介入の影響を考えるとともに，現状の課題を理解し今後とるべき政策上の含意を得ることである。

　分析にあたって，3カ国をどのような観点から比較するのかを述べておく。第1に，どのような土地政策がとられたかという点である。1990年代以降を中心に，土地にかかわる政策の内容を比較する。第2に，農村で土地をめぐってどのような変化が起こったかを述べる必要がある。第3に，3カ国について国家と社会の関係を検討する。序章で述べたように，土地所有権のあり方には国家・社会関係が反映される。土地に対する政策介入がどの程度の強度で，誰にどのような影響を与えるかは，国家・社会関係によって決まるといってよい。ただし，国家・社会関係というのはさまざまな要素を含む概念なので，何を比較するのかもう少し述べる必要があろう。とくに2つの側面に留意したい。

　第1に，土地政策の執行主体である政権の性格である。これは，政策執行能力を把握するとともに，土地改革の執行が当該政権にとってどの程度重要なのかを理解するためである。土地改革は国民全体にかかわる論争的な政策イシューなので，政権基盤が脆弱では執行することが難しい。一方，土地は権力基盤として非常に重要なので，政権を握った集団は自らの利益に合致した制度構築を図る。政権を支える権力構造や社会への浸透度がわかれば，政策執行能力が把握できるし，改革に対する抵抗の程度も予測できる。また，土地改革の背景にある政治的意図がわかれば，それが政権にとってどの程度の意思をもって取り組む課題なのか——すなわち，政権の「本気度」——を理解できる。第2に，ローカルな場の社会的性格——生産要素賦存状況や，伝統的権威の役割を含む権力構造など——も比較する必要がある。政策が実際に執行されるローカルな場において，人口をはじめとする生産要素の賦存

状況がいかなるものか，そしてそれらがいかなる権力のもとで管理，移転しているのかは，政策の執行に大きな影響を与える。

　以上の枠組みに基づいて，本章では，1）近年の土地政策の内容，2）政権の性格と土地政策への関心の程度，3）農村社会の性格と近年の農村変容，という順序で3カ国の比較を試みる。これら3カ国はベルギーによる植民地統治を受けた経験を共有し，土地政策史をテーマとする前作でも同一の章で扱ったことがある（武内 2015）。ただし，ルワンダ，ブルンジ，そして本章で扱うコンゴ西部を比較すると，生産要素の賦存状況や政権の性格に関しては共通性と対照性が混在する。詳細は本文で述べるとして，要点のみ述べれば次のようになる。土地の希少性という観点でみれば，ルワンダとブルンジは非常に高いがコンゴ西部は低い。一方，土地政策に対する政権の利害関心や政策執行能力については，ルワンダが高く，ブルンジとコンゴは低い。本章では，これら3カ国の比較を通じて政策介入と農村変容の関係について考察する。なお，3カ国の事例は，終章における他国との比較検討に際しても利用する。

　本章では先行研究や二次文献資料，そして数年来実施してきたフィールド調査に基づいて分析を加える。政策の背後にある政治的意図やローカルな社会構造は時代や地域によって異なるため，時期や場所を絞ったケーススタディを実施する。筆者はこれら3カ国でフィールド調査の経験があり[1]，それを用いて分析を行う。フィールド調査に関しては，特定地域で得た情報がどの程度一般化できるのかという点がつねに問題となるが，分析に際してはこの点に留意し，多様なソースから論拠を得るよう努めたい。ただし，コンゴのように巨大な国では，特定地域で得た情報の一般化に限界があるのは明らかである。本章での議論は筆者が調査した西部地域を前提とすることを，再度強調しておきたい。

第1節　近年の土地改革

1. ルワンダ

　3カ国のうち，1990年代以降最も積極的に土地改革を実施したのはルワンダである（武内 2015）。1994年に内戦に勝利した「ルワンダ愛国戦線」（Rwandan Patriotic Front: RPF）は，もともとウガンダのトゥチ難民によって結成された反政府武装勢力であったが，政権獲得後は再配分政策と法制度の双方で積極的な土地改革を実施した。最もラジカルな土地再配分政策として，RPF による政権樹立から時間をおかずに進められたランド・シェアリング（land sharing）を挙げることができる。これは RPF の勝利とともに帰還したトゥチ難民に対して，もともとその地に居住していたフトゥ農民の所有地を折半させる形で土地を供与した政策である。1994年7月に RPF 政権が樹立されると，数十万人のトゥチ難民が帰還した[2]。同じ時期，敗走した前政権派は一般のフトゥ住民に対して RPF が政権につけば報復されると宣伝したため，膨大な数のフトゥ住民が前政権派とともに周辺国に難民として逃れた。そのため帰還したトゥチ難民は，フトゥ農民が不在のルワンダ農村部において，利用されていない土地や家屋を簡単にみつけることができた。国を離れてから帰還するまで数十年が経過していたこともあって，トゥチ難民は故郷に戻るよりもこうした地主不在の土地や家屋を利用した。こうした形での土地や家屋の占拠はルワンダ東部で頻発し，行政もそれを後押しした。難民化したフトゥのうちかなりの部分は，1996年末コンゴでの内戦勃発を契機としてルワンダに帰国したが，そこで自分たちの土地・家屋を占拠しているトゥチ帰還民と遭遇した。ここで政府は，トゥチ帰還民に対しては占拠している家屋を元の持ち主に返還すること，一方フトゥ帰還民に対しては所有地を占拠しているトゥチ帰還民とのあいだで折半することを求めた。これがランド・シェアリングの概要である。RPF 政権は，この政策を国際社会の支援

を受けずに独力で遂行した。

その他，土地再配分に関連するものとして，ウムドゥグドゥ（*umudugudu*）と呼ばれる集村化政策がある。これには住宅供給と住民移転の2つの側面があり，1990年代には帰還民対策として住宅建設が国際社会の支援を得て盛んに進められた。ルワンダでは伝統的に散居型の居住様式が一般的だが，政府は帰還民対策をきっかけとして集村化を進めた。新たな住宅供給政策はドナーからの支援終了とともに1990年代末に打ち切られたが，住民移転政策は今日も続いている。ウムドゥグドゥ政策は，経済的，社会的インフラ整備のうえで散村より集村の方が効率的だという思想に基づいている。ルワンダの地方行政機構は土地利用計画を策定し，そこで居住地域とされた場所に住民の移動を奨励しているが，移転に際して補助金などは支給されないため，住

写真8-1　ルワンダの土地証書発行作業

ルワンダの土地権利証書発行作業の一コマ。衛星写真を手にした調査員が現地を回り，どの土地が誰に帰属するのかを確認したうえで，鉛筆で写真上に境界線を引いていく（2011年8月16日筆者撮影）。

写真8-2 ルワンダの土地証書

ルワンダの土地証書（一部）。上部に証書所有者の氏名，身分証明書番号，所有権の割合，中段に氏名と居住地，下段に当該地片の所在地，面積，権利の有効期間，用途が記載される（2011年8月21日筆者撮影）。

民からすれば行政からの圧力と映ることも少なくない。

　内戦後に樹立されたRPF主導の政権は，土地に関する法制度改革も熱心に行った。最初の重要な改革は1999年に施行された家族に関する法律で[3]，これによって女性に土地相続の権利が正式に認められた。2004年には土地政策が発表され，翌年には政策方針に沿った土地法が制定された。その後，法律に従ってさまざまな施策が進められているが，とくに重要なものとして土地登記と土地統合（land consolidation）について簡単に説明しておこう。

ルワンダは2000年代末から英国などドナーの支援を受けて本格的に土地登記を実施し，短期間のうちにほぼ全土で登記を完遂させた。登記を希望する者が申請するやり方ではなく，政府が地域ごとに一斉に登記作業を実施し，住民に権利証書を配布した。今日ルワンダでは，農村部を含め土地権利を有する世帯のほとんどが土地権利証書を所持している。ただし，土地所有権は依然として政府にあり，住民は3～99年の期間で国から土地利用権を得る仕組みになっている[4]。一方，土地統合とは，一定領域に特定の作物の作付けを強制する政策である。トウモロコシや大豆など特定の作物を選び，農民に改良種子と肥料を安価で提供して耕作させる。土地の権利関係はこれによって変化せず，作付け作物のみ制限する。土地統合の対象となるのは低湿地が多く，国土全体からみれば限定的である。土地統合を通じて，土地を効率的に利用し，農業生産力を高めることがめざされている。

　この間，土地に関する紛争処理の方法も改革された。土地問題はローカル・コミュニティで最大の紛争要因の1つだが，もともとその紛争処理は末端行政機構の長に任されていた。しかし，2005年に地方行政機構が改革され，2007年にローカルな紛争処理制度「アブンジ」（*abunzi*）が導入されたことで，紛争処理の仕組みが再編された。アブンジとは末端行政機構のレベルで組織される紛争処理グループを指し，10人程度の判事団がローカルな紛争（民事・刑事）の調停を行う（武内 2009b）。紛争が発生した場合，最終的には司法の場に持ち込まれるのだが，その前に次のようなプロセスを踏むことが定められた。まず，ウムドゥグドゥとセルという末端行政機構の長が調停を行う[5]。そこで解決しなければ，アブンジに持ち込まれて調停が試みられる。アブンジはセルとセクターのレベルに設置されているが，そこでも解決しない場合，初めて裁判所に書類が送られる。裁判所への提訴に際してアブンジでの審理記録が求められ，末端行政の長，アブンジの調停を経た後でなければ裁判所での審理は開始されない。土地問題をはじめとするローカルな紛争の処理手順は，行政と司法を組み合わせる形で明確化されている。

2．ブルンジ

　近年のブルンジにおける特筆すべき土地法制度改革としては，土地紛争の裁定機関「土地その他財産に関する国家委員会」（Commission nationale des terres et autres biens: CNTB）の設置（2006年），そして新たな土地政策と土地法の制定（それぞれ2009年，2011年）が挙げられる（武内 2014b）。

　ブルンジは1990年代に長い内戦を経験したが，国連やアフリカ連合（African Union: AU）などの調停が奏功して2000年に和平協定が結ばれ，紛争が終結に向かった。これによって，長年周辺国に逃れていた難民が大量に帰還した。ブルンジの場合，難民流出の最大の契機は1972年に起こったフトゥに対する大量殺戮であり，帰還難民のほとんどがフトゥだった（武内 2013）。難民帰還に伴って，土地や家屋など財産をめぐる訴えが頻発した。長い不在のあいだに土地や家屋を占拠された帰還民や，トゥチ軍部が政治権力を掌握していた時代に財産権を侵害された人々が続々と訴えを起こしたためである。CNTB はこの問題に対応するため設置された。これには，国連など国際社会が全面的に協力した。設置当初 CNTB は調停機関と位置づけられたが，2009年以降権限が強化され，紛争を裁定する能力を備えることとなった。設置から2011年までの活動については統計があり，2万6899件の訴えのうち1万5004件（56％）が解決，2264件（8％）が審理中断，9631件（36％）が審理中となっている（République du Burundi n.d., 39）。かなりの数の紛争がCNTB に持ち込まれ，半分以上は解決したといえる。統計に紛争の内訳は示されていないが，そのほとんどが土地をめぐるものであったと考えてよい。

　2011年の土地法は，1986年に制定された土地法の改訂である。2つの土地法の最も大きなちがいは，慣習的な土地権利の扱いである。1986年土地法においても，土地に対する慣習的権利は登記上の権利と同様に正当だと認められていたが[6]，その実効性には大きな問題があった。特定の土地区画に対する厳密な権利保障を得ようとすれば登記が不可欠だったし，登記するために

は土地測量から始まる煩雑で高コストの手続きが必要だったからである。同法のもとでは，土地登記はほとんど進まなかった（Kohlhagen 2011, 85-88）。これに対して2011年土地法では，土地登記の手続きを簡素化し，登記と土地権利書発行を促す内容が盛り込まれた。具体的には，権利書発行手続きを簡素化し，現場での確認作業を末端行政機関のコリンに委ね，迅速かつ簡便に土地登記書を発行できるようにした[7]。ブルンジの新土地法においても，慣習的保有下にある土地の権利明確化が図られ，土地登記が推進されたわけだが，ルワンダと異なってシステマティックな土地登記事業は実施されなかった。つまり，政府が主導して土地権利証書を作成し住民に配布するのではなく，あくまでも住民が希望するかぎりで権利証書の取得手続きを簡素化する政策であった。なお，ルワンダの土地登記事業への支援に際してはEUやスイス，ベルギーが中心的な役割を担った。

　ブルンジでは，帰還民が自分の所有地に戻った場合に，その土地を占拠する人とのあいだで土地を折半して共生することは奨励された。しかし，帰還民に対するシステマティックな土地再配分政策は実施されず，主要な政策介入は土地紛争の解決に向けられた。改定された土地法は耕作者の土地権利を強化するという思想に基づいており，その意味で法律の指向性はルワンダと同じである。しかし，土地登記を奨励しつつ，その実施は個別住民に委ねていることに典型的に示されるように，急速な農村変容を促すほどの政策介入ではなかった。

3．コンゴ

　1990年代以降，コンゴでは政治経済的混乱が続いたせいもあって，新たな土地法や土地政策は制定されていない。コンゴの土地法としては，依然として1973年に制定された法律が有効である[8]。この法律では，土地はすべて国家が所有すること，慣習法以外の枠組みで土地への権利を行使するには「コンセッション」という形での国家の承認を得る必要があることが定められた。

これは事実上，個人や企業による土地の私的な利用を認める措置であり，コンセッションの取得手続きが高コストで面倒だったこともあって，受益者はエリート層に限られた。この法律が，エリートによる小農からの土地収奪を促進したとの指摘もある（Schoepf and Schoepf 1988）。慣習法による土地権利に関しては，同法第389条で言及され，別途運用を規定するとされたものの，今日に至るまで何の措置もとられていない。今日のコンゴで有効な土地法は，依然として1973年制定法しかない。

　ただし，近年コンゴにおいても，慣習法下の土地権利を明確化するというグローバルな動きに沿った変化が観察される。まず，2002年に制定された森林法は，ローカル・コミュニティが森林コンセッションを取得する権利を認めた[9]。ここで，ローカル・コミュニティは「慣習を基盤として伝統的に組織された人々で，内的な一体性のもととなるクランや親族の連帯的紐帯によって統一されている。また，一定の領域に対する愛着によって特徴づけられる」（第1条第17項）と定義され，クラン，リネージ，拡大家族などが想定されている。また，2011年12月24日に制定された農業法[10]では，ローカル・コミュニティに対して一定領域の土地権利を認め（第18条），そうした権利の行使が登記権利証書の対象にならないと規定された（第19条）。登記書がなくても，ローカル・コミュニティの慣習的な土地権利を一定領域に認めたわけである。また，土地問題省（Ministère des affaires foncières）は，2013年に土地法改革国家委員会（Commission nationale de la réforme foncière: CONAREF）を設置し，新たな土地法制定に向けた議論を開始した（武内 2014a; Huggins 2015）。

第2節　政権の性格

１．ルワンダ

　本節では，３カ国について，政権を支える権力構造とその社会への浸透度を検討する。それによって政権の性格を明らかにするとともに，土地改革が政権にとっていかなる意味をもっているかを考える。その作業を通じて，土地改革にかかわる政権の意思や能力を知ることができるだろう。

　ルワンダ現政権の権力構造について，筆者はすでにいくつかの論考を発表してきたので（武内 2010b; 2016a; Takeuchi 2011），ここでは要点のみ述べるにとどめる。現在のルワンダで政治権力を握っているのは，内戦で勝利しその後文民政党化した政権与党の RPF である。RPF では内戦時に軍事活動を担った「ルワンダ愛国軍」（Rwandan Patriotic Army: RPA）の出身者が有力なポストを占めており，トゥチを中心とする権力構造は内戦後基本的に変化していない。この点は，内戦時 RPA の総司令官だったカガメ（Paul Kagame）が当初は副大統領兼国防相として，2000年以降は大統領として変わらず権力を握ってきたことに如実に示されている。内戦に軍事的に勝利した RPF は紛争終結時に敵対勢力を一掃し，その後も国内において批判勢力の存在を厳しく押さえ込んできた。2003年の新憲法でルワンダは多党制民主主義を制度化したが，野党として存在を許されているのは RPF にとって脅威にならない政党だけである。2003年，2010年の大統領選挙では野党勢力でさえもカガメに投票し，いずれもカガメが95％以上の得票で選出された。2015年にはカガメの三選を可能とする憲法改正が実施され，現在の制度のもとでカガメは2034年まで大統領職を務めることができる。

　RPF の統治は深く社会に浸透している。RPF の支持者が地方行政機構の指導者を務め，中央の政策や指示をローカル・レベルに伝えている。ルワンダでは独立前後の騒乱（「社会革命」）でトゥチの伝統的権威が追放されたた

め，伝統的権威の政治的影響力は今日まったくみられない[11]。住民に直接か
かわる政策を執行する末端行政機構はセルだが，その事務局長（general sec-
retary）は政府の任命であり，また「イミヒゴ」（*imihigo*）と呼ばれる制度を
通じて業績が評価されるため，上意下達の統治システムが成立している[12]。
中央政府機構の権力を掌握するRPFは，地方行政機構を通じてその権力を
地方に波及させている。農民は地方行政幹部の高圧的な態度に対して時に不
満を漏らすが，それが組織化されることはなく，経済成長が続いていること
もあってそうした不満は現在まで顕在化していない[13]。面積が小さく，人口
密度が高く，植民地化以前からの王国の伝統をもつことに加えて[14]，内戦で
の勝利以来RPFが中央の政治空間を独占し続けていることが，国家の社会
に対する強い統制力を可能にしている。

　土地政策に対する政権の関心についていえば，ルワンダの土地改革には2
つの意図が込められていたと考えられる（武内2015, 186-187）。第1に，土地
の効率的な利用である。人口密度が極めて高いうえに，内戦後膨大な数の難
民が帰還したルワンダにおいて，これは至上命題と考えられた。土地統合や
住民移転もこの点を念頭においた政策である。第2に，RPFの政権基盤で
あるトゥチ帰還民に土地を確保することである。ランド・シェアリングに
よって帰還民に与えた土地は，登記政策によって公式化された。トゥチ帰還
民はRPFの中核的支持層であるから，彼らに土地を供与しその権利を保全
することはRPFにとって死活的に重要である。つまり，RPF政権は土地政
策の遂行に極めて強い利害と関心をもっていたといえる。

　以上まとめれば，ルワンダで内戦後に成立したRPF主導の政権は政治権
力を独占し，社会に対する強い統制力を有していた。だからこそ介入主義的
な土地改革が可能になったのだが，別の面からいえば，それは自らの権力基
盤をさらに強化する意図と密接に結び付いていた。農村社会の変革はルワン
ダ現政権の一貫した取り組みだが（Ansoms 2009），それは農村社会を自らの
権力基盤に親和的なものへと変革する目的をもったものといえる。

2．ブルンジ

内戦終結後のブルンジにおける政治構造を特徴づけるのは，権力分有である。2000年の和平協定とそれに基づく2005年の憲法において，ブルンジではエスニシティに基づく厳密な権力分有制度が導入され（武内 2013），総じて比較的自由な政治空間が維持された。2005年の選挙で勝利し政権を握った「民主主義防衛国民会議・民主主義防衛軍」（Conseil national pour la défense de la démocratie–Forces pour la défense de la démocratie: CNDD-FDD）は内戦中フトゥの反政府武装勢力であったが，選挙への参加に際してトゥチの候補を含むことが義務化されたためマルチエスニックな政党になった。2005年に採択された憲法で規定されたマルチエスニック，マルチジェンダーの原則は，政党だけでなく内閣，議会，軍，国営企業などの国家機関にも適用された。紛争後のブルンジでは，2005年の選挙によって CNDD-FDD が政治権力を握ったが，議会にも，軍や警察のなかにも野党支持勢力が残存していた。特定のアクターが政治空間を独占する事態にはならなかったわけである。ただし，2015年4月のンクルンジザ大統領の三選出馬表明以降，ブルンジは大統領支持派に「純化」された CNDD-FDD による強権的体制へと変わった（武内 2016a）。政権は依然として不安定であり，2017年6月現在も紛争状態にあるといえる。

まとめれば，ブルンジでは2005年の憲法制定後 CNDD-FDD が政権与党であり続けているが，その基本構造は権力分有政権であり，2015年以降はンクルンジザ三選をめぐって紛争状態にある。つまり，ルワンダのように，政治権力を独占する特定の政治勢力が強力なリーダーシップを発揮して政策を実行する状況にはない。実際，前節でみたように，近年のブルンジでは，ルワンダのような土地への積極的な介入政策はとられなかった。とられた政策は土地紛争調停制度の設置と新土地法の制定であり，いずれも国連やドナーなど国際社会の支援を受けて実施されたものであった[15]。

ブルンジは，ルワンダと同様に，国土が小さく，人口密度が高く，植民地

写真8-3　ブルンジ農村風景

ブルンジ南部の農村風景。ルワンダに似て丘が連なり，その頂上まで耕作されている（2012年9月15日筆者撮影）。

化以前からの王国の伝統をもつ。ルワンダの「社会革命」のような騒乱を経験せず，したがって植民地期の伝統的権威が一斉に排除されることはなかった。ただし，人口密度が高まるにつれて土地の配分権は事実上家族レベルに移り，伝統的権威が関与する余地はほとんどなくなっている。ブルンジにおいて国家の社会への浸透度は一定程度高いが，近年の土地政策の選定や実施に際してはおもに国際社会の意向が反映され，政権側からの強いイニシアティブは見い出しにくい。特定の政治勢力が自らに有利な政策を打ち出すほど，強力な権力基盤をもたなかったといえる。

3．コンゴ

1990年代以降，コンゴでは政治的混乱が長く続いた。モブツ（Mobutu Sese

Seko）政権（1965～1997年）末期は「国家の破綻」と呼び得る状況だったし，内戦（1996～1997年）でローラン＝デジレ・カビラ（Laurent-Désiré Kabila）が政権を握ってからわずか1年後に次の内戦が勃発した。この第2次内戦（1998～2002年）は周辺諸国が政府側，反政府側に分かれて関与する「アフリカ大戦」となったが，国連やアフリカ諸国の関与でようやく2002年末に和平合意が成立した（武内 2010a）。東部ではその後も紛争状態が継続したが，和平合意によって国土の大部分を統治する移行政権が樹立されることとなった。

　この移行政権は権力分有によって特徴づけられる。大統領には父親の暗殺後就任したジョゼフ・カビラ（Joséph Kabila）が留任することとなったものの[16]，勢力均衡を図って4人の副大統領がおかれ[17]，武力紛争当事者に加えて非武装の野党勢力や市民社会に対しても主要な政府機関にポストが割り振られた。複数の武装勢力が乱立する複雑な内戦であっただけに，移行政権で権力分有の対象となったアクターも多かった。政策執行の効率性よりも紛争再発防止が優先され，政府関係機関のポストがばら撒かれたのである。

　2006年に選挙が実施され，移行政権による統治は終了した。ジョゼフ・カビラが大統領に選出され，下院では彼が率いる「再建・民主主義人民党」（Parti du Peuple pour le Reconstruction et la Démocratie: PPRD）が最多議席を占めて政権与党となった。しかし，比例代表制をとったこともあってPPRDの獲得議席数は500議席のうち111議席にとどまり，連立によりようやく過半数を確保した。小党分立傾向は2011年選挙ではさらに強まり，最多議席を獲得したPPRDでさえ69議席にすぎない[18]。これに示されるように，中央政権において，特定政党が政策面で強力なイニシアティブを発揮し得る権力基盤は形成されなかった。

　政策を社会に浸透させる国家の能力も脆弱である。コンゴでは2006年に制定された憲法で分権化が打ち出され，既存の10州（および首都キンシャサ）を25州に分割する（第2条），政府歳入の40％を州に割り当てる（第175条），諸州間の歳入の格差を縮めるために平準化基金（Caisse nationale de péréquation）を設置する（第181条）などの条文が盛り込まれた[19]。しかし，州の分

割は2015年にようやく実施されたものの，州への予算割当や歳入格差是正措置は機能せず，企業からの税収を期待できる一部の州を除けば事業予算は極めて乏しい。地方分権化政策は地方の活性化につながっておらず，中央政府の統治能力が脆弱な状況で分権化を進めた矛盾が指摘されている（Trefon 2011）。

　伝統的権威の影響力が強い地域が多いこともコンゴの特徴である。現在，コンゴの地方行政機構は，州（Province）－郡（Territoire）－チーフダム（Chefferie）／セクター（Secteur）－グルプマン（Groupement）－ロカリテ（Localité）という構造をとる。このうち，チーフダム／セクター以下の地方行政単位で伝統的権威の影響力が強い[20]。そこでは，土地は伝統的権威のものであると認識され，その配分に強い権力をもっている。どのレベルの伝統的権威[21]が土地に対してどの程度強い権利を有しているかは地域ごとにさまざまだが，1973年土地法に従ってコンセッションを得ようとすれば，関係する伝統的権威の了解を得ることは不可欠である。

　前節で述べたように，コンゴでは1973年土地法以降，土地に対する政策的介入は行われていなかったが，2000年代に入るとローカル・コミュニティに土地所有権を認める法律（森林法や農業法）の制定や新たな土地法制定に向けた動きがみられるようになった。こうした動きは，序章で述べた国際的な潮流と切り離して考えられない。2002年の森林法などの制定過程においては，国際NGOがロビイングで大きな役割を果たしたし[22]，CONAREFの事務局長はNGOからの出向者であった[23]。政府が土地に関する政策を国内外のNGOに任せている事実は，国際的潮流を受け入れ，国民各層から意見をとり入れる姿勢と解釈できるが，一方でそれは政府としてこの問題に積極的に関与する動機（および能力）が薄弱なことを示している。依然として東部に深刻な治安問題を抱え，選挙日程をめぐる混乱に直面する政府にとって[24]，土地法改革の優先順位は高くないし，事実2017年半ばに至っても土地法改革に新たな進展はみられていない。コンゴの現政権は，土地改革に取り組むことなく放置していると評価する方が妥当だろう。

第8章　土地政策と農村変容　275

第3節　近年の農村変容の特徴

1．ルワンダ

　本節では，フィールド調査に基づいて，3カ国における近年の農村変容の特徴を土地政策との関連で簡潔に述べる。この観点からみると，3カ国は対照的である。最も積極的に土地政策が遂行され，最も大きなインパクトを社会に与えたのは明らかにルワンダである。ルワンダの人口密度は平方キロメートル当たり平均471人と極めて高く，土地の細分化が進んでいる。2008年の農業統計によれば農業世帯[25]の平均耕地面積は0.76ヘクタールで，80％の世帯の所有地面積が1ヘクタール未満である（Republic of Rwanda 2010, 36）。農業の近代化は進んでおらず，農地の98％が天水に依存し，99％で家畜を用いず人力のみに依存する伝統農法が実施されている（Republic of Rwanda 2010, 40）。大規模な土地取引がないわけではないが[26]，可耕地のほとんどは小農の畑や屋敷地として利用されている。この状況を背景として，RPFによる政権樹立後，土地利用の合理化，効率化を掲げる政策が実施されてきた。それらの政策は明らかに農村に甚大な影響を与えている。

　ランド・シェアリングは例外なく実行された。つまり，トゥチ帰還民が占拠した土地について，フトゥ住民は折半を強いられた。フトゥ住民の反発は当然強かったが，それが組織化され，政権を脅かすことはなかった。この政策を貫徹できた要因として重要なのは，政権がローカル・レベルの政府関係組織を完全に掌握していたことである。ランド・シェアリングは末端行政機構の主導で迅速に実施されたし，不満を抱いた住民が訴えようにも，末端行政，アブンジ，裁判所はすべてランド・シェアリング政策を支持しているため，訴えがとおる見込みはなかった。2007～2008年の調停記録に基づく筆者らの調査では，ランド・シェアリングにかかわる訴えで，アブンジが帰還民に土地を返還させる裁定を下したケースはほとんどなかった（Takeuchi and

Marara 2011)。女性の土地相続権を認めた1999年法の実効性も強い。男子均分相続が原則であるルワンダ社会で，女性の土地相続権承認はラジカルな変化である。しかし，同法制定後，女性への土地相続は決して珍しいことではなくなっている。筆者の調査対象世帯でも，娘への土地相続を実施した例は複数ある。急速に社会規範が変わった背景として重要なのは，ランド・シェアリングの場合と同じく，末端行政，アブンジ，裁判所という紛争の裁定を公式に担う組織がすべて，政府に従って女性の相続を合法と認めていることである。相続をめぐって女性がアブンジに訴えるケースは多く，判決は1999年相続法に従うかぎりで女性に有利である。

　末端行政機構が政府の意に沿って動いた事実は，土地登記や土地統合政策の執行を考えるうえでも重要である。ルワンダは2000年代後半に土地登記事業を開始し，短期間のうちに権利保持者のほとんどに土地権利証書を配布した。また，土地統合政策によって，農民に特定作物の栽培を強制するとともに，改良種子と肥料の流通を拡大した。こうした政策の執行にあたっては，末端行政機構が中心的な役割を果たした。図8-1が示すように，ルワンダの

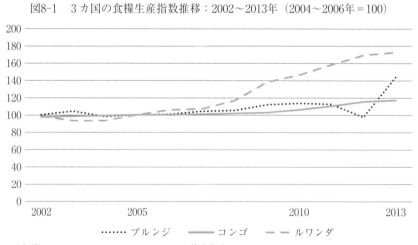

図8-1　3カ国の食糧生産指数推移：2002～2013年（2004～2006年=100）

（出所）　World Development Indicators から筆者作成。

食料生産指数は近年ブルンジやコンゴに比べて大きく改善しているが，これらの政策が正の影響を与えた可能性が高い。

内戦後のルワンダは，大量の帰還民に土地を確保し，女性に土地相続権を与え，土地登記を短期間で遂行し，土地統合によって生産力を高めた。その土地政策は成功を収めたと評価できるだろうか。少なくとも２つの留保が必要である。第１に，所有地の半分を奪われたフトゥの農民がランド・シェアリングを受け入れたのか，まだ定かではない。ランド・シェアリングによってトゥチ帰還民に移転した土地権利は，2005年土地法とその後の土地登記によって法的に確定された。ただし，その法的根拠を支えているのは，RPFが主導する政権が中心に位置する政治秩序である。この政治秩序が安定しているあいだ，トゥチ帰還民の土地所有権に何の問題もないであろう。しかし，いったんこの政治秩序が不安定化すれば，ランド・シェアリングに対する不満が噴出する可能性は否定できない。帰還民の土地所有権の安定性は，RPF政権の安定性と密接不可分の関係にある。第２に，土地登記が短期間のうちに実施されたことは疑いないが，その効果についてはいまだ確たることはいえない。土地登記が土地権利の安定化につながり，投資促進や金融市場の発達，そして生産拡大につながるのか，さらにガバナンスを改善させるのかといった点は，すべて今後検証されるべき課題である。

2．ブルンジ

ブルンジは，ルワンダと極めて似た生産要素賦存構造をもつ。人口稠密な農業国で，人口密度は平方キロメートル当たり435人と非常に高い。ルワンダと同様，国土は総じて平野が少ない山がちの地形であり，可耕地のほとんどが小農に利用されている。大規模な土地取引はそれほど顕著ではない[27]。

内戦終結後2000年代に実施されたブルンジの土地政策は，大きな影響をブルンジ社会に与えていない。この点をCNTBの活動と新土地法の制定についてみていこう。CNTBはそもそも紛争を裁定する機関であり，農村社会に

構造的な影響を与えるものではない。それでも設置後３万件程度の紛争を裁定したことは，難民帰還によって土地や財産をめぐる紛争が頻発するなかにあって社会の緊張緩和に一定の役割を果たしたと評価できよう。ただし，CNTB が積極的な役割を果たした期間は限定的だった。初代議長の死去により2011年に議長となったバンボナニレ（S. Bambonanire）司教は，CNDD-FDD に近い人物と評され，自身が1972年から長年難民を経験していたこともあって帰還民寄りの立場を鮮明にした。そのため，2011年以来，CNTB の裁定は次第に中立性を失い，帰還民に有利なものへと変化した[28]。これによって農村社会で緊張が高まり，CNTB への反発も広がって，裁定作業は停滞した。結局，2015年３月に政府は CNTB の裁定を中止させ[29]，４月にはバンボナニレを解任した[30]。ンクルンジザ三選問題による政治的混乱のためその後の状況は不明だが，CNTB の活動も停止していると考えられる。

　政治的混乱が続くブルンジで，2011年に制定された新土地法がどの程度の影響を与えたのかを正確に知ることは事実上不可能である。ただし，新土地法の目玉である慣習地の登記については，ほとんど進んでいないであろう。政府が住民全員に土地権利証書を配布したルワンダとちがって，ブルンジの場合，登記書は土地購入などの機会に発行する仕組みだった[31]。これは予算的制約によるもので，ブルンジにはルワンダほど土地改革への援助がなされなかったことが背景にある。土地権利証書の発行数はもともと少なかったし，その後の政治的混乱のなかでヨーロッパが援助を停止したため，進展はないと考えてよいであろう。

　３．コンゴ

　コンゴでは1990年代以降，土地改革は明示的に行われていない。土地法制度の改革も，土地再配分政策の実施もないところで，土地をめぐってどのような変容が起きているのだろうか。ここでは，とくに慣習的保有下にある土地の私有地化という側面から，筆者が2015，2016年にフィールド調査を実施

第8章 土地政策と農村変容 279

表8-1 N村の土地利用（2009年）

土地利用	面積（ha）	（%）
森林	1,652	21.6
ボノボ保護林	1,640	21.4
牧場	3,538	46.2
うち SEBO 社	1,301	17.0
それ以外	2,237	29.2
農地	799	10.4
住居	22	0.3
計	7,651	100.0

（出所）　WWF（2009）.

したマイ・ンドンベ州の事例を紹介する。調査期間はまだ短いが，これに
よって1973年土地法の影響を検討し，ルワンダやブルンジと生産要素賦存状
況が大きく異なる農村地域での変容のパターンを理解し，さらに他章の事例
との比較にも資するという利点を考慮して，以下で簡潔に紹介したい。

　筆者が調査を実施したのは，マイ・ンドンベ州（Province de Maï Ndombe），
ボロボ郡（Territoire de Bolobo），バテケ＝ノール・チーフダム（Chefferie de
Bateke Nord）に位置する複数の村（Localité）である。チーフダムの主たるエ
スニック集団はその名称が示すようにバテケであり[32]，首都キンシャサから
250キロメートル程度北上したコンゴ西部地域に位置する。サバンナと森林
が混在するなかに数キロメートル間隔で村々が点在し，平方キロメートル当
たり人口密度は20〜30人程度である[33]。

　近年この地域で進行している重要な変化は，住民による土地の囲い込みで
ある。この地域には，植民地期から畜産企業が進出し，広大な土地を牧場と
して囲い込んで都市向けに肉牛を生産してきた。畜産企業は森林もサバンナ
も含めて土地を取得したが，そのうち主としてサバンナに牛を放牧し，粗放
的な牧場経営を行っている。近年目立つのは，住民が自発的に土地を囲い込
み，牧場や食料生産のために利用する動きである。表8-1にN村の土地利用
を示す。この地域には希少な野生動物のボノボ（ピグミーチンパンジー）が

生息するため，2000年代半ばから国際NGOのWWFが自然保護と地域開発に向けた活動を行ってきた。その一環として参加型地図作成（participatory mapping）事業が実施され，利用用途ごとに土地面積を知ることができる。村の領域は本来N村のランドチーフ[34]に帰属すると考えられており，いわゆる慣習的土地保有のもとにある。領域の43%が森林にあたり，うち半分が「ボノボ保護林」に指定されている。通常の森林は村人が自給用の畑を開墾したり，狩猟採集をする共有地だが，保護林はボノボの保護のため村人の立ち入りが禁止されている。一方，村の領域のほぼ半分（46.2%）は「牧場」である。牧場には畜産企業（SEBO社）のものと村人のものがあり，特定の企業や個人が用益権を独占するという意味で私有地的な性格をもつ。ただし，

写真8-4　コンゴの農場証明書

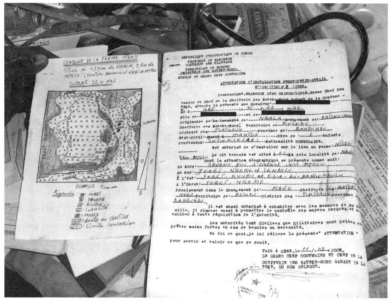

N村住民がもつ農場証明書。手書きの地勢図の右側に，所有者と位置情報が記載されている。書類の発行主体はチーフダムで，住民はほかに郡や州発行の証明書ももつ（2016年9月2日筆者撮影）。

土地を自由に売却することはできない。牧場は森林を含むこともあるが，おもにサバンナを中心に区画が設定される。表8-1には共有地としてのサバンナという分類がないので，サバンナがすべて牧場として認識されていることがわかる[35]。牧場が村落の土地利用に大きな割合を占めるのは，N村に限らずその周辺地域に共通する現象である（武内 2016b）。表8-1に示す「農地」は森林を開墾して造成したもので，実質的に耕作者の権利下にあるが，やはり自由な売却はできない。

　2016年の調査で筆者は，N村で牧場を経営する住民6人に聞きとりを行い[36]，その実態について調査した。結果として判明した3点をまとめておく。第1に，彼らは畜産や農業向け用地の取得にあたって，ランドチーフに贈り物をし[37]，許可をもらっている。自給用の畑を開墾する際には，村落の住民であれば特別な贈り物など必要ないので，明らかに土地取得手続きが異なる。ランドチーフから許可の手紙をもらうと，それを地方行政機構（チーフダム，郡，州）に持参して必要な書類を整え，税金を支払う。フォーマルな手続きによって，1973年土地法に従ったコンセッション取得が可能になる。つまり，牧場用地取得はランドチーフを通じた手続きとともに，地方行政機構を通じた手続きによって進められる。第2に，6人のうち4人はN村の現在もしくは先代のランドチーフと近縁の親族関係があり，また6人全員が学業や仕事のため村外で暮らした経験をもっていた。土地を囲い込んで牧場を経営するという発想を村外で得た後，自分の近い親族であるランドチーフから土地利用の許可をもらうというパターンが浮かび上がる。ランドチーフの親族であることは必ずしも土地取得の必須条件ではないが，親族の方が贈り物の量が少ない傾向がある。彼らにとってはランドチーフの許可を得るためのハードルが低いと解釈できる。第3に，土地取得がなされた時期はいずれも2000年前後以降と最近である。2000年前後はコンゴ内戦のさなかであり，何らかの政策を政府が導入したとは考えられない。この時期，住民の側に何らかのきっかけが生じ，1973年法を利用したコンセッション取得の動きが広まったとみられる。

以上の事例はコンゴ西部の一地域における予備的な調査結果にすぎないが，これが示すのは，土地改革が実施されなくとも，外部から農業投資がなくとも，そして人口希薄な農村地帯においても，ローカルなイニシアティブで土地の囲い込みが急速に進んだ事実である。囲い込みが広がった原因は必ずしもはっきりしないが，結果として広大な土地を得たのはランドチーフの近縁の人々が多かった。表では，Ｎ村の領域のうち，森林，農地，住居を除いた地域（すなわち，サバンナ）はすべて牧場に分類されている。サバンナは植民地期以降ヨーロッパ資本の畜産企業によって囲い込まれてきたが，近年では現地の農民によって囲い込まれ，私企業や私人に帰属しない共有地はもはや残存しないと認識されている。こうした囲い込みが進んでいるのはＮ村だけではなく，筆者が調査した近隣の村々はどこも似た状況であった（武内2016b）。村落住民の一部のみが広大な土地を入手したことで，村落において近い将来に土地不足や住民間の格差が劇的な形で生じる恐れがあるといえよう。政治的不安定やインフラ不足から，コンゴ西部には政策的介入がなされなかったし，民間資本が進出する状況にもない。そうした状況においても，住民のなかからの「囲い込み」によって土地の私有化が進行しているのである。

まとめと結論

近年とられた土地政策の内容，政権の政策，そして農村社会の変容について，３カ国で比較を試みた。本章の比較から判明した事実をまとめておこう。1990年代以降に新たな土地政策が実施されたのはルワンダとブルンジだが，政策の内容や実効性には大きなちがいがある。ルワンダでは再配分政策も含む幅広い内容の土地政策が実施され，その農村社会への影響は明らかである。一方ブルンジでは，新たな土地政策として紛争解決にかかわる司法的機関の設立と新法制定が実施されたが，社会的影響は大きいとはいえない。ルワンダに比べてブルンジの土地政策のスコープは貧弱であり，その実効性も薄い。

両国のちがいを説明する最大の要因は，政権の性格である。内戦に勝利して樹立されたルワンダのRPF政権には有力な対抗勢力がなく，自分たちの利害に沿った政策を立案，遂行できた。また，支持基盤であるトゥチ帰還難民やジェノサイド・サバイバーを通じて地方統治機構を統制することで，強力な政策執行能力を獲得した。土地権利の確保はトゥチ帰還難民にとって重大な関心事だったため，政権は土地問題を最優先課題の1つとして熱心に遂行した。一方ブルンジの場合，厳密な権力分有政権がとられたため，政権は特定の政治勢力の利害に沿った政策をとることができなかった。政治指導者の主たる関心は中央での権力闘争にあり，彼らにとって土地政策を実施するインセンティブは必ずしも強くなかった。実施に移された土地政策の内容はドナーの支援があったもの（CNTBの設置・運営，土地法制定）にとどまっており，この問題に対する政権の受動的姿勢を示している。ルワンダもブルンジも非常に人口稠密な農業国であり，社会構造もよく似ていて土地に対する伝統的権威の影響力はほとんど（あるいはまったく）みられない。社会経済の類似性にもかかわらず，土地政策の内容やその影響に大きなちがいがみられるのは，政治権力のあり方によるものと理解できる。

　ここから読みとれる政策的含意は，土地政策の内容や執行にあたっての「本気度」が政権の支持基盤や政治権力の性格と密接に関係していることである。政権支持基盤や政治権力の性格は政策の内容や指向性はもとより，政権がどの程度「本気で」政策を実施するか（すなわち，政策の優先度）にも大きく影響する。RPFが主導するルワンダの政権にとって，土地への政策介入はトゥチ帰還民の支持を確保するために死活的に重要な課題であった。一方，権力分有制度下にあるブルンジの政権は，特定の勢力を利する土地政策をとり得なかったし，各政党，とくに与党CNDD-FDDは中央統治機構を自らの影響下におくことには熱心であっても，土地政策に高い優先度をおかなかった。政策の執行に関しても同じことがいえる。野党勢力について考慮する必要がなく，地方統治機構の指導者層を支持者で固めているカガメ政権が強い政策執行能力をもったのに対し，権力分有政権のもとで地方統治機構へ

の指揮権が十分確立していないンクルンジザ政権のそれは弱かった。

この点を別の側面からいえば，土地政策の持続性が現在の政治権力のそれと密接に結び付いているということである。カガメ政権は，土地政策を通じてルワンダの農村社会を急速に変えた。しかし，そこで実施された政策——ランド・シェアリング，女性への土地相続権付与，土地登記，土地統合など——の持続性は，まずもってカガメ政権が安定的に存続し得るかどうかに依存している。カガメ政権はこれまで，権威主義的な統治によって，そうした政策導入に伴う人々の不満を封じ込めてきた。仮に政権が不安定化すれば，これまで抑圧されていた不満が一挙に噴出し，土地政策の実効性も失われる恐れがある。これを避けるためには，序章で紹介した世界銀行の論者が主張するように，ガバナンスの問題に留意する必要がある。土地の管理運営という側面はもとより，紛争解決のあり方や政治の民主化など広義のガバナンス改善が図られねばならない。カガメ政権下で発行された土地権利証書が，カガメ政権下や RPF 主導の政権下でなくとも尊重されるには，ランド・シェアリングで土地分割を強いられたフトゥ農民も含めて，政権の統治に対する自発的な合意が必要である。それが担保されるためにガバナンスの改善が必要であり，そこでのドナーや NGO の役割は重要なものとなるだろう。

一方，本章はまた，コンゴ西部のように，特段の土地政策がとられず，人口密度が低い，都市から離れた地域においても急速に囲い込みが広まっていることを明らかにした。この囲い込みは，2000 年代に入ってから村落住民のイニシアティブで進められた。その直接的な契機は現在のところ不明だが，植民地期からこの地域に存在した畜産企業の活動が刺激となったことは疑いない。私的な理由で土地を囲い込む動きは，ランドチーフの近縁の親族を中心に行われ，その面積は数十〜数百ヘクタールに及ぶ。一方で，そうした私有地化の動きから免れた土地は縮小を続けており，村人が新たに広大な土地を獲得することは難しくなっている。これまでのところ，囲い込まれた土地は必ずしも有効活用されておらず，顕著な経済格差が生じているようにはみえない。しかし，囲い込みによって土地を得た者はそれだけの生産手段を得

たわけであり，そうでない者との潜在的な経済格差は巨大である。極めて安価に広大な生産手段を獲得したこのプロセスは，マルクスのいう「本源的蓄積」に例えられよう（マルクス 1967，第24章）。コンゴの事例が示唆しているのは，人口密度が相対的に低く，都市からのアクセスが悪く，従来共有の慣習地が豊富に存在した農村部においてさえ，土地の私有化が急速に広がっていることである。コンゴの調査地域では植民地期から畜産企業が活動していたが，近年の動きは農村外部のアクターによる投資が引き起こしたものではない。農村内部から土地私有化の動きが進んだわけである。

　コンゴの事例が示すのは，こうした潜在的な経済格差の形成や顕在化への対応が喫緊の課題だということである。従来アフリカは土地余剰で人口希薄だとみなされ，そうした認識に基づいて政治権力の性格が分析されてきた（Herbst 2000）。しかし，この理解は修正を迫られている。コンゴ西部の調査地のように都市の影響が及びにくい地域にあってさえ，農民の自発的なイニシアティブで急速に土地が私有化されつつある。アフリカの至るところで，農村の外部アクターのみならず，内部のアクターによっても，慣習地の囲い込みが進んでいるのである。現状まだ巨大な経済格差は顕在化していないとしても，こうした状況に対して何らかの政策的対応は必須である。経済格差が誰の目にも明らかになったとき，農村社会には著しい政治的緊張が現出するであろう。

＜謝辞＞

　本章執筆のための調査研究活動は，次の科研費補助金事業の助成を受けて実施された。記して感謝する。課題番号：16KT0046，25101004，16H06318，15KT0137。

〔注〕

(1)　ルワンダに関して筆者は，1998年以来2016年までほぼ毎年１〜４週間程度の現地調査を実施してきた。南部と東部で１カ所ずつ特定農村地域での調査を繰り返しており，分析は主としてそこでの情報に基づく。ブルンジには，2010〜2014年に５回訪問してそれぞれ２〜３週間程度調査を実施した。コンゴ

は2015，2016年に訪問し，西部マイ・ンドンベ（Maï Ndombe）州でそれぞれ
２週間程度調査を行った。

⑵　ルワンダでは独立前後の「社会革命」で大量のトゥチが難民化したが，独
立後の政権は彼らの帰還を認めてこなかった（武内 2009a）。

⑶　Law No. 22/99 of 12/11/1999 to supplement book I of the Civil Code and to
institute part five regarding matrimonial regimes, liberalities and successions. O.G.
no. 22 of 15/11/1999.

⑷　土地利用権の期間は，農地なら99年，住居用なら30年などと用途によって
決まっている。

⑸　ルワンダの地方行政機構は，州（Province）－県（District）－セクター
（Sector）－セル（Cell）－ウムドゥグドゥ（*Umudugudu*）という構成で，ウ
ムドゥグドゥのみ有給の正職員が配置されていない（ウムドゥグドゥは「集
村」を指すこともあるが，末端行政機構も同じ言葉で意味する）。ウムドゥグ
ドゥは数百人程度，セルは数千人程度の人口規模である。

⑹　1986年土地法第329条。1986年および2011年ブルンジ土地法の抄訳と簡単な
解説として，武内（2014b）がある。

⑺　ブルンジの地方行政機構は，州（Province）－コミューン（Commune）－
コリン（Colline）という構成をとる。土地登記書発行事務はコミューンの担
当だが，2011年土地法では土地区画の決定などに際してコリンの役割を高め
た（武内 2014b）。

⑻　「財産の一般制度，土地・不動産制度，担保制度に関する1973年７月20日
付法律 No. 73-021」（Loi no.73-021 du 20 juillet 1973 portant régime général des
biens, régime foncier et immobilier, et régime des sûreté.）。その抄訳と簡単な解
説として，武内（2014a）がある。

⑼　「コンゴ民主共和国の森林法典に関する2002年８月29日法 No.011/2002」（Loi
No.011/2002 du 29 août 2002 portant code forestier en République Démocratique
du Congo）第22条。武内（2014a）に抄訳がある。

⑽　「農業に関する基本原則に関する法」（Loi portant principes fondamentaux
relatifs à l'agriculture）。武内（2014a）に抄訳がある。

⑾　「社会革命」については，武内（2009a，第６章）参照。独立後，カイバン
ダ政権（1962～1973年）でも，ハビャリマナ政権（1973～1994年）でも，地
方行政機構の指導者は政権党の支持者から任命された。その構造は，現在の
カガメ政権下でも基本的に同じである。

⑿　上位行政機構の責任者とのあいだで業務に関する目標を立て，それに従っ
て評価が下される制度。県（district）知事クラスであれば，大統領とのあい
だでイミヒゴを結ぶ。イミヒゴについては，Ingelaere（2010, 288-289）など
を参照。

⒀　筆者の現地調査でのインタビューにおいても，地方行政に対する不満はしばしば聞かれる。土地統合によってつくりたくない作物の栽培を強制された，植え付けた畑の作物を土地改良工事のために引き抜かれた，藁葺き屋根の家屋を破壊されたうえ代替として供与されるはずのトタンも与えられない（2011年頃，藁葺き屋根は衛生上問題があるとして，それをトタンに代える運動が農村で進められた），といった不満である。これらは調査者への愚痴になっても，組織化されることはない。なお，近年のルワンダの経済成長については，武内（2016a）も参照。

⒁　RPF が主導する地方に対する統治の仕組みは，植民地化以前の王国時代から基本的に変わっていないと指摘されている（Ingelaere 2010, 290）。

⒂　和平プロセスに深く関与した国際社会は，大量の難民帰還が予想されるなかで，土地紛争への対策を早くから優先課題に掲げていた。CNTB の前身である「被災者復興国家委員会」（Commission nationale de réhabilitation des sinistrés: CNRS）の設置は2000年の和平合意文書（アルーシャ和平合意）で言及されており，土地をめぐる紛争処理が任務とされている。アルーシャ和平合意は国際社会の主導で締結されたものであり，この段階で土地問題の重要性はドナーに認知されていたと考えるのが自然である。

⒃　2001年にローラン＝デジレ・カビラが暗殺され，その後息子のジョゼフが大統領に指名された。

⒄　大統領派，野党勢力，そして2つの武装勢力からそれぞれ1人が副大統領に代表を送った。

⒅　議席数は，African Elections Database を参照（http://africanelections.tripod.com/cd.html#2006_National_Assembly_Election　2016.12.10アクセス）。

⒆　日本の6倍を超える巨大な国土をもつコンゴでは，もともと政治権力が分散化する傾向が強い。加えて内戦後は，中央集権政策がとられたモブツ時代への反発や，多くのドナーが地方分権化政策を推進したために，地方分権化志向に拍車がかかった。

⒇　コンゴの地方行政機構は大枠で植民地期に導入されたものを踏襲している。チーフダムもセクターも，植民地期に間接統治のために導入された組織に起源をもつ。前者は一定の集権的政治体制を有する単独のエスニック集団が存在するとみなされた領域に，後者はそのような集団が存在しないとみなされた領域に導入された（武内 2015, 178）。チーフダムの長は内部的に選出された人物を政府が承認を与える形で決定されるのに対し，セクターの長は政府から任命される。ただし，セクターは必ずしも伝統的権威の影響力が弱いことを意味せず，領域全体を統括し得る単独のエスニック集団が存在しない場合と考える方が妥当である。つまり，セクターであっても，よりローカルなレベルでは伝統的権威が強い社会的影響力をもつことが多い。

⑵ チーフダム／セクター－グルプマン－ロカリテという行政機構は植民地期に整備されたものであり，たとえばチーフダムの長がロカリテの長の上司にあたるとか，任免権をもつとかいった関係では必ずしもない。ただし，両者が何らかの支配―従属関係にあることは珍しくない。

⑵ Raymond Lumbuenamo 氏（キンシャサ大学教授。元 WWF ナショナル・ダイレクター）への聞きとり（2015年9月1日）。

⑵ 2014年2月15日，CONAREF 事務局長 Nyamwoga Bayengeha Floribert 氏への聞きとり。氏はもともと CODELT（Conseil pour la défense environnementale par la légalité et la traçabilité）というナショナル NGO のメンバーだったが，CONAREF 設置とともに土地省に出向し事務局長を務めていた。

⑵ カビラ大統領2期目の任期は2016年12月までであり，憲法の規定により三選出馬は禁じられている。選挙はもともと同年11月末に予定されていたが，政権側は選挙準備ができていないことを理由に延期を主張した。2016年12月31日，政府は一部野党勢力とのあいだで2017年内に選挙を実施することで合意したが，その後選挙の準備は進まず，2017年内の選挙実施は絶望視されている（2017年8月現在）。

⑵ 「農業世帯」（agricultural household）とは，「家族のうち少なくとも1人が農業，牧畜，漁労，林業，または養蜂に従事している世帯」と定義される（Republic of Rwanda 2010, 9）。

⑵ 序章の表序-2参照。その他，大規模な商業的土地利用の例については，Ansoms and Murison（2012）を参照。

⑵ 序章の表序-2に示すように，ランドマトリクスにブルンジに関するデータは記録されていない。とはいえ，ブルンジに商業的な土地取引がないわけではなく，1970年代に南部のタンガニーカ湖沿岸地域で国営オイルパーム生産企業が活動し，大規模農園を開発した事例もある。そこでの土地収奪をめぐる問題は，今日に至るまで継続している（Ndayirukiye and Takeuchi 2014, 115）。

⑵ 難民帰還に伴う土地紛争が起こったとき，従来 CNTB は土地を折半する裁定案を示すことが一般的だった。しかし，バンボナニレ司教の議長就任後は，帰還民が3分の2を獲得する裁定案を示すようになった（2012年9月，現地調査での聞きとりによる）。

⑵ Radio France Internationale, "Nkurunziza désavoue la Commission nationale des terres et autres biens"（ブルンジ関連情報サイト ARIB Info　http://www.arib.info/　2015.3.22アクセス）。

⑶ "Mgr Sérapion Bambonanire limogé de son poste de président de la CNTB"（https://bujanews.wordpress.com/2015/04/20/mgr-serapion-bambonanire-limoge-de-son-poste-de-president-de-la-cntb/　2016.12.11アクセス）。

(31)　スイス経済協力ブジュンブラ事務所長（Claudio Tognola 氏）からの聞きとり（2012年9月25日）。スイスはオランダなどとともに，ブルンジの土地法改革，とくに農村部での土地権利証書配布を支援していた。

(32)　この地域の地誌とバテケ人社会についての紹介は，武内（2016b）を参照。

(33)　コンゴでは1984年以来人口センサスがとられておらず，統計の信頼性にはつねに疑問符が付けられてきた。2012年の人口推計値を用いた保健省の資料から計算すると，ボロボ郡の人口密度は27.3人，マイ・ンドンベ州の人口密度は11.0人である（Ministère de la Santé 2012）。この数字も全幅の信頼がおけるものではないが，少なくともこの地域がルワンダやブルンジに比べればずっと人口密度が低いことは確実である。

(34)　仏語名称は chef de terre。「土地の主」と訳されることもある。植民地化以前のバテケ社会では，王の下位に位置する領域的な政治権力の1つ。今日も，一定の領域に対して権利を主張する。詳しくは，武内（2016b）参照。

(35)　参加型地図作成事業では，住民に土地の用途を尋ねながら全地球測位システム（GPS）を用いて地図を作成する。したがって，土地利用の分類には住民の認知が反映される。この地域は森林とサバンナが混在しているが，サバンナはすべて「牧場」とみなされたわけである。

(36)　6人は全員男性。所有面積は20〜900ヘクタール程度（自己申告による）である。

(37)　贈り物にはある程度共通性がある。シーツ1〜2枚，毛布1枚，塩1〜2袋，酒，現金（最大100ドル程度）などが一般的である。

〔参考文献〕

＜日本語文献＞
武内進一　2009a.『現代アフリカの紛争と国家—ポストコロニアル家産制国家とルワンダ・ジェノサイド』明石書店.

——— 2009b.「ルワンダの農村社会と民衆司法——アブンジを中心に」児玉由佳編『現代アフリカ農村と公共圏』アジア経済研究所　185-221.

——— 2010a.「コンゴ民主共和国における紛争解決の難航」川端正久・武内進一・落合雄彦編『紛争解決：アフリカの経験と展望』ミネルヴァ書房　36-60.

——— 2010b.「内戦後ルワンダの国家建設」大塚啓二郎・白石隆編『国家と経済発展—望ましい国家の姿を求めて』東洋経済新報社　31-60.

——— 2013.「言明された和解，実践された和解——ルワンダとブルンジ」佐藤章編『和解過程下の国家と政治——アフリカ・中東の事例から』アジア経済研究所　29-58.

290

―― 2014a.「コンゴ民主共和国の土地関連法制」武内進一編『アフリカの土地
　と国家に関する中間成果報告』アジア経済研究所　177-217.

―― 2014b.「独立後ブルンジ，ルワンダの土地法制」武内進一編『アフリカの
　土地と国家に関する中間成果報告』アジア経済研究所　218-274.

―― 2015.「コンゴ民主共和国，ルワンダ，ブルンジの土地政策史」武内進一編
　『アフリカ土地政策史』アジア経済研究所　171-196.

―― 2016a.「アフリカの『三選問題』――ブルンジ，ルワンダ，コンゴ共和国
　の事例から」『アフリカレポート』54　73-84.

―― 2016b.「コンゴ民主共和国西部農村社会とその土地利用に関する覚書」武
　内進一編『冷戦後アフリカの土地政策――中間成果報告』アジア経済研究
　所　234-254.

マルクス，カール　1967.『資本論』（マルクス＝エンゲルス全集刊行委員会訳）
　第1巻第2分冊　大月書店.

＜外国語文献＞

Ansoms, An. 2009. "Re-engineering Rural Society: The Visions and Ambitions of the
　Rwandan Elite." *African Affairs* 108(431) February: 289-309.

Ansoms, An and Jude Murison. 2012. "De la prospérité à 'Saoudi' à la noyade au 'Darfour'
　: l'histoire d'un marais au Rwanda." In *L'Afrique des Grands Lacs: Annuaire
　2011-2012*, edited by F. Reyntjens, S. Vandeginste, and M. Verpoorten. Paris:
　L' Harmattan, 375-396.

Herbst, Jeffrey. 2000. *State and Power in Africa: Comparative Lessons in Authority and
　Control*. Princeton: Princeton University Press.

Huggins, Chris. 2015. "Land-Grabbing, Agricultural Investment and Land Reform
　in the DRC." In *L'Afrique des Grands Lacs: Annuaire 2014-2015*, edited by
　F. Reyntjens, S. Vandeginste, and M. Verpoorten. Brussel: University Press
　Antwerp, 149-173.

Ingelaere, Bert. 2010. "Peasants, Power and Ethnicity: A Bottom-up Perspective on
　Rwanda's Political Transition." *African Affairs* 109(435) April: 273-292.

Kohlhagen, Dominik. 2011. "In Quest of Legitimacy: Changes in Land Law and Legal
　Reform in Burundi." In *Natural Resources and Local Livelihoods in the Great
　Lakes Region in Africa: a Political Economy Perspective*, edited by A. Ansoms and
　S. Marysse. Hampshire: Palgrave, 83-103.

Ministère de la Santé. 2012. *Atlas des forêts de la RDC*. Kinshasa.

Ndayirukiye, Sylvestre and Shinichi Takeuchi. 2014. "Dealing with land problems in
　post-conflict Burundi." In *Confronting land and property problems for peace*,

第 8 章 土地政策と農村変容 291

edited by S. Takeuchi. Oxon: Routledge, 109-131.

Republic of Rwanda, National Institute of Statistics of Rwanda. 2010. *National Agricultural Survey 2008*. Kigali: Republic of Rwanda, National Institute of Statistics of Rwanda.

République du Burundi. n.d. *Commission nationale des terres et autre biens: Bilan d'activités période 2006-2011*. Bujumbura: Lake House.

Schoepf, Brooke Grundfest and Claude Schoepf. 1988. "Land, Gender, and Food Security in Eastern Kivu, Zaire." In *Agriculture, Women, and Land: The African Experience*, edited by J. Davison. Boulder: Westview Press, 106-130.

Takeuchi, Shinichi. 2011. "Gacaca and DDR: The Disputable Record of State-Building in Rwanda." *Working Paper* No.32 JICA Research Institute.

Takeuchi, Shinichi and Jean Marara. 2011. "Features of Land Conflicts in Post Civil War Rwanda." *African Study Monographs*, Supplementary Issue 42 March: 119-138.

Trefon, Theodore. 2011. *Congo Masquerade: The Political Culture of Aid Inefficiency and Reform Failure*. London: Zed Books.

WWF (World Wildlife Fund). 2009. *Carte d'utilisation des terres du terroir communautaire du village N/Bandundu, RDC*. Kinshasa.

終　章

近年のアフリカにおける土地改革と農村変容をどうとらえるか

武 内　進 一

はじめに

　序章で述べたように，本書の基本的な問題意識は，アフリカにおいて土地をめぐって激しい変化が起こっている近年の状況をふまえて，1990年代以降，土地に対する政策的介入がなぜ，またどのように実施された（もしくは，されなかった）のかを明らかにすること，そうした政策的介入と農村変容との関係性を理解すること，そしてそこから今後に向けていかなる政策的含意が得られるのかを考えることにあった。1990年以降という同じ時代を扱いながらも，対象とする国の数は多く，国によって土地政策がおかれる文脈も異なる。そのため，ここまでの各章では事例研究を通じて各国の状況を明らかにしてきた。この終章では事例研究をふまえて，近年のアフリカにおける土地への政策介入をどう評価するか，検討したい。

　以下では，まず近年の土地改革と農村変容について本書が明らかにしたことを整理し，そのうえで序章の冒頭で投げかけた問いに戻って，1990年代以降の土地法改革をどう評価するかを考える。そのうえで最後に，今後に向けた課題を述べて結びとする。

第1節　各章が明らかにしたこと

1．大規模な土地取引が起こるとき

　土地改革の時代における急激な農村変容をどう理解するか，という問題意識から本書はスタートした。アフリカの複数国を比較すると，農村変容の実態は多様である。「ランドグラブ」につながる大規模な土地取引が頻発している地域もあれば，それがほとんど観察されない地域もある。農村変容のあり方には，次のような要因が影響を与えている。

　第1に，人口密度である。大規模な土地取引が起こるのは，総じて恒常的に利用されていない慣習地である。人々を強制的に立ち退かせて土地を囲い込むケースは，現時点ではまだそれほど起こっていない[1]。囲い込みの対象とされる土地の多くは，従来休閑や放牧などコミュニティ全体の利用に供されてきた場所である。人口密度が高まればこうした土地も減少するから，大規模な囲い込みは起こりにくくなる。エチオピア高地，ルワンダ，ブルンジのように人口密度が極めて高い地域では，大規模な土地取引はあまり目立っていない。

　第2に，マクロな経済政策の影響が大きい。第1章のシエラレオネの例が端的に示すように，積極的な外資導入政策がとられると，ごく短期間のうちに広大な土地が取引の対象となる。エチオピア，タンザニア，モザンビークでも，農業開発のために投資を呼び込む政策がとられたことが示されている（第3，5，6章）。これは近年のドナーの政策に対応したものである。先進各国はアフリカの農業開発のために民間資本投資を活用する政策を打ち出しており[2]，「ランドグラブ」への批判から「責任ある投資」のための議論が続けられているものの[3]，民間資本を活用するという政策に基本的な変化はない。

　この点で対照的なのは，南アフリカ（以下，南ア）である。南アでは旧

終章　近年のアフリカにおける土地改革と農村変容をどうとらえるか　295

ホームランド地域への積極的な民間資本導入政策はとられていないが，その背景として植民地化以降の苛烈な土地収奪の経験が大きい[4]。加えて，援助に依存していないため，ドナーの影響からも免れている。1990年代以降，アフリカの多くの国々で大規模な土地取引や土地の私有化が進んでいるが，南アの旧ホームランド地域ではそうした動きはあまりみられない。

　第3に，ローカルな社会構造，とくに伝統的権威の考え方やスタンスが大きく影響する。一般的にいえば，恒常的に利用されていない慣習地が多い地域，すなわち人口密度が比較的低い地域においては，土地の分配や裁定に伝統的権威が強い権限をもっている。一方で，人口密度が高まれば移動耕作が難しくなって常畑化が進み，耕作者の権利が強まる結果，伝統的権威の土地に対する影響力は低下する。高地エチオピアやブルンジがその典型例である[5]。伝統的権威の個人的な考え方や政治的立場のちがいによって土地囲い込みのスピードが大きく変化し，また土地問題の発現の仕方が異なることは，ザンビアやモザンビークの事例が明らかにしている

2．下からの私有化と土地囲い込み

　土地の私有化，囲い込みは，外国資本の流入によってのみ起こるのではない。アフリカ社会内部に存在する，土地に対する強い需要もまた，その動きを促進している。上述のとおり，人口が稠密になって移動耕作ができなくなり，常畑化が進んだ地域では，耕作者（多くの場合，核家族）の権利が強まり，土地は事実上私有化する。こうした地域では，土地権利証書（以下，土地証書）発行に対する関心が強い。自分の土地に対する権利意識が強く，近隣の所有者と境界争いを抱えることが多いためである。したがって，エチオピア高地やルワンダのように，予算さえあれば，短期間のうちに土地登記を進められる。ただし，後で述べるように，そうした登記が私的所有権を強化するかどうかは別問題であり，両国とも土地登記によってむしろ政府の土地に対する統制力が増した。

ローカル主導の土地囲い込みについては序章でも指摘したが，本書の事例研究のなかでも，ザンビアやコンゴ民主共和国（以下，コンゴ）の例が明確に示している（第2，8章）。ザンビアの事例は，村人だけでなく，都市居住者や近隣に仕事場のある労働者が農村の土地を積極的に購入している事実を明らかにしている。生計維持の手段として農業は依然重要であるうえ，都市住民にとって農村の土地は極めて廉価である。ザンビアでは，外部者による土地取得に危機感を抱く住民の意見を受けて，伝統的権威が外部者への土地証書発行を停止するに至った。

　コンゴの事例は，人口希薄で，都市からのアクセスが悪く，外部者による土地需要も強くない地域にあってさえ，農村住民による自発的な土地囲い込みが進むことを示す。村人による土地囲い込みの背景には，おそらく確実に，この地域で植民地期以降活動する畜産企業の存在がある。それを考えれば純粋に農村内部からの動機とはいえないものの，近年になって村人のなかに土地に対する価値の転換が生じたことは指摘できる。これまで共有の慣習地として私的に利用されることなく放置されていた土地が，ある時点から富を生む価値ある財とみなされるようになったのである。

　ザンビアでもコンゴでも，ローカルなイニシアティブによる土地囲い込みは2000年前後から始まっている。ザンビアの場合，1995年土地法によるチーフの権限強化が土地囲い込みの契機をなしているが，コンゴの事例は政策的要因がなくとも村人による土地囲い込みが進むことを示している。いずれの事例も，人口密度が高まって常畑化した耕作地を囲い込むという動きではない。住民の一部である目先の利いた人々が，機先を制して，いわば投機的に土地を囲い込んでいる。こうした動きは両国に限らずアフリカの多くの国で進行していると考えられ，近い将来，農村に巨大な社会経済的格差をもたらす可能性がある。

3．土地証書の意味

1990年代以降の土地法改革では，耕作者の権利強化が謳われ，その手段として土地登記が推奨された。それ以前のように私的所有権の確立を掲げて土地登記が進められたというより，既存の慣習的権利を公式に承認し，強化する意図のもとで登記政策がとられた。土地登記は進んだが，結果として起こったのは国家による土地に対する統制力の強化であった。ブーンの分類を用いるなら（Boone 2014, chap. 2），土地登記が進み，土地証書が発行されたからといって私的所有権が確立され，「市場に基づく所有権体制」への移行が促されたわけではなかった。本書の事例研究のなかで1990年代以降に土地登記政策が進められたザンビア，エチオピア，タンザニア，モザンビーク，ルワンダでは，いずれも土地所有権は国家に帰属すると定められ，国によっては売買も禁じられた（第2，3，5，6，8章）。土地証書を発行したからといって，私的所有権が強化されたわけではない。

エチオピア人民革命民主戦線（EPRDF）政権のもとで進められた政策では，とくに高地の人口稠密地域で土地登記を急速に進めた一方で，土地権利剥奪条件を法律で詳細に定め，有効利用されていないとみなした土地の再分配権限を行政に与えるなど，土地に対する国家のコントロールが著しく強化された。国家による土地のコントロールを強化する政策の一環として，土地登記が進められたわけである。一方，ザンビアでは，国家が発行する土地所有証明書（Title deeds）と並んで，チーフが独自に土地割当書（Land allocation form）を発行し，農村部では後者がより実質的な重要性をもっている。さらにチーフは，場合によっては国家のお墨付きをもつ土地所有証明書でさえも無効にする権限を有している。ここでは，国家が土地管理の権限を伝統的権威に移譲し，その水準で「権威に基づく所有権体制」を再生産しているわけである。

再びブーンの分類を用いれば，「権威に基づく所有権体制」のなかでも，

エチオピアの例は「国家的（Statist）土地所有体制」，ザンビアのそれは「ネオカスタマリー土地所有体制」ということになる（Boone 2014, chap. 2）。重要なことは，いずれにおいても土地登記政策や土地証書の発行が進められ，それが既存の政治秩序と所有権体制を強化する方向で作用したことである。1990年代以降にアフリカ各地で進められた土地登記政策は，従来の「権威に基づく所有権体制」の枠内で実施され，それを強化したといえるだろう。

4．慣習的土地保有の内実

　近年の土地法の特徴のひとつは，慣習的土地保有が耕作者の土地権利安定化に資するとしてこれを公的に認めたことである。その文脈で慣習的権利に基づく土地登記が実施され，伝統的権威の土地管理に対する権限が強められるなど，この方針は多方面に大きな影響を与えることとなった。ところで，慣習的土地保有と呼ばれるものが，古い時代に起源をもつのでなく，植民地体制下での再編に起源をもつことは，すでに複数の論者によって指摘されてきた[6]。本書の事例研究から，慣習的土地保有についても興味深い論点が浮かび上がる。

　まず，慣習的土地保有に対して，国によっては独立以後も強い政治的介入が行われ，さらなる変容を遂げたことが指摘できる。これはとりわけ左派的イデオロギーを掲げた政権において顕著である。アフリカ社会主義のもとでウジャマー政策を実施したタンザニア，マルクス＝レーニン主義を実践したモザンビークやエチオピアでは，集村化をはじめとして介入主義的な土地政策が遂行され，農村の土地保有は大きく変化した。こうした土地保有のあり方は，フォーマルな登記がなされていない点では同じだとはいえ，植民地期とも，植民地化以前とも極めて異なるものである。にもかかわらず，タンザニアに関する第5章が的確に示しているように，そうした土地保有は，1990年代以降においては「慣習的」なものとして政策的に位置づけられ，公式化されたのである。政策のなかで「慣習法」や「慣習的土地保有」といった用

語が用いられるとき，その内実が何なのかに注意する必要がある。

　加えて重要なのは，ローカルな実践に必ずしも対応しない「慣習的土地保有制度」が公式化される可能性があることだ。南アに関する第4章の分析は，ローカルな土地保有制度の実践よりもずっと人口規模の大きい集団（tribe）を単位として，「慣習的土地保有制度」が制度化されそうになった経験を示している。土地保有を公的に制度化する場合，土地の管理を担う組織は一定程度大きい方が行政的な観点からは効率的であろう。しかし，それがローカルな実践に適合するとは限らない。組織のなかでマイノリティとなる集団にとっては，この「慣習的土地保有制度」は自分たちの土地権利を脆弱化させかねない，危険なものに映るだろう。慣習的土地保有とは，不断に変化するローカルな実践である。これを公的に制度化しようとすれば，現実とのあいだにずれが生じる可能性がつねに存在することを忘れるべきではない。

5．土地政策はいかなる条件下で実効性をもつのか

　ある土地政策がどの程度実効性をもったのかを厳密に議論することは難しい。しかし，実効性をもった国と，もたなかった国を区別することはできる。シエラレオネやコンゴ，あるいはブルンジと比べて，エチオピアやルワンダで土地政策が強力な実効性を伴って執行されたことは疑いの余地がない。シエラレオネやコンゴでは1990年代以降土地政策をほとんど制定できなかったし，新たな土地法を制定したブルンジにおいても，それが現実に大きな影響を与えることはなかった。これに対して，エチオピアやルワンダでは，土地法を根拠として強力な政策介入が実施され，農村社会を顕著に変えた。この両国は土地政策が実効性をもった例と考えてよいだろう。

　この対比から，政策が実効性をもつ条件について2点指摘できる。第1に，政権基盤が強力であれば，実効性をもった政策を打ち出し，執行することができる。ルワンダもエチオピアも，現政権は内戦に勝利して成立した元反政府武装勢力を基盤にしている。軍事的勝利によって政権が樹立された経緯か

ら有力な野党がもともと存在しないうえ，両政権とも一貫して反政府勢力を厳しく抑圧しており，議会内に反体制派は事実上存在しない。こうした強い政権基盤があったからこそ，エチオピアにおける相続順位の転換やルワンダにおける女性への相続権付与など，社会からの相当な抵抗が予想される政策を打ち出し，執行できたのである。

　それに対して，シエラレオネもコンゴも長く内戦下にあり，土地問題に対処する政治的環境が整わなかった。ブルンジの場合，和平協定締結の段階で土地問題の深刻さに対する認識が広く共有され，土地法を改定したものの，権力分有政権のもとでは土地問題の政策的優先度は低く，土地法も実効性のないままである。権力分有政権では中央政治における勢力均衡が最優先課題となるが，ブルンジの政権中枢はインフォーマルな権力基盤の強化に腐心し，結果的にンクルンジザの三選強行，そして紛争状態への逆行に至った（武内2016）。政権の権力基盤の確立が政治的優先課題であるあいだは，土地問題に真剣に取り組むことはあり得ない。

　政権基盤の確立に加えて指摘できるのは，政策の執行に政権が強いインセンティブをもつことが，その実効性を高めるために必要だということである。エチオピアもルワンダも，土地問題は政権にとって極めて重要な関心事であった。エチオピア高地もルワンダも極めて人口稠密であり，政権は効率的な土地利用のために介入する必要を強く感じている。土地不足が住民の生活を不安定化すれば，政治秩序が揺らぐ恐れがあるからである。加えてルワンダの場合は，政権の中核的支持母体であるトゥチ帰還民の所有地を確保することが，政権にとって死活的な課題であった。両国とも，政権は土地問題が政治秩序の安定にとって決定的に重要であると認識し，真剣に政策介入を実施した。政権の「本気度」は強かったわけである。

　この点を逆に考えると，政権にとってつねに土地問題が優先課題であるとは限らない。エチオピアやルワンダのように土地問題が政治的重要性を強く帯び，政権にとって喫緊の課題と認識される場合は，それほど多くない。そうした認識がなければ，政権は農村部の土地問題に介入する強いインセン

ティブをもたないだろう。政権の「本気度」が低ければ，公式には土地問題の重要性を説き，法律の整備を行うかも知れないが，その執行のための努力はおざなりなものにとどまるだろう。

　第7章のケニアの事例は，その点をよく示している。1950年代というアフリカでは例外的に早い時期から私的土地所有権付与政策が開始されたケニアでは，まさにその政策が1つの原因となって土地紛争が勃発し，1990年代以降深刻な社会的影響を与えてきた。大統領選挙をきっかけに2007～2008年に勃発した暴力事件は，全土で1000人を超える犠牲者を生むに至った。土地問題に対処する必要性は誰もが認識しているが，エリートの政治的利害に直接かかわるだけに，そこに手を付けるのは簡単ではない。第7章では，選挙後暴力事件後に成立した政権が「歴史的不正」の解決を謳ってさまざまな土地政策を打ち出したものの，政治環境の変化のなかで，その多くが骨抜きにされる過程が描かれている。

　以上は政権が実効的な政策介入をする場合の条件だが，政策の影響という観点から考えると，今日のアフリカに存在する別の回路について考えねばならない。伝統的権威を介した政策執行である。これについては，本書ではザンビアやモザンビークに関する事例研究で詳細に論じられた（第2，6章）。いずれの章も，農村地域の土地配分について伝統的権威が極めて重要な役割をもち，政府が定めた大枠の政策をローカルな場で再解釈していることを示す。ザンビアでは，私的土地所有権の強化と土地取引の活性化を旨とする1995年土地法の制定を受けて，チーフが積極的に村の土地を分配しはじめた。結果として，村の土地は，村民のみならず，都市住民や退職を控えた近隣の労働者など，さまざまな外部者の手に渡った。モザンビークにおいても，農業投資促進という国レベルの政策下にあって農村への外資進出が急増したが，一方で農村部の土地分配は依然として伝統的権威の強い影響を受けており，それゆえにチーフが政権党の支持者かそうでないかによって，土地紛争の性格のちがいを生んでいる。

第2節　1990年代以降の土地法改革をどう評価するか

1．土地法改革の意図と現実

前節では，各章の分析から明らかになった点を整理した。それらをふまえて，1990年代以降アフリカ諸国が取り組んできた土地法改革をどう評価すべきかを考えたい。

序章で述べたように，1990年代以降アフリカの多くの国々が土地改革（とくに土地法改革）に踏み出した背景には，各国固有の事情に加えて，冷戦終結をはじめとする国際政治の変化やドナーの積極的支援があった。ドナーによる支援の背景には理論的な想定がある。序章で説明したように，土地法改革によって耕作者の権利が強化されれば，生産や投資への意欲が向上し，農業生産性の改善に寄与するというものである。土地権利の安定性という観点から，慣習的土地保有に対する再評価がなされ，それが公式に承認されることも多くなった。また，耕作者の土地権利が安定するにはそれに対応した管理や紛争処理が必要だとして，土地ガバナンスの分析や改善が支援された[7]。同じ時期，民主化に資するという観点から地方分権化政策が積極的に進められたが，この文脈で土地ガバナンスが議論され，土地の管理を担う組織が分権化されたケースもある。土地ガバナンスの改善は，農業生産性を向上させるとともにガバナンス全般の改善につながると想定されている。

土地改革は（そして，地方分権化も），一定の理論的根拠に基づいて進められた政策である。ただし，本書が明らかにしてきたように，そうした理論的根拠は必ずしもアフリカ諸国がこれらの政策を進める際の目的や誘因とは一致しない。その根本的な理由は，土地が通常の財と異なり，すぐれて政治権力にかかわるからである。土地政策には資源管理（すなわち開発）にかかわる側面とともに，領域統治（すなわち支配）にかかわる側面がある（武内2015）。上記の理論的根拠は専ら開発にかかわるものだが，アフリカ諸国が

政策を実施する際には支配にかかわる政治権力側の考慮が入る。それによっ
て，政策の目的や誘因にズレが出る。ズレがある以上，理論的根拠から想定
される結果に至らないことがあるのは当然である。

　本書の各章において土地法改革の目的や誘因が明らかにされているが，と
くに次の2点が重要である。第1に，土地の効率的管理である。土地の効率
的利用によって生存維持農業を可能にし，また農業生産性を高める。そして
遊休地を減らし，必要世帯に配分する。こうした目的に沿って土地法が改革
された。この場合，土地管理の主体は行政であり，行政が効率的に土地を配
分できるよう権限が強められた。この動機は，土地不足が深刻化しているエ
チオピア高地やルワンダで明確に観察される（第3，8章）。両国とも土地登
記が進展し，農民の多くは権利証書をもっているが，私的所有権が強化され
たとはいえない。両国の土地証書は，そもそも国家による土地の効率的管理
を目的として発行されたものであり，それによって私的土地所有権が強化さ
れるかどうかは自明ではない。

　第2に，農村部の資源管理にかかわる統治能力の強化である。この動機は
本書の事例研究のなかでは，タンザニアとモザンビーク，そしてやや文脈は
異なるが南アで読みとれる（第4，5，6章）。タンザニアとモザンビークは，
いずれもかつて社会主義イデオロギーのもとで集村化など農村への強力な政
策介入が実施された経験をもつ。1990年代以降社会主義思想が放棄され，体
制転換がなされると，農村部を統治する新たな制度が必要となった。原住民
統治機構を中心とした植民地期の農村統治の仕組みは，社会主義政権期の政
策介入によって弱体化し，そこに戻すことはできない。独立後の政策介入に
よって大きく変容した農村社会に，新たな統治と資源管理の仕組みを導入す
る必要があった。両国の土地法改革には，明確にこの意図を読みとることが
できる。南アの場合，アパルトヘイト体制が廃絶された後，以前は国家の枠
外におかれていた旧ホームランド地域をいかに新国家に統合するかという問
題に向き合うことになった。慣習的土地保有権改革は，その要請のなかで議
論された。

上記の2点はいずれも，国家の統治力強化が土地法改革の目的とされたことを意味している。さらに，一連の法改革には統治力強化につながるもうひとつの要素がある。慣習的権利の承認や土地登記にかかわる政策がそれである。上述のように，土地法改革の結果，慣習的土地保有権が公式に承認され，法律に明確に書き込まれるようになった。慣習的土地保有の承認とは，農村地域に存在する政治秩序を国家が公式に認めることである。従来どちらかといえばインフォーマルだった伝統的権威の機能を公式に認めたことで，権限強化につながった場合も多い。加えて重要なのは，登記政策の影響である。特定個人や集団の慣習的土地権利を現実に保障するには，その権利が及ぶ土地を画定し，記録し，証書を発行する手続きが必要になる。つまり，慣習的権利の承認や保障は土地登記を必要とする（Alden Wily 2008）。土地に対する潜在的競合が強まり，土地登記への要求が高まるほど，それを司る機能の政治的重要性が増す。結果として，慣習的土地保有の承認は，土地行政を担う国家機構や伝統的権威の政治力を高めた。この点は，本書第2章のザンビアに関する事例が，余すことなく示している。

以上をまとめれば，1990年代以降の土地法改革がもたらしたのは，まずもって国家や伝統的権威の統治力の強化であった。土地法改革は，ナショナルな水準でもローカルな水準でも既存の政治秩序を強める方向に作用した。別の言い方をすれば，土地法改革は，既存の政治秩序を強めるかぎりにおいて実施されたと考えるのが妥当である。ブーンの言葉を使うなら，一連の土地法改革はアフリカを特徴づける「権威に基づく所有権体制」──「国家的土地所有体制」であれ，「ネオカスタマリー土地所有体制」であれ──を強化したのである。

2．土地法改革と土地囲い込み

つぎに，本書序章の冒頭で提示した問いに戻ろう。1990年代以降の土地法改革と，同じ時期に起こった大規模な土地取引や囲い込みは，どのように関

係しているのだろうか。シエラレオネ，ザンビア，タンザニア，コンゴなどの事例が明らかにしているように，大規模な土地取引や囲い込みが起こるのは，一般に慣習地――とくに常畑化しておらず休閑地や放牧用地として利用される土地――である。したがって，この問いに答えようとすれば，まず土地法改革が慣習地の土地配分の仕組みにどう影響したかを考える必要がある。この点は，前節で述べたとおりである。一連の土地法改革によって，国家や伝統的権威の土地配分に対する権限は強まった。新たな土地行政制度の構築や土地証書の発行などの政策を通じて，慣習地の配分に関する国家の権限は実行性を高め，土地に対する伝統的権威の権限が公式に認められた。

　つぎに考える必要があるのは，こうした制度変化がどのような社会経済的背景のもとで行われたのかである。重要な点が２つある。第１に，アフリカの多くの国で，この間農業部門に対する投資促進政策がとられたことである。本書の事例分析のなかでは，シエラレオネ，ザンビア，モザンビーク，タンザニアが明確に農業部門への海外直接投資流入促進政策をとった。これ以外にも，たとえばエチオピアも農業部門に対する海外直接投資を積極的に受け入れ，これによって相対的な人口希薄地帯である南部で広大な土地の囲い込みが生じた（佐川 2016）。農業部門への海外直接投資は，成長戦略としてこの間ドナーが推奨してきたものであるから，ほとんどのアフリカ諸国でとられたと考えてよい。例外といえるのは南アで，その旧ホームランド地域に積極的な投資促進政策はとられなかった。アパルトヘイトによる過酷な土地収奪の経験が投資促進政策を選択させなかったのである。多くのアフリカ諸国では農村に十分な余剰地があると考えられており，その認識に基づいて積極的農業投資の呼び込みが行われた結果，短期間のうちに広大な土地が取引対象となった。

　第２に，アフリカ農村の土地に対する国内需要の高まりである。大規模な土地取引に絡んで外国資本が注目されがちだが，アフリカ農村で土地囲い込みを進めているのは外国資本だけではない。アフリカ人の都市住民や農村内の住民が土地囲い込みの主体となっていることは，ザンビアやコンゴに関す

る事例研究が示している。都市住民にとっては，社会保障が十分でない状況において，比較的安価で老後の備えができる点で農村の土地購入は魅力的である。農村住民のなかでも，土地不足感が徐々に高まるとともに，慣習地で自分の「取り分」を確保したり，遊休地を利用した新事業に着手するなど，さまざまな思惑に基づいて共有地を囲い込む動きが進んでいる。これは少し前にケニアのマサイランドで起こった現象——当初グループランチとして共有地管理が始まったにもかかわらず，急速に個人ランチへと分割された（Mwangi 2007a; 2007b）——と同質の動きと考えられる。

　以上まとめれば，次のようにいえる。農業部門への海外直接投資流入促進政策がとられ，そして都市住民と農村住民がそれぞれの思惑のもとで土地への需要を強める状況において，土地法改革によって国家と伝統的権威が有する農村慣習地の配分権限が強化された。これによって，国家や伝統的権威が介在した恣意的な土地配分が急速に進んだ。土地法改革の時代における大規模な土地取引や土地囲い込みの急増は，このような構図によって理解することができるだろう。

第3節　政策的含意と課題

　アフリカの土地法改革は，ドナーの支援のもとで長年にわたり続けられてきた事業である。われわれはその経験から教訓を学び，今後に生かす義務がある。本書の分析から学ぶべき教訓が幾つか明らかになったと考える。以下，援助にかかわる教訓，そしてわれわれが直面する喫緊の課題を1つずつ述べ，結びとしたい。

　アフリカの土地法改革支援の経験から学ぶべき重要な教訓は，援助に際して，ある政策が当該国の政治的文脈でいかなる意味をもつのか，その政策を実施することに政権はどのような政治的意味を見い出すのか，十分に把握する必要があるということだ。この点は，援助に際してつねに念頭におかれる

べき事柄だが，とりわけ土地のように極めて政治的な性格をもった問題に関して留意すべきである。

序章で述べたように，ドナーが慣習的土地保有権の強化を支援した背景には新制度派経済学などの理論的想定があったわけだが，アフリカ各国の政権は別の思惑でこの政策を受け入れた。土地法改革の結果，慣習的土地保有権について権利証書が発行されるようになった国も多く，政策実施が成果を上げたとの見方もあり得るかも知れない。しかし，その内実をみると，国家や伝統的権威の土地に対する権限は強まったが，土地証書の発行が耕作者の権利強化に結び付くのかまったく定かでない。慣習的土地保有権の強化政策は，ドナーの意図を離れてアフリカ各国の政治的文脈で読み換えられ，その文脈で執行されたわけである。

このような事態は，直ちに政策の失敗を意味するわけではない。政策の最終的な目的によっては，当初の想定と異なる経路を辿って達成される可能性もある。たとえば，政策の目的が農業生産性の増加にあるなら，国家の介入権限が強まったことで，効率的に土地の割り換えや投入財の供給が可能になり，農業生産性が高まるかも知れない。政治権力の確立は，治安の改善や法の支配の強化を通じて経済環境を好転させる可能性がある。現在ルワンダで起こっていることは，こうした観点で理解可能である[8]。一方で，政策の目的がリベラル・デモクラシーの意味での（民主化を含んだ）ガバナンス改善にある場合，現行の土地法改革を通じてこれを達成する見込みはほとんどない。繰り返し述べたように，一連の土地法改革は国家や伝統的権威の統治力を強化してきたし，それを強化するかぎりで実践されてきた。エチオピアやルワンダは，その権威主義的統治の枠内で土地法改革を実施したのであって，土地法改革の結果として統治が民主化されるとの想定は成立しない。当該政権が民主化に後ろ向きなら，現行の土地法改革が民主化に資することはあり得ない[9]。

筆者が最も喫緊の課題だと考える点は，アフリカ農村が今日経験している急速な変化について理解を深め，必要な対策を講じることである。本書の各

章が明らかにしたように，アフリカの農村は現在急激に変化している。人口稠密な地域では土地不足が深刻化し，生存維持的な農業を従来のやり方で継続することが難しくなっている。一方，人口が相対的に希薄な地域では，共有の慣習地の囲い込みが劇的に進行している。外国資本，都市住民，あるいは農村の一部住民に対して，廉価で土地権利が移転されている。マルクスのいう「本源的蓄積」が進んでいるといってよい（マルクス 1967，第24章）。

　従来アフリカは人口希薄地帯として理解されてきたが（Herbst 2000），今日それを無条件で前提とすることはもはやできない。事態は急速に変化している。上述した人口稠密地域の状況にせよ，人口希薄地域の状況にせよ，いずれも持続可能だとは想定できず，近い将来に政治的不安定を引き起こす危険性がある。この状況を理解し，必要な対応策を講じることこそ，われわれに突き付けられた喫緊の課題だと考える。

＜謝辞＞

　本章執筆のための調査研究活動は，次の科研費補助金事業の助成を受けて実施された。記して感謝する。課題番号：16KT0046，25101004，16H06318，15KT0137。

〔注〕————————————————
(1)　本書のなかでは，モザンビークで住民を強制的に立ち退かせた事例が記録されている。現時点では強制立ち退きはそれほど目立たないが，今後増加傾向を辿るだろうことは疑いない。
(2)　代表的な枠組みとして，2012年の米国キャンプ・デービッド・サミットで打ち出された「食料安全保障および栄養のためのニュー・アライアンス」がある。
(3)　代表的な議論として，FAO（2012）がある。
(4)　佐藤千鶴子氏のご教示による。
(5)　人口密度が高く伝統的権威の土地への影響力がない点では，ルワンダも同じである。しかし，ルワンダでは独立前後の内乱により伝統的権威が追放されて社会的影響力を失った経緯があり，エチオピア高地やブルンジと同列には論じられない。
(6)　武内（2015）。代表的な先行研究として，Chanock（1991）。

終章　近年のアフリカにおける土地改革と農村変容をどうとらえるか　309

⑺　たとえば，世界銀行は，土地権利の承認や執行，土地計画の策定や管理，土地税の運用，公用地の管理，土地に関する情報提供，土地紛争の解決・裁定などに関する諸項目からなるチェックリストを通じて，土地ガバナンスの改善に取り組んでいる。ここで，土地ガバナンスの評価基準は，透明性やアカウンタビリティなど，通常のガバナンスと基本的に同じである（Deininger, Selod and Burns. 2012）。

⑻　ルワンダの現状をこのように理解するとしても，その持続可能性に課題があることは第8章で述べたとおりである。ただ，このようにルワンダの状況を理解することによって，政策論的には持続可能性を高めるために何をすべきかという問題の立て方が可能になる。

⑼　Takeuchi（2014）を執筆した段階で，筆者は土地ガバナンスの改善支援を通じて，ガバナンス全般の改善，ひいては民主化を促す可能性があると考え，そのように主張した。しかし，現在，その点には極めて懐疑的になっている。少なくとも，これまで各国の政策とその帰結を検討したなかで，筆者はそれに成功した例を挙げることができない。

〔参考文献〕

＜日本語文献＞

佐川徹　2016.「フロンティアの潜在力―エチオピアにおける土地収奪へのローカルレンジの対応」遠藤貢編『武力紛争を越える―せめぎ合う制度と戦略のなかで』京都大学学術出版会　119-149.

武内進一　2015.「アフリカにおける土地と国家――その歴史的概観」武内進一編『アフリカ土地政策史』アジア経済研究所　3-29.

――― 2016.「アフリカの『三選問題』――ブルンジ，ルワンダ，コンゴ共和国の事例から」『アフリカレポート』54　73-84.

マルクス，カール　1967.『資本論』（マルクス＝エンゲルス全集刊行委員会訳）第1巻第2分冊　大月書店.

＜外国語文献＞

Alden Wily, Liz. 2008. "Custom and Commonage in Africa Rethinking the Orthodoxies." *Land Use Policy* 25（1）January: 43-52.

Boone, Catherine. 2014. *Property and Political Order in Africa: Land Rights and the Structure of Politics*. Cambridge: Cambridge University Press.

Chanock, Martin. 1991. "Paradigms, Policies and Property: A Review of the Customary Law of Land Tenure." In *Law in Colonial Africa*, edited by K. Mann and R.

Roberts. Portzmouth: Heinemann, 61-84.

Deininger, Klaus, Harris Selod and Anthony Burns. 2012. *The Land Governance Assessment Framework: Identifying and Monitoring Good Practice in the Land Sector.* Washington, D.C.: World Bank.

FAO (Food and Agriculture Organization of the United Nations). 2012. *Voluntary Guidelines on the Responsible Governance of Tenure of Land, Fisheries and Forests in the Context of National Food Security.* Rome: FAO.

Herbst, Jeffrey. 2000. *State and Power in Africa: Comparative Lessons in Authority and Control.* Princeton: Princeton University Press.

Mwangi, Esther. 2007a. "Subdividing the Commons: Distributional Conflict in the Transition from Collective to Individual Property Rights in Kenya's Maasailand." *World Development* 35(5) May: 815-834.

——— 2007b. "The Puzzle of Group Ranch Subdivision in Kenya's Maasailand." *Development and Change* 38(5) September: 889-910.

Takeuchi, Shinichi ed. 2014. *Confronting Land and Property Problems for Peace.* Oxon: Routledge.

索引

【アルファベット】

ADLI（農業主導産業化） 110

CLaRA（共有地権利法） 27, 141, 142,
146, 148-155, 162-164

CNDD-FDD（民主主義防衛国民会議・
民主主義防衛軍） 271, 283

CNTB（土地その他財産に関する国家委
員会） 266, 277, 278, 283, 287, 288

CONTRALESA（南アフリカ伝統的指導
者会議） 145

DUAT（土地用益権） 202, 206, 207, 209,
210, 217, 218, 220, 221, 224

EPRDF（エチオピア人民革命民主戦線）
26, 107-112, 115, 116, 120-123, 125,
130-133, 297

FPIC（自由意思による事前の告知に基
づく同意） 29, 51, 53, 54

FRELIMO（モザンビーク民族解放戦線）
28, 201, 204-206, 208, 216, 217, 219,
221-224

IFP（インカタ自由党） 144, 145, 148

MLCPE（土地国土計画環境省） 35, 43,
57-60, 62-64

PPRD（再建・民主主義人民党） 273

RENAMO（モザンビーク民族抵抗）
145, 201, 204-206, 212, 216, 217,
219-223

RPF（ルワンダ愛国戦線） 10, 24, 262,
264, 269, 270, 275, 277, 283, 284, 287

SLIEPA（シエラレオネ投資輸出振興機
構） 47

【あ行】

アダックス社 48-56, 66

アフリカ委員会 12

アブンジ 265, 275, 276

アムハラ 26, 107-109, 112-120, 130-133

イギリス王室 74

違憲訴訟 141, 142, 146, 150, 152-155,
163, 164

一般法 40, 43, 51, 58, 59

イミヒゴ 270, 286

インカタ自由党 → 「IFP」を見よ

ウガンダ 20, 21, 31, 262

ウジャマー村 176, 178, 179, 196, 197
→「集村化」も参照

ウムドゥグドゥ 263, 265, 286

エチオピア人民革命民主戦線 →
「EPRDF」を見よ

エリート 102, 233, 236, 268, 301

王領地 74, 148, 159, 165, 231, 237, 254

オディンガ，ライラ 236, 238-245

【か行】

ガーナ 16

海外直接投資 201, 305, 306

外国企業 3, 35-38, 46-49, 54, 56, 60, 62,
63, 71, 72, 76, 81, 155

外国資本 75, 295, 305, 308

囲い込み 18, 22, 28, 101, 103, 194, 279,
282, 284, 285, 294-296, 304-306, 308

ガバナンス 13-15, 21, 61, 112, 277, 284,
302, 307, 309

カビラ，ジョゼフ 273, 287, 288

カビラ，ローラン＝デジレ 273, 287

カレンジン 234, 235, 244

慣習 4, 6, 14, 25, 27, 35, 36, 38, 40-46,
55, 56, 60-62, 64-66, 71, 73, 76, 114,
126, 128, 130, 131, 142, 144, 148, 156,
165, 166, 173, 176, 192, 197, 202, 203,
205, 221, 255, 266, 268, 297, 298, 304

――地 7, 13, 20, 24, 26, 27, 71-73, 75,
76, 80, 82, 98, 100, 102, 103, 196, 214,
215, 218, 221, 231, 237, 238, 249, 251,
278, 285, 294-296, 305, 306, 308

――的土地保有 7, 25, 26, 35, 37, 38,
40-46, 55, 56, 58-61, 64-66, 139, 141,
146, 152, 155, 156, 158, 159, 161-163,
280, 298, 299, 302-304, 307

――法 7, 20, 30, 40, 42, 43, 130, 143-
145, 151, 155, 156, 159, 163, 164, 173,

174, 176-179, 185, 195-197, 202, 203, 206, 214, 221, 222, 225, 267, 268, 298
間接統治　20, 21, 74, 77, 142, 143, 287
慣用占有権　177, 180, 181, 183, 192, 197
──証書　177, 180-182, 191, 197
慣用地　173, 176, 177
キクユ　233, 234, 236, 238, 239, 241, 244, 245
北ローデシア　73, 74
キバキ，ムワイ　236-243
境界画定　180, 202, 206, 207, 211, 222
行政村　179
共同体権威　203-208, 216, 217, 222, 223, 225
共同体諮問評議会　205-207, 216, 217, 219-221, 224, 225
共同保有権　125
共有地権利法　→「CLaRA」を見よ
クワズールー　141, 142, 144, 145, 148, 155-157, 159, 160, 163, 165, 166
ケニヤッタ，ウフル　236, 244-247, 250, 251
ケニヤッタ，ジョモ　233
権威ベースの所有権体制　22
原住民居留地　74, 139
県評議会　185, 187, 190
憲法　11, 20, 27, 30, 58, 75, 111, 116, 119, 129, 141, 142, 144, 148, 151, 152, 165, 237, 239, 240, 242-244, 248-250, 255, 269, 271, 273, 288
権力分有　28, 271, 273, 283, 300
構造調整政策　10, 11, 201
公有地　173, 187
公用地　202, 237, 242, 249, 251, 253, 255, 309
コースト　233-235, 239, 241, 245-247, 251, 253, 254
コートジボワール　3, 11, 18
国土委　184, 186, 187, 195, 196
国有地　35, 59, 74, 236-238, 241, 251, 255
国家建設　14, 30, 36, 37, 46
国家土地委員会　59, 238, 242, 243, 246-251, 253
国家土地政策　35, 38, 43, 56-66, 201,

232, 233, 240-242, 245, 250, 252, 253
国家土地利用計画策定委員会　→「国土委」を見よ
コミュニティ・リーダー　205, 206, 208, 217, 219, 221-226
コンサルテーション　206, 207, 209, 218-220, 224
コンセッション　267, 268, 274, 281

【さ行】

再建・民主主義人民党　→「PPRD」を見よ
最小保有面積　117, 118
債務救済　75
シエラレオネ投資輸出振興機構　→「SLIEPA」を見よ
資産価値　103
市場に基づく所有権体制　22, 297
私的所有制　23, 231, 232, 252, 254
借地契約　160, 163
自由意思による事前の告知に基づく同意　→「FPIC」を見よ
集村化　9, 27, 176-178, 197, 217, 263, 298, 303　→「ウジャマー村」も参照
私有地　18, 27, 43, 45, 73, 92, 98-101, 211, 232, 237, 238, 245, 247, 249, 251-255, 278, 280, 284
首長制度　73, 76, 77
女性　21, 86, 95, 103, 120-122, 125-127, 144, 147-150, 158, 160, 161, 163, 167, 197, 212, 216, 225, 264, 276, 277, 284, 300
人口移動　14, 18, 19, 155, 163
人口密度　17, 24, 113, 132, 167, 212, 216, 270-272, 275, 277, 279, 284, 285, 289, 294-296, 308
人種　147, 165, 231, 233, 241, 242, 252, 254
信託地　74-76, 153, 237, 238
ジンバブウェ　6
臣民　79, 83
世界銀行／世銀　13, 14, 29, 180, 201,

索　引　313

209, 211, 254, 284, 309
セクター　265, 274, 286-288
セル　265, 270, 286
選挙後暴力　11, 28, 238-241, 252, 301
相続　26, 81, 114, 116, 118, 121, 122, 124,
　126-129, 141, 159-161, 163, 167, 174,
　192, 225, 243, 264, 276, 277, 284, 300
総督令　74
測量　44, 51, 52, 58-61, 64, 66, 180, 183-
　185, 267
村落行政　179, 184, 190, 203-207, 217,
　219, 221-223
村落共同体（comunidade）202, 224
村落評議会　176, 177, 180, 181, 183, 185-
　187, 190, 191, 193, 197

【た行】

大規模土地取得　35-38, 46, 48, 49, 51,
　53-56, 58, 60, 63, 64, 66　→「ランド
　グラブ」も参照
貸借権　75
チーフ　20, 21, 26, 27, 30, 31, 40-45, 50,
　52, 53, 55-57, 60-62, 65, 66, 71-77,
　79-92, 96-100, 102-104, 141-146,
　148, 153, 156, 159-166, 280-282, 284,
　296, 297, 301　→「伝統的指導者」、
　「伝統的首長」も参照
チーフダム　38, 40-45, 49, 50, 52, 57, 59-
　62, 65, 66, 143, 155, 163, 165, 274,
　279-281, 287, 288
チーフダム議会　40-44, 49, 50, 52, 60-
　62, 66
チーフダム土地委員会　59, 60, 62, 65
地券証書　173, 177, 181　→「慣用占有
　権証書」も参照
チテメネ　77, 79, 88, 92, 93, 95-97, 99-
　101
地方分権　185, 255
──化　14, 21, 31, 111, 112, 132, 178,
　179, 203, 204, 207, 222, 243, 274, 287,
　302
デ・ソト，エルナンド　12, 30
定年退職者　102, 103

伝統的権威　7, 13, 19-21, 23-27, 30, 31,
　142, 203-206, 208, 216, 217, 222, 224,
　260, 269, 270, 272, 274, 283, 287,
　295-298, 301, 304-308
伝統的指導者　20, 37, 40, 42, 44, 46, 62,
　65, 141-146, 148, 150-157, 159, 160,
　162, 163, 165, 166　→「パラマウン
　ト・チーフ」、「伝統的首長」、「チー
　フ」も参照
──および統治の枠組み法（伝統的指
　導者枠組み法）144, 146, 150, 166
伝統的首長　141, 144　→「チーフ」も
　参照
伝統的評議会　150-154, 157, 163, 164
伝統的リーダー　71-75, 81
同意契約　49-54, 56
登記　12, 13, 23, 26, 44, 51, 58-61, 64,
　66, 110, 112, 114, 116-118, 122, 124-
　128, 148, 149, 153, 166, 180, 207, 209,
　211, 232, 243, 248, 254, 264-268, 270,
　276-278, 284, 286, 295, 297, 298, 303,
　304
都市計画地　192, 193
土地移転　174, 175, 180, 183, 195
土地改革　3-6, 9-15, 21-24, 27, 29, 35-
　38, 56, 57, 61, 63-66, 139, 141, 146,
　148, 154, 164, 166, 175, 239, 260, 262,
　269, 270, 274, 278, 282, 293, 294, 302
土地管理委員会　109, 119, 122-125, 127,
　129, 131, 133, 149-152, 154, 234
土地管理局　109, 119, 122-128, 133, 134,
　249
土地銀行　60, 62, 63
土地国土計画環境省　→「MLCPE」を
　見よ
土地裁定　180, 181, 183, 184, 191, 197
土地再分配　108, 114, 115, 121, 122, 125,
　130, 133, 147, 154, 166, 177, 241, 250
土地使用権　71, 100, 109, 114, 116
土地所有権　4, 6, 7, 10, 12, 13, 18, 19, 22,
　23, 42, 43, 45, 55, 56, 60, 61, 64-66,
　71-73, 75, 76, 82, 103, 104, 109, 119,
　120, 129, 225, 237, 252, 254, 260, 265,
　274, 277, 297, 301, 303

土地所有証明書　20, 71-73, 75, 76, 81, 82, 87, 97, 98, 100, 102, 103, 180, 297
土地政策白書　141, 146
土地争議　80, 99, 103, 104
土地その他財産に関する国家委員会　→「CNTB」を見よ
土地統合　264, 265, 270, 276, 277, 284, 287
土地保有権　40, 108, 109, 112, 117-119, 122, 124-126, 128-131, 150, 158, 159, 161-163, 304, 307
土地保有権改革（保有権改革）139, 141, 142, 146-149, 154, 156, 161-164, 303　→「土地改革」も参照
土地用益権　201, 202, 209, 214, 215, 224　→「DUAT」も見よ
土地利用　3, 15, 21, 26, 35-37, 58, 59, 65, 66, 82, 85, 87-89, 99, 102, 142, 175, 184-188, 190-196, 209, 211, 212, 214, 215, 218, 225, 263, 265, 275, 279, 281, 286, 288, 289, 300
土地割当書　76, 80-92, 94-96, 98-104, 297
ドナー　5, 11, 12, 15, 21-23, 37, 110, 112, 116, 201, 202, 206, 210, 222, 235, 263, 265, 271, 283, 284, 287, 294, 295, 302, 305-307

【な行】

ナンプラ　203, 211-213, 215, 224, 225
認可占有権　192　→「慣用占有権」も参照
農業主導産業化　→「ADLI」を見よ
呪い　88, 103

【は行】

排斥　19, 232, 235, 236, 239, 241, 252, 253
パラマウント・チーフ　40-45, 50, 52, 53, 55, 56, 60-62, 65, 66, 76, 77, 83, 142, 165　→「伝統的指導者」も参照
ブーン，キャサリン　22-25, 45, 297, 304

複数政党制選挙　75, 132
部族統治機構　40, 143, 148, 150-153
富裕層　103
フリーホールド　231, 237
プロヴィンス　38-50, 54-62, 64-66
分権化　14, 21, 27, 31, 111, 112, 132, 178, 179, 203, 204, 207, 222, 243, 273, 274, 287, 302　→「地方分権化」も参照
ヘッドマン　20, 42, 142, 143, 157, 165, 166
ベンバ王国　72-74, 76, 77, 79, 104
ホームランド　21, 26, 30, 139, 141-148, 153-158, 160, 162-164, 294, 295, 303, 305
北西州　154, 155, 166
母系制　76, 80
ボツワナ　16
ホワイトハイランド　233, 234, 241, 242, 244
本源的蓄積　285, 308

【ま行】

マダガスカル　3
マリ　16, 24, 25, 167, 198, 298, 304
南アフリカ憲法　141, 142, 144
南アフリカ伝統的指導者会議　→「CONTRALESA」を見よ
民事裁判　77, 81, 84
民主化　10, 12, 14, 21, 111, 112, 132, 139, 141, 142, 144-146, 148, 149, 154, 163-165, 201-204, 214, 222-224, 235, 239, 242, 252, 284, 302, 307, 309
民主主義防衛国民会議・民主主義防衛軍　→「CNDD-FDD」を見よ
綿花栽培区域　214, 215, 217, 218, 220, 225
モイ，ダニエル・アラップ　235-237
モザンビーク民族解放戦線　→「FRELIMO」を見よ
モザンビーク民族抵抗　→「RENAMO」を見よ
モナポ　203, 212-217, 220, 225

【や行】

焼畑農耕　22, 77
よそ者　19, 232, 234, 235, 245, 252, 253

【ら行】

ランドグラブ　3, 26, 29, 36, 37, 49, 155,
　174, 175, 195, 196, 222, 294　→「大
　規模土地取得」も参照
ランド・シェアリング　262, 270, 275-
　277, 284
ランドチーフ　280-282, 284
リースホールド　231, 237

リコニ　235, 245
離婚　77, 84, 95, 114, 122, 124-126, 225
リフトバレー　233-236, 238, 239, 241,
　244, 245, 254
領域化　107, 108, 131
ルオ　234, 236
ルスト　114, 130
ルワンダ愛国戦線　→「RPF」を見よ
歴史的土地不正　232, 233, 240-242, 244,
　245, 247-253
レグロ（régulo）203-206, 208, 214, 216-
　225　→「伝統的権威」も参照
連邦制　111, 116, 117

複製許可および PDF 版の提供について

　点訳データ，音読データ，拡大写本データなど，視覚障害者のための利用に限り，非営利目的を条件として，本書の内容を複製することを認めます（http://www.ide.go.jp/Japanese/Publish/reproduction.html）。転載許可担当宛に書面でお申し込みください。

　また，視覚障害，肢体不自由などを理由として必要とされる方に，本書のPDF ファイルを提供します。下記の PDF 版申込書（コピー不可）を切りとり，必要事項をご記入のうえ，販売担当宛ご郵送ください。折り返し PDFファイルを電子メールに添付してお送りします。

　〒261－8545　千葉県千葉市美浜区若葉 3 丁目 2 番 2
　　日本貿易振興機構 アジア経済研究所
　　研究支援部出版企画編集課　各担当宛

　ご連絡頂いた個人情報は，アジア経済研究所出版企画編集課（個人情報保護管理者－出版企画編集課長 043-299-9534）が厳重に管理し，本用途以外には使用いたしません。また，ご本人の承諾なく第三者に開示することはありません。

　　　　　　　　　　　アジア経済研究所研究支援部 出版企画編集課長

　　PDF 版の提供を申し込みます。他の用途には利用しません。

　　武内進一編「現代アフリカの土地と権力」
　　【研究双書631】　2017年

　　住所 〒

　　氏名：　　　　　　　　　　年齢：

　　職業：

　　電話番号：

　　電子メールアドレス：

武内　進一（東京外国語大学 現代アフリカ地域研究センター長／アジア経済研究所 上席主任調査研究員）

落合　雄彦（龍谷大学法学部 教授）

大山　修一（京都大学大学院 アジア・アフリカ地域研究研究科 准教授）

児玉　由佳（アジア経済研究所 新領域研究センター・ジェンダー・社会開発研究グループ長）

佐藤　千鶴子（アジア経済研究所 地域研究センター・アフリカ研究グループ）

池野　旬（京都大学大学院 アジア・アフリカ地域研究研究科 教授）

網中　昭世（アジア経済研究所 地域研究センター・アフリカ研究グループ）

津田　みわ（アジア経済研究所 地域研究センター・アフリカ研究グループ 主任研究員）

―執筆順―

現代アフリカの土地と権力

研究双書No.631

2017年11月15日発行　　　　　定価［本体4900円＋税］

編　者　　武内進一

発行所　　アジア経済研究所
　　　　　独立行政法人日本貿易振興機構
　　　　　〒261-8545　千葉県千葉市美浜区若葉3丁目2番2

　　　　　研究支援部　　電話　043-299-9735
　　　　　　　　　　　　FAX　043-299-9736
　　　　　　　　　　　　E-mail syuppan@ide.go.jp
　　　　　　　　　　　　http://www.ide.go.jp

印刷所　　日本ハイコム株式会社

Ⓒ独立行政法人日本貿易振興機構アジア経済研究所　2017
落丁・乱丁本はお取り替えいたします　　　　　無断転載を禁ず
ISBN　978-4-258-04631-7

「研究双書」シリーズ

（表示価格は本体価格です）

631 現代アフリカの土地と権力
武内進一編　　　2017年　315p.　4,900円

ミクロ，マクロな政治権力が交錯するアフリカの土地は，今日劇的に変化している。その要因は何か。近年の土地制度改革を軸に，急速な農村変容のメカニズムを明らかにする。

630 アラブ君主制国家の存立基盤
石黒大岳編　　　2017年　172p.　2,700円

「アラブの春」後も体制の安定性を維持しているアラブ君主制諸国。君主が主張する統治の正統性と，それに対する国民の受容態度に焦点を当て，体制維持のメカニズムを探る。

629 アジア諸国の女性障害者と複合差別
人権確立の観点から
小林昌之編　　　2017年　246p.　3,100円

国連障害者権利条約は，独立した条文で，女性障害者の複合差別の問題を特記した。アジア諸国が，この問題をどのように認識し，対応する法制度や仕組みを構築したのか，その現状と課題を考察する。

628 ベトナムの「専業村」
坂田正三著　　　2017年　179p.　2,200円

ベトナムでは1986年に始まる経済自由化により，「専業村」と呼ばれる農村の製造業内企業の集積が形成された。ベトナム農村の工業化を担う専業村の発展の軌跡をミクロ・マクロ両面から追う。

627 ラテンアメリカの農業・食料部門の発展
バリューチェーンの統合
清水達也著　　　2017年　200p.　2,500円

途上国農業の発展にはバリューチェーンの統合がカギを握る。ペルーを中心としたラテンアメリカの輸出向け青果物やブロイラーを事例として，生産性向上と付加価値増大のメカニズムを示す。

626 ラテンアメリカの市民社会組織
継続と変容
宇佐見耕一・菊池啓一・馬場香織共編　2016年　265p.　3,300円

労働組合・協同組合・コミュニティ組織・キリスト教集団をはじめ，ラテンアメリカでは様々な市民社会組織がみられる。コーポラティズム論や代表制民主主義論を手掛かりに，近年のラテンアメリカ5カ国における国家とこれらの組織の関係性を分析する。

625 太平洋島嶼地域における国際秩序の変容と再構築
黒崎岳大・今泉慎也編　2016年　260p.　3,300円

21世紀以降，太平洋をめぐり地政学上の大変動が起きている。島嶼諸国・ANZUS(豪，NZ，米)・中国などの新興勢力による三者間のパワーシフトと合縦連衡の関係について，各分野の専門家により実証的に分析。現代オセアニアの国際関係を考えるための必読書。

624 「人身取引」問題の学際的研究
法学・経済学・国際関係の観点から
山田美和編　　　2016年　164p.　2,100円

人身取引問題は開発問題の底辺にある問題である。国際的アジェンダとなった人身取引問題という事象を，法学，経済学，国際関係論という複数のアプローチから包括的かつ多角的に分析する。

623 経済地理シミュレーションモデル
理論と応用
熊谷聡・磯野生茂編　2015年　182p.　2,300円

空間経済学に基づくアジア経済研究所経済地理シミュレーションモデル（IDE-GSM）についての解説書。モデルの構造，データの作成，パラメータの推定，分析例などを詳説。

622 アフリカの「障害と開発」
SDGs に向けて
森壮也編　　　2016年　295p.　3,700円

「障害と開発」という開発の新しいイシューを，アフリカ大陸の5つの地域・国と域内協力について論じた。SDGsでアフリカの開発を念頭に置く際に，障害者たちの問題を取り残さないために必要な課題を整理。

621 独裁体制における議会と正当性
中国，ラオス，ベトナム，カンボジア
山田紀彦編　　　2015年　196p.　2,400円

独裁者（独裁政党）が議会を通じていかに正当性を獲得し，体制維持を図っているのか。中国，ラオス，ベトナム，カンボジアの4カ国を事例に，独裁体制が持続するメカニズムの一端を明らかにする。

620 アフリカ土地政策史
武内進一編　　　2015年　275p.　3,500円

植民地化以降，アフリカの諸国家はいかに土地と人々を支配しようとしたのか。独立や冷戦終結は，その試みをどう変えたのか。アフリカの国家社会関係を考えるための必読書。

619 中国の都市化
拡張，不安定と管理メカニズム
天児慧・任哲編　　2015年　173p.　2,200円

都市化に伴う利害の衝突がいかに解決されるかは，その都市または国の政治のあり方に大きく影響する。本書は，中国の都市化過程で，異なる利害がどのように衝突し，問題がいかに解決されるのかを政治学と社会学のアプローチで考察したものである。